敏捷共创

让学习直接创造成果

高松 著

AGILE CO-CREATION

LET LEARNING PRODUCE RESULTS DIRECTLY

人民东方出版传媒
東方出版社

前　言

站在2017年夏天看中国的培训学习界，似乎一切都是晦暗不清的。

受最新颁布的EMBA招生考试政策的影响，中国绝大多数商学院EMBA招生数字大幅下滑。事实上，EMBA招生考试政策仅仅是压死骆驼的最后一根稻草而已，商学院招生下滑的根本原因在于传统的管理教育模式已经落伍于互联网时代。

前些年风光无限的中国企业大学，近年来却不断遭受质疑与挑战。投入大量资金与员工时间的培训，到底能为企业带来什么实效？事实上，绝大多数的企业大学还处于课程拼盘的传统模式之中，对企业的价值贡献有限，在企业内部的作用与地位也在下滑。

在培训市场上，大部分培训公司的日子也不好过。许多公司依靠营销团队的力量获取客户，然而它们在学习创新方面乏善可陈，其本质是做讲师中介，在互联网透明化时代，势必会陷入价格竞争的泥潭。

显然，在全新的时代，组织遭受新的挑战情况下，组织的培训学习模式理应随之变革。整个中国培训学习界处于变革的前夜。

要穿越黎明前的黑暗，看清培训学习的发展方向，就必须回到培训学习的根本问题上去反思。培训学习为组织创造的价值是什么？是如何为组织创造价值的？

自2010年起，我开始研究与探索培训学习的上述问题。

2009 年 5 月，在十几年的企业高管与创业经历之后，我进入华东理工大学商学院担任 MBA 中心主任。因为出身企业，我对培训学习的有效性非常敏感。面对传统课程模式，我时常问自己，这样的 MBA 课程能真正帮助学员吗？能为学员所在的组织带来什么价值？由于认识到传统课程教育模式的落伍，自 2010 年起，我主持了华东理工大学商学院 MBA、EMBA 行动学习管理教育模式变革，共计 30 多位老师参与了这次变革。我们开发了行动学习整合教育模块，建立了“三位一体”的创新教育模式，探索运用引导技术改造传统课程的方法。这场变革是中国国内商学院最早的行动学习变革实践，作为先行者，我们与全国 MBA 教育指导委员会共同举办了中国行动学习国际论坛，全国行动学习师资培训会等活动，引领了中国商学院行动学习变革潮流。本书中提出的“敏捷共创”课程新范式，最早的灵感就是来自这期间在商学院改造课程的实践。

2015 年年初，我与商业评论出版人曹阳，GE 克劳顿维尔领导力发展中心全球客户服务中国总监冯晓晋共同发起成立了中国企业大学百人会，探索培训学习领域思想与方法的创新。海尔、腾讯、平安、滴滴、联想、GE、惠普、宝钢、东方航空、招商银行、复星、天合光能、中广核等一批中国顶尖的企业大学校长定期举办共创沙龙，就培训学习的前沿问题智慧共创。在这个过程中，我主要承担了规划研讨主题、设计引导研讨过程、创作共创文章等工作。本书所提出的敏捷共创组织学习方法论正是建立在这些中国企业大学先行者的最佳实践基础上的。

近年来，我一直坚持在培训学习领域为企业与政府服务。由于我有企业高管与创业经历，也从事过多年的管理咨询，又在商学院从事 MBA、EMBA 的教学，这就给了我多元化的视角与方法来研究与创新培训学习方法论。为了能够真正帮助组织，为组织创造价值，我并不拘泥于某项学习技术与方法，而是为我所用，整合创新，力争探索出全新的培训学习方法论体系。本书所提出的以行动学习为主线的整合领导力发展体系（ALL），企业业务绩效问题解决的 GPS-A 模型等，就是上述思想的产物。它们在实践中得到验证，获得了客户的普遍认可。

上述培训学习研究与实践活动，让我越发感受到培训学习需要重新定义。我头脑中的图景逐渐清晰化，我试图在这本书中回答培训学习未来发展的一些根本问题。

培训学习为组织创造的价值是什么？

我认为，培训学习应当价值升维，直接为组织创造成果。从过去单一的人才发展功能，沿着两个维度进行价值升维：一个就是**从个人学习向团队学习、组织学习**升维；另一个是**从知识技能传授向战略绩效问题解决**升维。这样，就会形成一张全新的培训学习矩阵图，未来培训学习就是从人才发展向**组织发展、绩效推进**以及**组织变革**的功能升级过程。

究竟如何实现培训学习的价值升维？

我提出了互联网时代**让学习直接创造成果**的**"敏捷共创"**培训学习新范式。**"敏捷共创"以解决组织实际问题为导向，整合运用课程、行动学习、管理咨询等方法论，汇聚学员、教师、专家及利益相关方进行智慧共创，达到迅速解决问题创造成果的目标。**

敏捷共创模式在实践中究竟该如何应用，以实现培训学习升维的目标呢？我近年来的研究与实践主要集中在四个方面，分别是**课程升维、行动中发展领导力、业务绩效推进学习与组织学习与变革。**

敏捷共创最直接的应用就是改造与升维传统课程，将传统课程转变为产生成果的敏捷共创工作坊。在本书第二章中，我提出了敏捷共创教学模式，并结合品牌炼造工坊、战略解码工坊、营销策略工坊等实际案例，揭示了如何设计敏捷共创工作坊的方法。

VUCA 时代，领导力发展需要更加敏捷高效。领导力发展的根本在于真正帮助人与改变人。因此，传统领导力课程的作用有限。在本书第三章中，我提出了在行动中发展领导力的观点，强调学员在完成组织关键任务的过程中发展提升领导力；提出了以行动学习为主线的整合领导力发展模型，作为领导力发展学习项目的基本设计模式。此章中还介绍了我们在实践中探索出的习惯领导力养成术等创新做法，帮助学员真实地提升境界塑造品格。

让学习创造成果的最直接的体现就是帮助组织进行业务绩效推进。在本书第四章中，我在“敏捷共创”模式基础上，提出了GPS-A方法论，将管理咨询与行动学习方法论整合创新，使学员与专家的智慧融合共创，将策划与执行一体化，最终实现组织业务绩效问题的解决与业绩突破。

让学习直接创造成果的最高境界就是助力组织变革。本书第五章提出了基于敏捷共创的组织学习，帮助组织在VUCA时代持续地变革与进化。组织变革需要在变与不变中找寻平衡，培训学习在两方面可以创造价值。在组织变革变的一面：**新知探索共创，集体心智反思，商业价值学习**；在组织变革不变的一面：**注入组织灵魂，激活成就个体，知识连接共享**。这个方法论模型的提出基于中国企业大学最前沿的实践。这些案例包括 **GE 的“Fastwork”，平安的“知鸟”移动学习，联想的“复盘”，海尔的“学习创造商业价值”，方太的“因爱伟大”**。

我有一个梦想，组织未来将成为真正的敏捷共创型组织。

在那里，员工在平等、透明、尊重、开放、授权的组织氛围中，每个人的特长得以充分发挥。所有组织成员群策群力，共同解决经营中的问题，共同建设健康有活力的组织文化，共同为顾客与社会创造价值。

在那里，经营成为一场对环境的敏捷适应与学习。组织在经营的过程中，有意识地探查环境的变化，审视经营管理政策的适应性，反思与改变组织心智，并做出持续的自我更新与变革，成为基业长青的组织。

在那里，员工不是组织的资源，而是组织的主人；员工不是手段，而是目的；员工不是为组织赚钱的工具，组织是员工成长与修炼的平台。

在那里，激励员工的不仅是金钱职位，还有梦想与使命。每个人内心的最大善意被唤醒，员工得以将最大的热情与兴趣投入到工作当中，在自我实现的过程中，成就组织的使命与愿景。

这个梦想的实现来自培训学习的持续升维与创新。显然，一个人的力量是有限的。于是，我发起了**创课群落**，希望邀请汇聚一批顶级的管理教育专家与培训学习实践者，以开源、共创、共享的精神，进行培训学习产品与方法论的创新与创造。

人类发展的历史往往是由少数战役所决定的。人类教育与学习领域发展的历史，同样受极少数思想与技术突破的重大影响。培训学习正处于重大变革的前夜，呼吁中国培训学习界投入到重新定义培训学习的潮流中来。正如莎士比亚所言：**“凡是过去，皆为序曲。向前看，还有一片明亮的天。”**

目　录

第一章

敏捷共创

——新时代培训学习方法论

一、变革时代培训学习所面临的八大挑战

一直以来，培训学习定位于人才发展，属于人力资源职能下的一个子模块，也是人才选、用、育、留中的一环。根据这个定位，培训学习体系的搭建逻辑通常是这样的，根据组织战略确定组织机构，根据组织机构确定岗位编制。在此基础上，对岗位进行分类，建立不同岗位的能力模型，再根据能力模型的要求规划学习计划、项目、课程与师资，构建培训学习体系。

表面看来，这个培训学习模式逻辑清晰、体系健全，但是近年来却遭受了巨大的挑战与冲击。

挑战一：VUCA（模糊的、不确定的、复杂的、动荡的）时代动摇了培训学习的根基

当今的商业社会正处于前所未有的巨变之中，在不断动荡的 VUCA 商业环境中，组织依据长期预测规划战略成为不切实际的梦想。于是，为适应环境变化，组织战略调整与组织变革成为常态。过去的培训学习模式是建立在战略与组织架构相对稳定的基础上的，只有战略与组织稳定，人才发展规划

才能有稳定的依据。如果战略与组织持续动荡，组织对人才的需求必然发生改变，那么过去辛辛苦苦建立起来的课程、学习模块与师资体系终将失效。培训学习体系就如同沙中之塔，很容易一夜崩塌。

2015年我拜访蚂蚁金服上海地区人力资源负责人郑嵘时，他介绍由于互联网商业环境变动太快，蚂蚁金服内部的组织变动也异常频繁。曾经有一次他们刚刚为一个部门做好培训计划，这个部门就被整体解散了。无独有偶，在2017年中国企业大学百人会滴滴共创沙龙上，滴滴学院院长周全曾经提到滴滴2016年记录在案的组织变动就有1000次以上。试想，在这样的组织环境中如何执行过去体系化的学习计划？

让静态的体系化的学习模式服务于动态变化的组织战略，显然这条路是走不下去的。

挑战二：时代呼唤组织变革方法论

在VUCA商业环境下，组织战略转型变革成为新常态。组织转型变革是一个探察环境改变、自我反思调整、不断实践探索的过程，这本质上就是一个学习的过程。如何让这个过程更加有效，是组织新时期生死攸关的大问题。在传统经营管理方法失效的情况下，能否以培训学习技术为基础，创建全新的组织变革方法论？这既是培训学习的重大机遇，也是它的重大挑战。

显然，传统面向人才发展的培训学习范式无法承担此项重任。传统培训学习是个人维度的学习，面向组织成员的知识与能力发展。而组织变革是组织维度的，是面向组织对环境的适应与进化发展的。众所周知，GE百年基业长青的秘诀就是自我驱动的持续变革，而变革背后则是变革方法论的支撑。20世纪80年代，杰克·韦尔奇成功运用行动学习推动GE实现了那场著名的“大象会跳舞”的世纪变革。GE克劳顿维尔领导力发展中心发展出群策群力法（Work-out Basics）、变革加速模型（CAP）等体系化的培训学习方法与工具来支持企业变革。然而，遗憾的是这样的培训学习支撑变革的成功案例在全球企业界屈指可数，管理学界也未能产出相应的培训学习理论与方法论指导企业变革。

受制于落后的方法论，传统的培训学习范式只能辜负组织变革的期望了。

挑战三：对培训学习由软变硬的期望

如果说助力组织变革是培训学习的最高境界与理想，那么解决业务绩效问题则是培训学习部门必须面对的现实要求。根据人才发展协会 ATD2016 年的调查，绩效型培训已经成为全球培训学习界最关注的课题。面对生存与死亡的考验，组织必须更加敏捷、务实、高效。培训不能只是提高员工知识与能力，还需要为组织直接创造商业价值。于是，越来越多的组织期望培训学习直接推进业务绩效工作，这已经成为培训学习部门所面临的现实问题。

然而，这样的转变无疑是一场革命，最大的困难在于培训学习部门思维的转变。过去的培训学习是知识导向的，学习部门眼睛盯着的是学员；全新的学习范式是问题导向的，学习部门应当洞察组织所面临的关键绩效任务。培训学习部门必须重新思考自己的用户是谁，如何为用户创造真正的价值，以及这些价值如何被衡量。戴维·尤里奇提出由外向内的人力资源转型，其核心就是从顾客与市场的视角看待人力资源部门的贡献。培训学习直接助力业务部门的绩效推进就是这一思想的最佳体现。

挑战四：知识变成鸡肋

互联网时代，信息的极度丰富化与可得性，加快了知识更新的速度。随着中国商业实践波澜壮阔地展开，知识的发展也呈现出一日千里的景象，平台商业模式、区块链技术、场景革命、社会媒体营销等新知识不断涌现。这给传统以知识传授为主的培训学习带来了挑战。

传统教学模式以教师为中心，教师将知识体系化，创建课程教授学员。然而，知识更新速度加快给教师带来麻烦，教师来不及更新课程内容。过时落伍的知识就像是鸡肋，令学员食之无味。管理理论研究与实践的脱离进一步加剧了这种局面的恶化，导致市场上大部分的管理课程很难逃脱被淘汰的命运。传统教授、讲师面临下岗的风险。

在这种局面下，抛弃商学院、培训公司等传统管理教育培训主体，利用企业家教育企业家的速食性学习模式开始受到追捧。如《创业家》杂志创始人牛文文的黑马成长营，聚焦创业者群体，做创业者教育。它的本质是以教育为牵引，营建一个创业生态圈。马云创办了湖畔大学，邀请中国商界大佬授课，依靠他在互联网商界的影响力，推行企业家教育。各种商业类自媒体同样开始侵占传统的培训学习疆土。如吴晓波频道、秦朔朋友圈、逻辑思维等，这几位创业者都是媒体出身，擅长将最鲜活的商业实践与最前沿的思想以最高效的方式消化吸收，并形成粉丝能够听懂的语言进行传播。这样的速食性学习模式获得了极大的追捧，罗振宇在 2016 年到 2017 年的跨年演讲会更是将这一模式推向了高潮。

上述机构与个人的探索非常有益。然而，他们更像是媒体模式，而非真正的教育模式。创业者获得的价值是人脉圈子与信息接收，表面与碎片化的理解甚至会对学习者产生误导。他们的创新是打破了培训学习的传统模式，让企业家来教育创业者，提升从商业实践到知识产出的速度。然而，传授方式还是传统的讲授式，企业家的经验固然珍贵，媒体人的视角尽管敏锐，然而这些经验与视角是被束缚在特定时间与空间的，所以是有局限性的。即使你知道马云商业成功过程的所有细节，也不可能再造一个阿里巴巴。对新知浅薄性的理解永远无法解决企业的真正问题，更无助于学员智慧的增长与心性的提升。

对培训学习来说，最有价值的已不是他人过去的知识，而是组织自身穿越未来的洞见。加快知识的迭代更新速度已经成为培训学习的重要课题。

挑战五：反人性的在线学习

MOOC、移动学习等在线学习模式的飞速发展对培训学习产生了巨大影响。在线学习、微课开发成为一时潮流，网络上的学习资源与信息越来越丰富，这些都对传统知识讲授的培训学习模式产生冲击。为什么学员会抗拒传统课程？这其实很好理解。试想，如果是同样内容，在网上随时都能听取大咖的阐释，为什么还要辛辛苦苦到课堂现场来呢？

如果是传统讲授式课程，网络必将催生马太效应的出现。在每个知识领域，只有最强者才能生存。如哈佛大学迈克尔·桑德尔教授的公正网络公开课，在中国每年获得几千万次的点击量。未来全球讲同样课程的教师会不会全部失业呢？这绝非危言耸听。移动互联网的发展为学员提供了更加多元化的学习选择。在知识付费潮流下，如喜马拉雅、得到等平台开始聚集大量优质的商业课程，这样的趋势无可阻挡。每一名线下授课的教授与讲师所面对的最大竞争对手就是手机，大学里学生冲着学历的面子耐着性子听讲，而学员则会将心中不满的怒火发泄在培训学习部门的身上。

雪上加霜的是人工智能与 VR 技术的发展。未来在网上给你上课的很可能是一个机器人，它不仅能够讲授相关领域的所有知识与案例，甚至能给你管理问题的解决提供建议。IBM 那个著名的机器人沃森（Waston）已经能够辅助医生治疗，为什么未来它不能成长为一个管理大师呢？

于是，许多组织将希望寄托于在线学习上。然而，在线学习同样存在问题。那些花大成本搭建起的在线学习平台，实际效果却不尽如人意。在线学习看似是反人性的，我们期望学员能够利用碎片化时间上网学习，却发现他们干的最多的却是上网玩游戏。教育并非商业，需要提升人性而非迎合人性。人性有懒惰的一面，而学习则需要付出艰苦的努力。

如何将线上与线下相结合，让在线学习更好地服务于培训学习的最高目标，这个过程才刚刚开始。

挑战六：被惯坏的新新人类

过度丰裕的网络信息资源惯坏了新一代的学习者，也为学习者自我探索、主动学习提供了便利。新一代的学习者是网络原住民，更愿意采取主动与掌控的姿态进行学习。我的儿子今年才 7 岁，对机器人非常感兴趣。当我在工作而无视他的问题时，他就自己拿起手机搜索关于机器人制作的网站自主学习。他现在已经可以自己编程制作 LEGOEVS 机器人，所掌握的机器人知识已经远远超过了我的知识领域。在培训学习领域，“90 后”已经登堂入室。新一代的学习者学习的目的性更强，更具有主动探索的精神。一旦学习的内容与目的产生偏差，他们要么焦虑不安，要么昏昏欲睡。新一代的学习者更愿意分享与交流，他们愿意将感受与经验分享在微信朋友圈，惴惴不安并充满兴奋地期待他人的点赞与回应，这正是新新人类的写照。

新一代的学习者获取信息和人际互动的方式与过去的学习者有很大区别。过去中心化的学习范式难以适应新新人类的要求。于是，随着移动互联网的发展，学习开始突破时间与空间的约束，呈现出社群化、碎片化、游戏化甚至娱乐化的特点。全新的学习模式适应了新新人类的特点，取得了不错的效果。然而，必须清醒地看到，社群化、碎片化、游戏化只是手段而非目的，过度强调学习的形式就会迷失培训学习的目的与方向。

如何激发新一代学习者的自主精神，让学习者教育学习者，实现共创学习与探索，这是重要的培训学习命题。

挑战七：“人即目的”时代的来临

传统观点认为，人是组织的资源，是组织达成使命的工具，培训学习的目的就是培养与发展人，让他们服务于组织经营的目标。知识经济时代的到来挑战了这一基本假设。全新的商业环境需要我们对管理的本质做重新的定义，对人与组织的关系做重新的思考，对培训学习进行重新的定位。

在《重新定义公司》一书中，埃里克·施密特提出的谷歌经营的一个基本做法，就是将最有天赋的工程师聚集起来，授予他们充分的自主权，让他们直接与用户互动，产生最佳创意与产品。在传统中心化、控制型的管理模式看来，这是一种混乱的不负责任的管理模式。然而，这样的模式为什么在谷歌奏效了？这就必须深层次思考新时期的员工与他们所从事工作的性质。谷歌员工被定义为“创意精英”，他们所从事的工作需要创新与创意，而非传统枯燥的程序化工作。针对创意精英，胡萝卜加大棒政策已经失效，驱动他们的是对事业的兴趣与探索精神，是内心不断进步追求真善美的渴望。他们不需要管理，需要的是激发与成就。他们不是达成组织目标的工具，组织却是成就他们的平台。

全新的时代，人即目的。

这样的理想难以想象，它究竟是一个偶然，还是未来社会的必然？应是必然！世所公认，人类马上进入人工智能时代，一切简单、重复、枯燥的工作都将被机器人所替代，只有依靠人类直觉与想象力的创意性工作才能留存。未来的商业社会中人人都是创意精英，只有尊重与成就员工的公司才能达成自身的使命。

如何唤醒员工的使命感，帮助他们找到生命的意义与价值，让他们把个人理想与公司愿景连接起来，如何在组织内形成集体认同的文化价值观，创造共同修炼的平台，这些都是培训学习的最新命题，也是过去培训学习从未想象过的理想。

挑战八：守旧落伍的学习模式与固化思维

环境的巨大变化令培训学习的研究与实践界措手不及，关键在于大部分机构束缚在过去的学习模式与固化思维中无法突破。

从整体上看，中国商学院作为管理研究与教育的专业机构，并未承担起变革的责任。商学院的黄金时代似乎正在过去。为什么中国缺乏原创性的管理思想？为什么有如此之多的高智商管理学教授，但中国真正影响管理实践的理论却凤毛麟角？为什么中国改革开放后 30 多年的商业实践波澜壮阔，却没有为全球贡献具有中国背景的管理方法论？为什么大部分商学院 MBA、

EMBA 招生的数字与质量在大幅下滑？这些值得所有中国商学院反思，商学院主流的学习教育模式是否已经落伍了？商学院的研究是否已经与管理实践脱离了？是什么样的系统性因素造成了这一切？

培训学习界新兴的一股重要的力量是组织自己的学习部门。中国企业家越来越意识到培训学习的重要作用，企业大学近年来风生水起。许多优秀的企业大学植根于企业的实践，做了很多有益的探索。它们是培训学习创新的希望。然而，从整体来看，受制于传统的观点，企业往往圈定学习部门的授权与职责，从而限制了培训学习创新与发挥作用的范围和可能性。大部分培训学习部门的专业性不足，对业务与战略不熟悉，将培训简单地视作为员工安排课程，这就造成培训学习的功能难以充分发挥。

二、重新定义培训学习的矩阵图

面对上述八大挑战，培训学习应当升级。时代呼唤一张全新的培训学习地图。

我认为，培训学习可以从两个维度进行升级：一个是从个人到组织；另一个是从知识能力导向到战略问题导向。

从个人到组织。过去培训学习是个人维度的，定位于人才发展职能。培训学习一般根据组织内部的岗位进行划分，形成不同的学习群体，安排相应的学习培训计划，聚焦在个人的知识与能力的提升。然而，新时期培训学习的本质是组织学习，培训学习应当承担起帮助组织适应环境、健康发展的重任。培训学习应当直接呼应组织发展的最新挑战，扮演起组织赋能的角色。

从知识能力导向到战略问题导向。基于人才发展的培训学习一般是知识与能力导向的。然而，知识迭代速度的加快降低了旧知的价值，组织内部的变革动荡使得岗位能力的发展提升丧失了目标。新时代的培训学习应当向战略问题导向转型，聚焦组织战略与业务绩效问题的解决，在解决问题的过程中发展组织能力，提升个体的知识与能力。

新的学习地图根据上述两个维度进行构建，从而形成了培训学习的新矩阵图，如图 1.1 所示。培训学习新矩阵图分为四个区域。左下角是基于个人的知识能力学习区。这个学习区的定位是员工个体的知识能力发展，可以命名它为**人才发展学习区**。主要的学习情境有新员工培训、专业族群培训、领导梯队培养。右下角是基于战略问题导向的个人学习区。这个学习区的定位是聚焦组织战略、绩效与关键任务的学习，在解决问题的过程中实现员工的能力发展与知识掌握。这个学习区可以被命名为**绩效推进学习区**。绩效推进学习区的主要学习情境可以根据组织价值链展开，包括产品创新、成本下降、运营改善、服务提升、业绩突破等。左上角是基于组织的知识能力学习区。这个学习区的定位是组织能力发展，可以命名它为**组织发展学习区**。主要的学习情境有组织知识与经验的萃取传播、组织内部协同、组织文化创建与落地等。右上角是战略问题导向的组织学习区。这个学习区定位于组织变革与长期进化发展，可以命名它为**组织变革学习区**。这是培训学习的最高境界，帮助组织不断适应动荡变化的商业环境。主要学习情境有未知探索共创、集体心智反思、激活成就个体等。

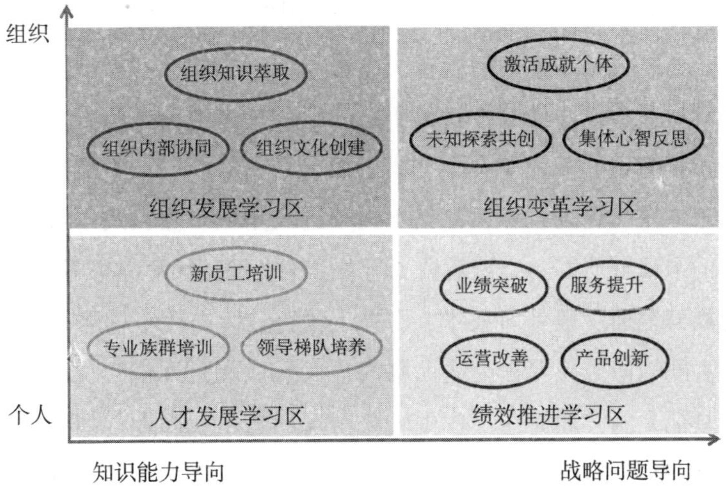

图 1.1　培训学习新矩阵图

需要说明的是，这个学习矩阵图是站在培训学习的目的角度进行定义，而非站在手段与方法论角度进行定义的。在线学习、移动学习、社群化学习、游戏学习、行动学习都是达成培训学习目的的方法与技术，它们必须服务于培训学习的未来使命。如果培训学习的使命定义不清，方法论与技术手段就丧失了应用的方向。

我认为，培训学习的使命应当从人才发展起步，沿着组织与战略问题两个维度向上发展，实现助力绩效推进、组织发展进而组织变革的最高目的。

人才发展学习区

人才发展是传统培训学习的重心，在新时代的培训学习版图中，依然会占据一个重要的位置。然而，过去的学习模式与做法需要变革以适应新时代的要求。

人才发展培训学习一般基于岗位进行学习项目设计与课程的搭建。典型的应用场景有三个：一是新员工的培训；二是专业族群的培训；三是领导梯队的建设。

新员工培训的目标是帮助员工快速融入组织，加速度过磨合期。从这样的目的来看，知识讲授的课程作用显然是有限的。关于组织历史、组织文化、专业知识、产品信息等方面的掌握完全可以通过在线学习解决。通过设计在线游戏化的通关考试等环节让新员工在线自学，这样的做法方便且学习成本低廉。新员工培训的关键不在于知识，而在于实战体验。新员工培训中应尽量模拟未来工作的现场，帮助新员工提早进入角色。体验式学习的方法是新员工培训的未来创新方向，为新员工配备资深员工做导师也是不错的方法。

专业族群培训一般针对技术、财务、销售、生产等专业群体的知识技能提高。过去的知识传授课程模式面临的最大挑战就是知识转化运用不足。知识与经验是他人的，如何在工作中转化与运用是个大问题。如果仅是知识掌握，在线学习+考试认证完全可以解决。专业族群学习的发展方向应当是问题导向的学习，以组织所面临的实际问题为出发点，将知识工具案例的学习与现场运用结合在一起，实现知识学习与运用的无缝对接。

领导梯队建设是培训学习非常普遍的应用情景。通常的做法是根据组织的职级建立领导力模型，选拔后备人才，根据领导力模型选择领导力课程，设计领导力发展项目。这里面存在几个问题。一是如何定义领导力？变革时代组织在动荡，组织所需要的领导力标准也在动态转变。过去科层式的组织结构在瓦解，拉姆·查兰以科层式结构为基础的领导梯队理论的适用性存疑。动荡时代如何定义组织所需要的领导力，这是新时期领导力发展的起点。二是如何选拔后备人才？单靠测评与 HR 部门的经验可靠吗？能否实现赛马不相马，让后备人才在实际完成关键任务的过程中脱颖而出？三是领导力发展的方法。领导力课程有效吗？领导力涉及人的体悟与态度的转变，这很难依靠听课实现。领导力发展最有效的方法就是实践中的顿悟。那么，领导力发展项目是否能够导入真实的工作挑战情境，在学员挑战关键任务的过程中发展领导力？

绩效推进学习区

绩效推进培训学习是当下培训界的一个热点领域。绩效推进培训学习的主要目标是直接助力战略关键任务的达成，人才发展与组织建设只是学习的副产品。在这一区域，尽管大家都在努力探索，但是目前真正有效与成熟的方法论并不多。

绩效推进培训学习的主要应用情境可以从组织运营价值链中寻找，以问题为导向进行设计，如**产品创新、成本下降、运营改善、服务提升、业绩突破**等。问题的选择应当考虑当下组织所面临的最为重要与紧急的关键任务。问题选择的另一个维度是培训学习部门的优势与能力，看学习部门的武器库中有没有解决这一问题的有效方法。通常来说，需要跨部门解决的问题、通过学习方法能够大幅提升效率的问题，都是适合绩效推进学习的好问题。

制约绩效推进培训学习的关键在于以下几点。

一是绩效推进培训学习的方法论还不成熟。过去管理咨询是组织解决问题的主流方法。然而，近年来管理咨询由于存在方案针对性不强、无法直接落地等缺陷而广受诟病。行动学习是目前绩效推进的另一个主流工具。行动学习相信解决问题的答案就在面对问题的人的手里，因此可以以问题为牵引组成团队，运用群策群力的方式解决。然而，单单运用行动学习方法论还不足够。组织内部员工往往困在同一固化思维里，没有专业知识与方法的帮助，单纯依靠他们自身很难实现真正的突破创新。时代呼唤全新的方法论来助力业务绩效的达成。

二是培训学习部门与业务部门之间的定位不清。培训学习部门容易犯两个错误。一个是过于激进。为解决业务问题亲自上阵操盘，取业务部门而代之。这就容易与业务部门产生冲突，很难达成业绩。另一个是过于保守。不敢越雷池一步，生怕得罪业务部门，不敢发起绩效推进学习项目。培训学习部门找准定位，明确与业务部门的角色与关系，是推进绩效推进型学习项目的关键所在。

三是培训学习部门能力不足。绩效推进培训学习项目不同于传统的课程拼盘式培训，它需要专业的策划与设计。这需要培训学习部门对公司业务保持洞察，掌握主流的学习技术与方法论，具有顾问与咨询能力。显然，这些要求已经超越了绝大多数培训学习部门的能力。

尽管有上述制约因素，绩效推进培训学习却已经成为业界共识，培训学习部门的能力在提升，相应的技术与方法论也在不断发展成熟。在可以预见的将来，绩效推进学习项目必将形成潮流。

组织发展学习区

组织发展培训学习是传统培训学习所忽视的领域。然而，由于组织能力建设是组织战略性的任务，而培训学习技术与方法能够在组织能力建设方面发挥作用，因而组织能力培训学习必将成为下一个培训学习的热点领域。

组织发展培训学习的主要应用情境是围绕组织的知识与能力维度展开的。为了发展建设组织能力，可以从三个角度着手：一是组织知识的萃取、管理与传播；二是组织协同；三是组织文化的创建落地。

组织知识的萃取、管理与传播。组织在经营过程中会产生大量的知识，对这些知识的有效管理是组织发展的一项重要任务。这就包括组织知识的萃取、储存、传播与更新。目前，许多培训学习部门已经开始系统化进行组织经验萃取，通过案例萃取工作坊等方式，将组织内专家的经验提炼出来形成知识与工具，开发相应的课程，取得了很好的效果。移动学习的发展提供了去中心化的知识分享模式，许多组织在尝试网络社群化学习、网络问答、网络知库等模式，让用户产生内容，将知识体系化、碎片化，方便内部员工即学即用，加速组织内部知识产生与传播的速度。

组织协同。组织协同是形成组织能力的关键所在。组织内部各个部门“屁股指挥脑袋”的现象非常普遍，部门之间的不协同造成诸多组织问题。组织协同不够主要有两个原因：一是组织内部的制度与流程有缺陷，导致职责不清、相互推诿；二是部门之间的沟通不足，协同的文化未形成，造成误解与成见。针对这两个问题，可以设计专题的培训学习项目。如果是制度流程问题，可以跨部门组成制度流程优化学习组，安排专家与高管帮助他们形成改善方案；如果是沟通问题，培训学习的技术与方法就太多了，跨部门户外熔炼、行动学习、教练技术都能帮上忙。

组织文化的创建落地。真正优秀的组织以文化价值观凝聚人。然而，大部分组织的文化只是贴在墙上的标语，不能在员工中产生真正的共鸣，成为组织内部共同遵守的价值观原则。这里面的核心是真诚，组织文化的源头来自全体成员的内心。文化价值观是外在的口号还是内心的信仰？是企业家个人的要求还是组织成员共同的理想？是毫无组织个性的陈词滥调，还是反映组织历史的独特瑰宝？组织文化的创建不应单纯来自企业家个人的想象，更不能仅仅出于组织文化部门的闭门造车，而应来自组织全体成员的共创。组织文化的落地不应以自上而下洗脑宣贯的方式进行，而应当充分发挥组织成员的主动性，让他们自发开展文化活动，创造人人愿意投身其中的组织文化软环境。在这个过程中，培训学习显然可以发挥巨大的作用。

组织变革学习区

组织变革培训学习是培训学习的最高理想。在 VUCA 时代，组织变革已经成为常态，组织如何适应环境的变化而不断自我变革发展，是组织的终极命题。然而，助力组织变革的培训学习方法论却远未成形。组织变革培训学习应当从组织进化整体的角度进行企划，综合运用多种培训学习模式达成组织变革目标。组织变革培训学习的主要情境有未知探索共创、集体心智反思、激活成就个体等。

未知探索共创帮助组织寻找战略变革的方向。动荡商业时代，对环境的预测越来越困难，基于长期预测的战略转型成为泡影。当下的组织战略变革往往是由高层指引方向，而具体的道路则是一线团队不断试错与迭代优化出来的。因此，如何选择未知探索的课题，如何组织虚拟小分队进行探索学习，如何激发一线团队的积极性与自主精神，如何汇聚各方智慧进行共创，如何将探索的成果在全公司推广，如何让整个组织变得敏捷高效，这些应当是培训学习重点研究的问题。

集体心智反思。组织变革的一大难点就是组织集体心智的僵化。组织过去的战略与商业模式决定了组织的基本管理形态与组织文化，在这样的组织环境中组织成员必将形成一系列的思维惯性与模式，这就是组织的集体心智。当外部环境改变、组织战略的前提假设动摇之后，组织集体心智如果不能改变，那么变革是不可能发生的。张瑞敏曾经提到海尔集团“自以为非”的企业文化，其根本就是对集体心智的自我反思、否定与更新，这是组织变革与发展的关键问题。培训学习部门应当创造组织集体反思的时机，形成组织集体反思的氛围，管理组织成员心态，保持组织谦虚、自省、不断进步的集体性格。这是培训学习的一项重要任务。

激活成就个体。组织变革的形态也在改变，由过去中心化的阶段性的变革，变成了去中心化的持续变革。这就需要激活组织成员，让他们主动参与到变革中去，打造一个自组织、自进化的敏捷性组织。激活组织个体就要赋予他们真正的权利与责任，让他们自主设立工作目标，为自己的工作成果负责。让他们在工作过程中成就自己、成就公司。在这个过程中，培训学习的一项重要功能是教育。教育的本质是唤醒、是发现、是成就。因此，通过培训学习帮助组织成员发现自己，找到人生使命，成就有价值与意义的人生，这是培训学习职责所在，是非常有功德的事。它真正体现了“人即目的”的原则，组织成为成就员工的平台，在成就员工过程中达成组织使命。

组织变革培训学习是一个系统工程，围绕组织变革目标，除以上学习情境之外，可以综合运用组织发展学习区的注入组织灵魂、知识链接共享，以及绩效推进学习区的创造商业价值等学习情境，在变与不变中保持平衡，实现组织基业长青。

三、行动学习的启发

培训学习新矩阵是从培训学习的使命与目的角度重新定义培训学习的。为实现培训学习全新地图，帮助培训学习深化人才发展功能，并向绩效推进、组织发展、组织变革的升维转型，就必须发展全新的培训学习方法论，代替传统的培训学习范式。

行动学习起源于 20 世纪中叶。然而，因其天生带有的革命性格，在 21 世纪的今天仍然显现出强大的生命力。它为新时代培训学习方法论的创新奠定了很好的基础。

行动学习是面向组织变革的

在 VUCA 商业环境下，组织变革成为一种常态，而行动学习正是面向变革的。

事实上，正如古希腊哲学家赫拉克利特所言，世界唯一不变的就是变化。商业环境的变化是永恒及客观的，是不以人的意志为转移的。而组织作为生存在商业环境母系统中的子系统，就必须不断演变进化以适应环境的变化。而这个改变自身适应环境的过程就是变革，其本质就是组织学习的过程。即不断感受环境的变化，反思自身战略定位、策略、运营、组织管理、文化的适应性，改造与重塑商业模式，在新的环境中贯彻与执行新的策略系统，取得新的市场反馈与经营体验。组织学习的本质就是一个永续循环的过程，组织学习就是企业经营本身。因此，如何提升组织学习的效率，让组织学习的速度超越环境变化的速度，就成为 VUCA 时代事关组织生存的核心问题。

行动学习创始人雷格·瑞文斯教授指出，行动学习研究的本质问题是 $L>C$，即培训学习 Learning 的速度如何大于环境变化 Change 的速度，恰好呼应了这一核心问题。

组织学习速度已成为生死时速。近年来，因 $L<C$ 而猝死的公司可以列一个长长的名单，如诺基亚、摩托罗拉、柯达、东芝……还有大量的公司在生存的边缘苦苦挣扎。

组织学习不仅要强调速度，还应注重持续性。小米公司在创业期通过网络直销商业模式的创新一举成功，然而当华为、OPPO 等公司通过学习迅速提升了运营营销策略，在手机研发以及营销渠道创新等方面达到了新高度时，小米手机开始进入下滑通道。

行动学习是如何回答这个问题的呢？

为提升组织学习速度，行动学习提供了探索商业未知的方法论。瑞文斯提出的学习公式是 $L=P+Q$。他认为真正的学习是面向未知的学习，而非面向已知的学习。对于组织来说，所有的问题都是面向未来的，是没有现成答案的，是无法被所谓咨询专家解答的。那么，对这样一些问题，究竟如何寻求答案呢？瑞文斯的回答是，学习是结构化的知识+有洞察力的问题。要达到好的学习效果，首先需要该领域的结构化的知识体系，包括其他公司的做法与实践。在此基础上，还需要不断提出深度的质疑，以促进团队形成对现状与环境的深度反思，实现对未来的领悟与创造性方案的达成。

在这个过程中，提出有洞察力的问题是关键。20 世纪 80 年代，当杰克·韦尔奇还在纠结如何变革 GE 庞大臃肿的组织时，彼得·德鲁克问了他一个问题："如果你还没有进入这些行业，你还会进入这些行业吗？"这个极具穿透力的问题点醒了韦尔奇，促使了 GE"数一数二"战略的诞生。

行动学习不仅提出了探索变革方向的方法论，还提供了落地执行的机制。那就是将真正面对共同问题的那些人聚集起来，让他们以小组的模式群策群力，探索解决问题的答案，并将方案执行落实。这一看似简单的方法背后却蕴含了重要的思想与规律。

杰克·韦尔奇曾经谈到对行动学习变革的感想，那就是当你将决策的研讨权放到一线经理人的手中，并重视他们的研讨结果的时候，奇迹就会发生。韦尔奇所指的"奇迹"，就是来自员工的强大热情、承诺与执行力。为什么会发生这样的奇迹呢？这是因为我们已经进入了一个知识经济新时代，德鲁克创造性地提出知识型社会以及知识型工作者的管理问题。面对知识型工作者，过去集权的、科层的、指令式管理模式已经失灵。尤其在互联网时代，人与组织的关系在重新定义，个体在崛起，个人的价值在彰显。因此，网络化的组织、民主化的管理、平台化的思想，将成为未来管理的主流。组织权力在向一线下放，组织末端将更加敏感，并承担起战略突破的重任。组织不仅应雇佣经理人的双手，更应雇佣他们的头脑。加里·哈默在《管理的未来》一书中，提到美国全食超市、谷歌等众多案例，均验证了新型管理模式的成效。行动学习的方法论实际上正是暗含了上述管理思想，顺应了这样一个管理模式大转型的时代，成为民主化管理的典范方法，唤醒了组织的活力，激发了团队的斗志。

行动学习打通了两个关节

行动学习的本质是一个学习的循环，它打通了两个关节：一个是知与行；另一个是决策者与执行者。

明代哲学家王阳明提出了“知行合一”的思想，“知是行之始，行是知之成”。知与行是一不是二！这是一个重大的思想突破。过去我们一般将知与行分裂理解，认为要谋定而后动，方案想成熟后再行动，方案与行动是两回事。这种偏颇的理解在商业实践中会造成两个偏颇的做法：要么只思考不行动，错失战机；要么莽撞行动，将所有资源赌在一个决策上，一旦失误就会遭受惨痛损失。

行动学习强调学习的循环，即针对问题、搜集知识、提出假设方案、实践验证、反思修正、再次验证的循环。在这个过程中，知与行是合一的。在行动之前，需要提出假设与初步的方案，而方案必须在真实的环境黑箱中进行验证，得到客户的反馈，在这个过程中方案被反思与优化。环境是不断变化发展的，因此，这个过程就是永续的，它是主观不断接近客观的过程，是方案与实践、知与行完美融合的过程。它的本质是不断寻求主观策略与变化中的客观现实的动态平衡。

事实上，这正是互联网时代迭代经营思维的具体体现。马化腾提到腾讯的经营策略就是“小步快跑，试错迭代”。QQ、游戏、微信等产品均是这一思想的结晶，它们都是在用户的骂声与板砖中茁壮成长起来的。微信从 2011 年诞生之日起，一直处于迭代的过程之中。从最早粗糙的产品进化到今天这个模样，它经历了平均每 10 天小迭代一次，40 天大迭代一次的过程。微信就像是一个不断进化的物种，至今还在成长之中。迭代经营思想已经成为创业界的共识。埃里克·莱斯在其撰写的《精益创业》一书中提出的三个主要工具是：“最小可用产品” MVP、“客户反馈”、“快速迭代”。其本质是将创业过程视为学习过程，目标是将这一过程做得更加高效与低成本，提高创业成功率。因此，起始的创业产品不需要精致完美，只需要满足客户验证的需要就可以了。要尽快将产品投入市场进行验证，获取种子用户反馈，修正假设，优化产品，再投入市场获取进一步反馈。

行动学习打通的第二个关节是决策者与执行者之间的区隔。公司中常见的情境是策划与决策的是一批人，而执行的是另一批人。这就会导致诸多问题的发生。首先，决策的人并不了解一线情况，而公司内部的官僚体制又会导致一线的执行者不愿意也不可能将最新信息反馈给决策者，于是太多组织高层因缺乏真实信息做出失误决策。其次，即使决策是正确的，由于不是出于执行者的自愿，从而导致执行者的执行承诺不足，贯彻不坚决。中国大部分老板总是抱怨团队的执行力不行，却不能反思自身管理模式是否存在问题。行动学习将真正面临问题的那些人动员起来，让他们发展解决方案，并在实践中贯彻执行。由于方案是出自他们的意愿，在执行中自然会全力以赴。从心理学视角看，执行他人的决策，当然不如做自己想做的事痛快！

以问题为牵引的系统提升

行动学习是问题导向的，它强调面对组织的具体问题，在问题突破的过程中实现组织的变革与系统提升。在一般人印象中，组织变革往往是在组织危机时刻，由具有魅力的领导人逆转乾坤、一举实现的。然而，真正成功的组织变革往往是在组织健康的时候，以渐进的方式实现的。危机时刻已经错过了变革的最佳契机。2011 年诺基亚新任总裁史蒂芬・埃洛普发表了煽情的演讲，动员诺基亚进行激进的变革。他将诺基亚比喻成一个站在着火的石油钻井平台上的人，并表示，该公司在“自家的平台上火上浇油”。就像人们可能会选择跳入冰冷的海水中逃离火场一样，诺基亚也不得不做出激进的决策，以便扭转市场份额的下滑。然而，这场变革最终以失败告终，这个过去手机行业的全球霸主轰然倒地。反观 GE、IBM 这样的企业，它们的变革往往是持续的、渐进的。2000 年年初 IBM 就将 PC 业务甩卖给了联想，在当今人工智能时代，它已经开拓出了全新的疆土。行动学习正是这种渐变的工具与方法论。它并不强调整体规划系统推进，而是以一个一个的具体问题为牵引，在解决具体问题的过程之中，改造优化策略、制度与流程，实现组织整体的转型与进步。

行动学习还是一个打破部门墙，甚至打破公司边界的智慧整合共创方法论。组织问题往往是综合的问题，需要跨部门才能解决。不同部门有不同的视角、信息。由于存在部门利益，因此部门壁垒会导致部门之间沟通不足。各部门都向部门最优的方向努力，公司利益却被忽视。库存周转率太低就是这类问题中的典型。它出现的原因有很多，涉及销售预测、生产计划、采购物流等多个部门。针对这样的问题，行动学习是非常有效的。它可以根据课题组织跨部门的临时小组，整合各部门的信息与智慧，发展出跨部门协同解决问题的方案。根据课题的不同，行动学习还可以在组织外部寻求供应商、客户、行业专家等加入小组的讨论中来，整合多元化视角与知识解决自身问题，从而获取创造性的突破方案。

行动学习更深层次的意义在于对组织惯性思维的反思与突破。当环境变化组织需要变革的时候，组织集体心智模式就会成为最大的障碍。瑞文斯提出行动学习涉及三个层面的学习：一是决策或战略系统；二是实施这些决策及战略系统所需要的管理、沟通或影响循环；三是每一位行动学习者所经历的独特的学习过程，涉及自我反省和对自我与他人的认知。第二层与第三层的学习正是帮助组织成员突破思维牢笼的方法论。爱因斯坦说过，人不可能在原有认知层面上解决问题。只有思维解放了，才存在实现变革的可能。

致良知的方法论

最后，行动学习隐含了我们这个时代最需要的价值观。行动学习以在世界上行善为基本目的。瑞文斯受佛教的影响巨大，他曾经引用佛陀的话，“做一点善事比写困难的书要好得多”。当今全球商业界突破商业道德的事件频发，无论是高盛、安然等企业的丑闻，还是中国乳业整体陷入三聚氰胺事件，都说明企业缺乏信仰，唯利是图，突破了道德和法律底线。作为社会重要的构成细胞，企业如果不能承担起社会的功能与责任，为社会与顾客创造价值，人类社会就会陷入黑暗与混乱。因此，当今的商业社会需要树立信仰，弘扬精神，迎接新的商业文明。儒家讲“大学之道在明明德，在亲民，在止于至善”。佛教讲慈悲。基督教讲爱、利他。行动学习具有极强的价值观指向，它要求从无知开始，对自我要诚实，具备团队协作的精神；要求所有的企业行动都应当以上述价值观为基本目的，而商业化利润与绩效只是实现上述目标的手段。

行动学习不仅强调以行善为目的，而且要承诺行动，不能仅仅做个听众。行动学习天生是行动派，具有丰沛的活力、动能与革命精神。它更像儒道，推崇立身行道，而非出世修行，它强调经世致用。这一点与王阳明所提出的“致良知”之学极为相似。良知人人都有，修身的目的就是回归本心，恢复本心光明。但是到这里，致良知只完成了一半旅程。另一半旅程的关键就是“致”这个字，良知不能仅仅停留在心里，更要在世上万事万物中体现出来，需要觉醒的个人的奉献与行动，目标是推动人类社会向更美好的方向进化发展。行动学习正是“致良知”的方法论。

行动学习对培训学习的价值贡献

当培训学习陷入困难与僵局之中，变革的种子已经悄然孕育，而行动学习的思想方法正是这颗种子的基因。这主要出于以下几点：

主动学习。行动学习是主动性的学习，强调学员主动思考与行动，特别适合新一代学习者，激发起他们主动学习的热情。

经验盘活。行动学习不仅强调教师与专家的智慧，它还将学员的智慧融入课堂中来。管理教育是成人教育，学员具有丰富的经验与知识。将他们的经验融入课堂，就会产生更好的学习效果。

团队学习。行动学习是以小组为单位的团队学习。在学习的过程中，学员相互讨论、相互启发、分工合作，最终达成目标。真理是在辩论中澄清的，因此群体学习更能激发大家的智慧。此外，团队学习过程还能培养协作、沟通等方面的领导力。

探索式学习。行动学习是面向商业未知的探索式学习，对组织寻求复杂与模糊的未来问题的解决方法特别有效，因而具有极大的价值。

绩效型培训。前文提到，培训学习的一个新的方向就是绩效推进型培训学习。行动学习是面向问题解决的方法论。它认为工作就是学习，学习就是工作。行动学习本质就是一种工作方法，能够将学习做得更加务实、接地气。这正是培训学习的方向。

强调行动。行动学习不仅探索方案，还推动策略方案的执行落地。由于将策划者与执行者、策划过程与执行过程相融合，提出的方案更加适应组织的实际状况，在执行中会得到最大的支持。这一点明显优于管理咨询的方法论。

组织变革。行动学习是促进组织学习的重要方法。组织变革的本质就是一个组织学习的过程，在变革成为常态的环境下，行动学习的意义愈发突出。

领导力发展。行动学习不仅解决事，更要发展人。行动学习模拟了解决问题的真实情境，在这个情境与过程中，学员可以复盘学习过程，对自我的行为进行反思，从而达到提升领导力的目的。

学习项目整合。在培训学习项目设计的时候，如何将移动学习、课程、教练、导师制等各种技术方法综合运用，形成一个有机的整体，达到最佳的学习效果，这是一个难题。行动学习所特有的过程模式，能够作为一条主线将各种工具方法串起来，形成项目设计的整体。

没有继承就没有传承，没有破坏就没有进步

行动学习对培训学习的价值是巨大的。然而，为什么行动学习的应用始

终不温不火，没有发挥出它真正的能量与价值呢？问题就出在创新不足。行动学习之父瑞文斯教授从来没有给出有关行动学习的定义，他所担心的正是后人用僵化的理解束缚行动学习的发展与创新。这一方法论诞生于 20 世纪 70 年代，如何能完全适应 21 世纪翻天覆地的商业环境呢？时代在变化，理论自然要更新。没有继承就没有传承，但是，没有破坏就没有进步。

我认为，行动学习的局限性主要体现在以下几个方面。

行动学习项目制的模式耗时、耗力、耗资源

行动学习一般采用项目制的方式，对时间、资源要求高，从而限制了它的应用范畴。我在华东理工大学商学院推进行动学习变革的时候，曾经与老师们尝试将行动学习项目学习的方法植入市场营销、人力资源等课程中去。由于课堂时间有限，而对学员的时间精力投入要求太大，导致课程效果打折，最终未获成功。在 VUCA 时代，组织需要快速敏捷的问题解决之道，时间是最大的资源。如何最大限度地提高学习效率，在有限的时间内获得最大的学习产出，是培训学习的变革方向。很显然，行动学习的传统模式耗时耗力耗资源，从而限制了它在培训学习情境中的应用。

行动学习规则的僵化复杂

行动学习自诞生以来，出现了许多不同的流派。不同的流派对行动学习的研究各有侧重，并将自身的研究成果不断加入行动学习的理论体系之中。于是，行动学习理论体系越来越复杂，规则与方法论越来越繁复。行动学习的应用者由于并不了解这些规则的假设前提与情境依据，在实际应用的时候僵化坚持，导致实际效果并不理想。

例如，行动学习强调催化师的中立立场，催化师不对研讨内容发表意见，也不是研讨问题的专家。催化师仅负责行动学习的引导过程。瑞文斯非常警惕“专家”角色，他的信仰是“问题的解决答案一定在面对这个问题的人的

手中”，他担心专家干涉行动学习的过程。然而，瑞文斯却忽视了另外一个问题，那就是学员是否掌握了解决问题的知识与经验。一个组织内部的员工往往被束缚在同样的思维框架里，难以达到真正的创新与突破，这就需要从外部引入知识、工具与专家的智慧。催化师如果不是所研讨问题的专家，他又如何提出有洞察力的问题？如何实现有效率的引导？

国际行动学习协会（WIAL）迈克尔·马奎特教授在这个问题上走得更远，他将催化师命名为行动学习教练，他认为“**行动学习教练集中自己所有的精力与注意力来帮助小组进行学习，但并不参与解决问题的实际工作。**”马奎特教授进而提出了行动学习的两项基本法则，一是“**仅在对问题作回应时做陈述**”，小组研讨过程中不允许小组成员陈述，除非回答问题；二是“**行动学习教练有权进行干预**”，行动学习教练可以在任何时候打断研讨，促进小组学习的发生。并以此为原则，对行动学习的引导过程进行了详细的设计与安排。

行动学习创始人瑞文斯教授提出行动学习是一个由三个子系统构成的整体。**分别是 α 系统——组织的决策与战略系统，β 系统——问题解决的计划、行动、反思、学习的过程，γ 系统——在 α 与 β 互动过程中发生的个人学习。**简单来说，行动学习涉及解决问题、组织决策与战略反思以及个人学习三个子系统，这三个子系统的学习相互联系又相互影响，共同构成一个行动学习的整体。

显然，马奎特教授对行动学习的理解偏重于第三个子系统——个人学习。马奎特教授对催化师是学习教练的定义，以及确定的基本规则与方法，其目标指向就是通过质疑反思确保学员自我反思与思维提升的高质量。

个人及组织层面的反思与学习的确是行动学习非常重要的一部分，马奎特教授所发展的部分规则与方法对促进学员深度反思与思维突破也很有价值。然而，马奎特教授的问题在于过度强调了个人学习 γ 系统，而忽视了 α 系统：组织的决策与战略系统，尤其是 β 系统：问题解决本身的学习。行动学习的三个系统的学习是一个不可分割的整体系统，对任何一个子系统的过度强调都会导致整体目标的迷失。

事实上，这三个子系统应该是逐层深入的，每一层的学习效果以上一层学习效果为前提。解决问题的学习是第一层面，如果对行动学习所指向的问题，学员不能够达成创造性的解决方案，学员就不可能对这个问题所涉及的决策、战略、价值观与制度层面进行有效的思考，更不可能深度反思这些策略、规则、方法所暗含的组织及个人思维局限，实现思维突破与个人和组织的学习。

这个道理的本质是因果关系。就如同种植果树，要取得个人与组织学习之果，就必须从灌溉、施肥、修剪开始，从树根、树干、树枝的工作做起。基础工作扎实了，因上努力了，果上自然丰收。如果眼睛只盯着果，一味在果上用蛮力，效果自然不会好。

行动学习催化师“仅关注学习，不关注解决问题的过程”的做法在实践中会导致以下问题：

行动学习课题质量难以保障。行动学习问题往往是组织所面临的难题，而学员是来自组织内部的员工，他们的知识与思维是有局限性的。根据我的实践经验，如果催化师不管问题解决过程，仅使用通用的引导工具让学员自己共创，行动学习课题质量一定不高。最常见的现象是项目启动时学员热情高涨，项目中期就会遭遇瓶颈，士气低落。

行动学习过程拖沓冗长。有经验的催化师都知道，行动学习是非常耗时的，提高行动学习研讨共创过程的效率非常关键。如果过度强调个人学习与反思，催化师就会无视问题解决学习的高效进行，僵化使用学习教练的权限，不断打断行动学习研讨过程，导致行动学习过程繁杂，效率低下，行动学习小组的自主学习意识也会被打击。

学员思维难以实现真正的创新突破。过度关注学习往往并不能产生好的个人学习效果。一个组织内部的学员往往被束缚在同样的思维框架里，如果不能从外部引入知识、信息、案例与专家的智慧，那么如何帮助学员实现真正的思维突破呢？催化师如果对所研讨的问题不了解，那他如何提出有洞察力的问题？他又如何实现学员个人的有效学习？

行动学习的引导工具的局限性

随着行动学习的兴起，行动学习中的催化引导技术方法也在不断发展。引导技术是通过引导师的过程设计及现场提问，提高团体研讨效率的方法。引导技术致力于群体智慧的产生，是民主化决策及跨界共创的有效方法。全球有三大引导师协会，致力于引导技术的推广与应用。不过，在实践中，如果将行动学习与引导技术画等号，认为引导技术就是行动学习，则会产生新的弊端。如GROW模型、聚焦式会话法、团队列名法等引导技术工具只是通用性的工具方法，在解决专业问题的时候往往力不从心。最常见的现象是项目启动时学员热情高涨，项目中期就会遭遇瓶颈，士气低落。出现这类症状的关键就在于学员知识经验的不足，单单依靠他们自身力量很难对专业复杂的难题实现突破性的进展。其根源在于引导工具技术无法结合专业领域的知识、方法与工具，缺乏对整个过程更为专业的设计与控制。

行动学习的专业化与孤立化

各类专业理论与方法都具有这样的趋势，就是不断自我繁殖进化，朝越来越复杂精致的方向发展。行动学习也是如此。各类行动学习的流派都自我辩护、自我推广，因而陷入保守与孤立。行动学习被搞得越来越奥妙难懂，不能用简易适用的方法在组织应用。这样的保守导致行动学习陷入孤立，难以与课程、教练、导师制等方法论相互融合，整合创新，服务于不断发展的培训学习的实践。

四、敏捷共创——新时代培训学习方法论

行动学习需要保留其革命性的核心思想，并与其他培训学习方法进行整

合创新，以迎接新时代培训学习的挑战。这个方法论是一个全新的物种，它就是“**敏捷共创**”。

敏捷共创模式的实现极具挑战，需要整合创新，将传统课程、行动学习、在线学习、咨询方法、教练技术等现有培训学习方法工具创造性地整合起来，实现新一代的培训学习范式。

“敏捷共创”是**让学习直接创造结果**的培训学习方法论。敏捷共创以组织新知创造与绩效落地为目的，通过构建动机、情感及价值观的学习张力，帮助学员投入到聚焦问题、知识建构、新知共创、敏捷迭代与萃取复制的学习闭环，最终创造人才发展、组织成长、绩效推进与组织变革的直接成果。

具体来说，“敏捷共创”培训模式由表 1.1 中主要元素构成：

表 1.1　敏捷共创构成元素

要素	构成		内容
目的	让学习直接创造成果	组织新知创造	面向未知，学习共创新知，实现组织的变革与进化
		绩效成果落地	能够帮助组织解决具体问题，创造人才发展、组织成长、绩效推进与组织变革的直接成果，并在这一过程中实现学员的学习与成长
学习闭环	1. 聚焦问题	1.1　真实问题	培训学习所指向的问题是组织所面临的紧迫、重要与现实的问题
		1.2　目标结果	培训学习应当定义具体的目标与成果产出
		1.3　共识承诺	培训学习涉及的组织部门与学员应当就学习目标达成共识，并对时间、资源等投入达成承诺
	2. 知识建构	2.1　激发经验	培训学习应当激发学员自身的知识与经验，投入到问题的解决中去
		2.2　知识工具	培训学习应当以问题与任务为核心，梳理与重组知识，并将知识工具化，助力学员运用知识工具解决问题
		2.3　案例学习	培训学习需要提供与解决问题相关的案例，启发与打开学员思维

（续表）

要素	构成		内容
学习闭环	3. 新知共创	3.1 引导共创	共创环节过程高效，运用引导技术合理，能够充分融合学员智慧，实现创新突破
		3.2 专家咨询	在尊重团队思考的基础上，专家提供专业意见与反馈，给予顾问咨询
		3.3 外脑激荡	适时引入跨界外脑，采用多元化视角，突破固化思维
	4. 敏捷迭代	4.1 方案转化	共创成果进行梳理，形成能够执行的计划方案
		4.2 试错验证	形成落地机制，计划方案在企业试点落地执行
		4.3 迭代优化	根据试点执行结果，通过反思与复盘，进行迭代优化，完善新知
	5. 萃取复制	5.1 知识萃取	将前期成果总结提炼，形成组织新知，在组织内传播
		5.2 复制推广	将优化的计划方案在组织内推广，产生绩效成果
学习张力	动机		培训学习应当激发学员的内在学习动机，使得学员能够主动积极地投入到学习中去
	情感		学习的过程应当充分调动学员的情感，让感性与理性相互融合，提高学员的创造性
	价值观		培训学习应当导人向善，提升人的品格，树立正向的学习价值观

目的：让学习直接创造成果

敏捷共创培训学习范式的目的是让学习直接创造成果，为组织创造价值。具体来说，敏捷共创的直接目的可以从相辅相成的两个方面来定义：一是组织新知创造；二是绩效成果落地。

组织新知创造。上文提到，未知的价值远远大于已知。过去培训学习模式的核心是从已知到已知的教学，教师将结构化的知识体系传授给学员。然而，在动荡的商业环境中，学员即使掌握了过去的知识，仍然不能解决组织所面临的当下与未来的问题。因此，全新的培训学习范式一定是要面向未知的。未知与已知，正是新旧模式的分水岭。面对未知问题，敏捷共创的目标是探索与创造组织的新知，实现组织学习与进化。

过去的培训学习范式的根本是知识的传递，知识从教师传递到学员。学员掌握了体系化的知识，就算是完成了教学目标。教师依靠考试与测评对学习效果进行评估。教师与专家负责知识的生产与交付，学员是知识被动的接受者。专家与教师大多是专职的研究者，他们在商学院、培训公司开展研究工作，将这些研究成果体系化，形成可以教学的管理课程。这样的知识生产过程会导致知识与管理实践的脱离，研究的问题与管理的实践丧失联系。这个问题的根本原因在于管理的知与行之间产生了断裂，这正是传统培训学习范式落后的痼疾所在。

全新的培训学习范式不仅是一个知识传授模式，更是一个知识创造的新模式。它应当有一个雄心勃勃的目标，那就是打通管理的知与行，创造新知。在互联网时代，信息更加充分，研究的壁垒与专业性在降低。这是一个人人是研究者的时代。是否可能存在这样一个敏捷共创新课堂，在那里，管理实践中最鲜活的问题被提出，管理实践中最复杂的情境不断被再现，相关的知识与经验被充分汲取，各种解决这些问题的思维交融碰撞，头脑中深层的智慧被开启，心智在觉悟，未来的图景在清晰呈现，创新与洞见如绽放的鲜花不断盛开。这样的课堂就像一个知识与智慧的发生器，组织不断获取在全新环境下生存的知识与智慧。如果这样的模式得以实现，那么管理的研究、实践与教育之间就能够形成一个不断向前发展的上升循环，实现更快的进步。

绩效成果落地。过去培训学习范式的出发点是人，是对人的知识与技能的提升，而敏捷共创的出发点则是组织，是为组织创造价值，帮助组织完成使命。因此，敏捷共创的目的是让学习创造成果，帮助组织推进工作。创造成果的直接的体现就是本书上文中提出的培训学习新矩阵中的四个方面：人才发展、组织发展、绩效推进及组织变革。敏捷共创的未来应用可以从上述四个方面展开。

围绕让学习直接创造成果的目的，敏捷共创模式由环环相扣的五个环节组成，分别是聚焦问题、知识建构、新知共创、敏捷迭代、萃取复制，它们共同构成了敏捷共创的学习闭环，如图 1.2 所示。

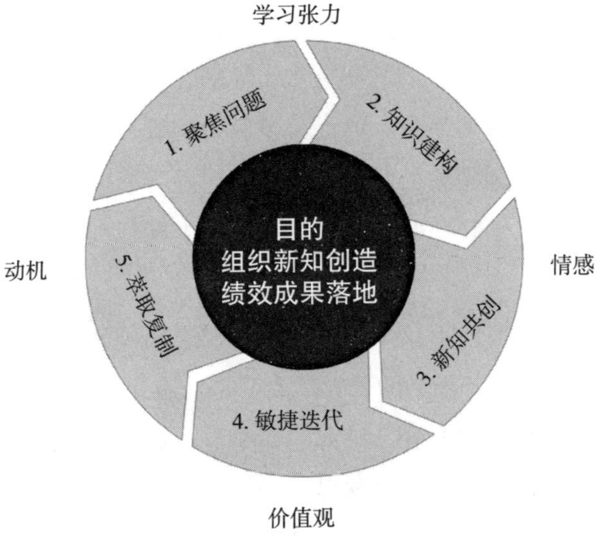

图 1.2　敏捷共创——新时代培训学习方法论

环节一：聚焦问题

敏捷共创培训范式以真实问题为牵引，构成整个学习的张力。

真实问题。传统培训学习模式下，主要学习载体是课程。而课程的设计是以知识理论体系为基本内容框架的，教师的 PPT 是统一的，是根据理论体系展开的，案例是被用来说明与验证理论的正确性的。这种模式的最大问题就是学员听下来有道理，但是与自己的具体问题及情境无关。管理的情境是复杂的，学员的问题很难用统一的理论范式解决。因此，在新的培训学习范式下，课程与学习项目的设计应当以组织的真实问题为导向，组织与设计学习内容。这样做的好处是以敏捷高效的方式提升了培训学习的效率，彻底解决了学习转化问题。学员现场学习知识，现场运用知识解决组织问题。学习的问题就是工作问题，学习的过程就是对工作问题的解决过程，学习的结果就是工作问题的解决方案。学习与转化无缝对接，现场实现。

目标结果。敏捷共创认为聚焦问题的学习需要定义明确的学习目标与成果。传统培训学习目标成果大多从学员发展的角度定义，而敏捷共创培训的目标成果则应从组织的维度进行定义，明确培训学习最终取得的成果是什么，组织获得的收益是什么。

共识承诺。要为组织创造成果，学习必将涉及组织内相关部门的配合与支持，更需要参与学员的理解与承诺。因此，在敏捷共创培训学习项目开始前，需要取得组织内部相关部门与学员的共识，并获得时间、资源等方面投入的承诺。

环节二：知识建构

敏捷共创的知识建构环节与传统培训教学是有根本区别的。前文提到，传统培训是以知识体系为导向的，而敏捷共创培训学习则是以问题为导向的。现实中的问题往往是复杂的，很难用单一学科的知识来解决。因此，敏捷共创培训不主张传授体系化的知识，而是打破知识与学科的壁垒，围绕问题重组知识，激发学员的知识经验，弥补学员的知识短板，帮助学员掌握解决问题的工具方法。

激发经验。学员的知识与经验是学习的重要资源。培训学习应当有效识别问题解决所需要的知识与经验，分析与发现学员的知识与工作背景，并设计具体的教学环节激发学员自身的知识经验，卷入问题解决的学习任务中来。

知识工具。构建知识阶梯是这一环节的重点。这就需要针对组织与学员的具体问题调研把脉，挑选组合相关的知识，并将知识工具化改造，使之简单易用，嵌入问题的探索与解决的过程之中。这其中知识的工具化是重点工作。知识如果能够转化成简单易用的工具，就可以节约大量的学习时间，降低学员运用知识的难度，大幅提高学习效率。

案例学习。同一组织的学员往往会陷入固化思维之中，实现创新突破并不容易。因此，打开视野、开阔眼界，引入跨界的经验是非常重要的方法。同样一个问题，其他企业是怎样应对的，其他行业有没有更好的做法？将这些做法形成案例，在培训学习中成为重要的学习资源。

环节三：新知共创

在新知共创环节，学员围绕问题，运用学习的知识工具进行共创活动。为了达到知识的生产与创造的目标，那就应当采用团队学习与共创的模式，将教师与学员的知识、经验与智慧充分激发出来，达成对知识的突破与创造。因此，它的学习维度一定是团队学习与组织学习。过去的培训学习模式，学习是个人维度的，以学员个人的知识掌握为主，学员之间没有链接与关系的产生。敏捷共创模式是以团队与组织维度进行设计的。在教学方法上，应当始终贯穿团队互动、研讨、共创等活动，运用引导技术提高团队学习的效率，通过质疑反思实现深度汇谈。此外，专家的顾问咨询以及跨界的外脑激荡，也是新知共创必不可少的环节。

引导共创。引导共创环节需要精致的设计，让知识学习与共创有机融合。在开场破冰、学习活动、共创活动、质疑反思、汇报点评、收尾活动等各个环节，选择运用不同的引导技术工具。学员来自不同的部门，受教育背景也不同，掌握的知识经验也就呈现出多元化的景象。这正是实现共创的基础。学员被分成不同的小组，以小组为单位，围绕具体的问题，运用刚刚学到的知识工具，进行研讨与共创。教师在这一过程中应当扮演引导师角色，确保共创目标的达成。

专家咨询。敏捷共创范式认为，单单依靠学员自身的知识与能力很难实现创新突破，因此在尊重学员共创的基础上，还需要内容专家的指导与咨询。在学习过程中，内容专家的优势在于见多识广、知识体系健全，而学员的优势在于对自我问题及复杂情境的深刻体察与了解，将两者相结合，就能产生出符合组织实际情况的高质量解决方案。

外脑激荡。针对不同的研讨主题，为了引入多元化的思维视角，突破思维瓶颈，可以引入外脑，如其他行业的实践者、客户、供应商等，采用多元化的引导方法，将外脑智慧融入问题解决、新知共创的过程中。

环节四：敏捷迭代

从实验主义哲学的视角来看，团队共创环节产出的共创成果只是停留在人们头脑中的主观假设，主观假设是否符合客观实际，就必须在实践中进行试错验证，并基于验证结果进行优化与迭代。这正是试错验证环节的价值所在。需要注意的是，试错验证并非落地推广，它的目的是检验共创知识与方案的可行性，而非取得绩效成果。因此，降低试错的成本、加快试错的频次、提升试错迭代优化的效率是这一环节的关键。

方案转化。在这个环节中，将新知共创的成果转化成为可以落地试点的计划与方案。一方面，需要将策略转化成能够执行的计划方案，需要明确具体的时间、行动举措、责任人以及检查监督人；另一方面，还需要考虑试点范围、责任部门、信息反馈及跟踪辅导机制，并取得相关部门的授权与资源支持。

试错验证。试错验证环节中，通常在特定的试点范围与周期内，由具体团队承担计划方案的落地试点任务。试点过程中的信息反馈机制非常重要，需要持续跟踪试点过程，及时对反馈的信息做出反应，调整执行的策略，解决过程中出现的各种问题，收集试错验证的反馈信息与结果。

迭代优化。根据试错验证的信息反馈结果，团队需要对试错验证过程进行复盘，对前期的共创成果进行质疑与反思，调整认知假设，优化计划方案。在此基础上进行新一轮试错迭代。这个过程直到确认新知、方案成熟为止。

环节五：萃取复制

萃取复制环节的目标是将学习所取得的成果进行提炼与总结，形成指导进一步实践的知识与规律，并通过推广实施获得最大化的组织绩效成果。主要有两方面的工作：一是将共创新知系统化与课程化，在组织内进行传播，形成整个组织的认知；二是将成熟化的做法在组织范围内进行规模化复制推广，取得最终的组织绩效成果。在组织新知的指导下，新一轮的实践中一定会遭遇新的问题，这些问题将成为“敏捷共创”学习闭环新一轮的起点。这个学习闭环是一个永恒的螺旋式上升过程。

知识萃取。在试错迭代成果基础上，进行总结与提炼，形成超越特定经验与情境的规律与知识，进入组织知识管理库。并将相关实践萃取成为案例，开发相应的课程，以线上线下培训的形式在组织内传播推广。

复制推广。将成熟的经验与做法总结后，转给相关主管领导与部门，由主管部门在组织范围内进行复制推广，取得最大化的绩效成果。在这个过程中，培训学习部门可以起到协助推进与辅导咨询的作用，但是主体责任应当放在主管部门身上。通过跟进辅导，培训部门可以发现新的问题，作为进一步学习设计的基础。

学习张力

与传统培训的被动式学习不同，敏捷共创是主动性的学习模式，特别依靠学员自身的学习动力。如果学员的学习动力不足，就会大大影响学习的效果。因此，构建学习张力，创造学习氛围，激发学习动机，促使学员积极主动地投入学习，这是敏捷共创培训模式必须考虑的关键问题，主要包括学员的动机、情感与价值观三个方面。

动机。孔子曾说："不愤不启，不悱不发"，只有学习成为学员的主动愿望与需要，学习才能真正有效。这就需要激发学员自身的学习动机。因此，在培训学习设计环节就应当充分考虑学员的学习动机，如学习是否对学员的工作有直接的帮助？学习项目是否有阶段性的目标要达成？学员的评估是否与学员的职业发展挂钩？学员的领导是否卷入学习项目中来？学习的竞赛激励机制能否激发人性中的好胜心与荣誉感？只有构建起有效的学习张力，才能激发学员主动投入到学习之中。

情感。人既是感性的，也是理性的，学习的过程应当充分调动学员的情感，让感性与理性相互融合，提高学员的创造性。与传统培训不同，敏捷共创模式是一种建立在平等关系上的相互学习，特别强调学员之间以及学员与教师之间的充分互动交流。情感与情绪在其中显然会起到重要作用。这就包括学员与学员之间的情感连接，学员与教师之间的情感连接。如果喜爱、欣赏、信任等正面情感被建立起来，学习的有效性就会加强。这就需要思考与建立有效的团队建设机制，管理学习团队的能量与场域，充分发挥情感与伙伴的作用。

价值观。学习的本质是一个人终其一生的自我完善与精进的过程，对做一个更完善的自我的渴望，是人类学习的潜在的根本动机。那么，如何在学习中完善自我，提升境界，就需要正向的价值观的引导。仁爱、利他、诚信、感恩、奉献是人类普遍的价值观，这些价值观应当贯穿在学习的过程之中，引导学员在帮助组织创造价值、完成使命的过程中，实现自己的人生价值。

敏捷共创是在行动学习的思想方法上发展出来的，然而它又是行动学习与其他方法的整合创新，具有自己的特殊属性，主要体现在目的、角色、内容、形式、方法及产出等几个方面。

从**目的**上看，行动学习强调的是团队学习与问题的解决，是基于问题解决的深层次学习。而敏捷共创的目的是让学习直接创造成果，主要体现在两个方面，组织新知的迭代与创造，以及组织绩效成果的落地。

在学习**内容**上，它们都是面向未知的以及问题导向的，不同的是行动学习过于强调学员的知识与经验，而敏捷共创更加注重教师与专家的专业能力，将知识模块化、工具化与定制化，弥补学员知识、方法与能力上的短板，专家对共创过程进行引导点评，从而确保了共创结果的高质量。

从学习**形式**上看，行动学习大多以组织内训为主，以项目制的方式开展，它的应用场景是组织内部的绩效问题解决。而敏捷共创则有更大的适用性。它既可以在商学院以及各类社会管理教育培训公开课中使用，又可以在组织内训中使用，既可以以项目制的形式开展，也可以是课程的形式。因其敏捷高效，更容易嵌入组织经营的过程之中，成为普遍的工作方法与学习方法。

从教师与学员所扮演的**角色**来看，行动学习与敏捷共创都以学员为中心，区别在于教师所扮演的角色。在行动学习中，教师的角色被称为引导师，引导师设计引导过程、定义研讨规则、主持研讨过程，促进研讨的高效率与高质量结果的产出。同时，引导师需要保持中立，对研讨的问题不发表具体意见，因而也并非是所研讨问题的专家。敏捷共创认为，教师应当扮演引导师与内容专家双重角色。教师需要对所研讨共创的领域，具备专业的知识与研究的背景，最好具有实践的经历。只有这样，才知道需要给学员补充哪些知识与工具，才能做出专业的教学过程设计，也才能在学员遭遇瓶颈的时候提出有洞察力的关键问题。专业背景确保了教师在学习过程中对工具方法的运用进行及时纠偏，在学员成果汇报的时候给予专业点评，提升共创成果的质量。当然，需要强调的是，教师需要在引导师及内容专家两个角色之间进行平衡，不能以专家的姿态强行推广自己的想法，而是应当尊重学员的意见，在过程中给予辅导与协助。未来，人人都是教师，人人都是引导师，引导会成为教师的基本技能。在特殊情况下，也可以由两人分别担当引导师与内容专家的角色。

敏捷共创与行动学习在教学**方法**上也有区别，见表1.2。尽管他们都采用引导技术，重视质疑反思，鼓励学员的主动思考与探索，但是，敏捷共创对整个教学过程的设计与控制更加结构化与精细化，从而确保了高质量的共创结果的产生。这主要体现在三个方面。一是对教学过程的设计。敏捷共创将专业工具方法与引导工具方法相融合，合理设计共创过程。如果是研讨战略问题，就引入战略分析的工具；如果是研讨品牌问题，就引入专业的品牌建设工具方法。二是知识与工具的补充。敏捷共创所补充的知识、案例与传统课程有区别，它围绕研讨共创的问题，进行跨知识边界的采集筛选，并尽量将它们改造成易于使用的知识模块与工具，案例并不是用来印证理论的，而是用来学习工具、打开思维的。三是将管理咨询的方法引入教学。这就包括课程之前的调研、诊断与定制化设计，课中的个性化、针对性的指导与点评，课后的梳理总结，形成方案成果。

表1.2　传统课程、行动学习与敏捷共创的比较

	传统课程	行动学习	敏捷共创
目的	面向已知 知识传授	解决绩效问题	学习直接创造成果 组织新知的创造 组织绩效成果达成
内容	理论知识体系导向 教师的知识经验	面向真实问题 学员的知识与经验	真实问题导向 学员的知识经验 教师的知识经验 知识模块化、工具化、定制化
形式	课程模块 个人学习	项目制 团队学习	课程模块 项目制 团队学习与组织学习
角色	以教师为中心 教师是内容专家	以学员为中心 教师是引导师	以学员为中心 教师是引导师+内容专家
产出	掌握死的知识 知行断裂，无转化运用	绩效问题解决方案 执行落地	知行合一，知识学习与运用现场实现人才发展、绩效推进、组织成长、组织变革的直接商业结果

在培训学习的**产出**与成果上，行动学习重点在于绩效问题解决与执行落地。敏捷共创因其过程的结构化设计与控制，组织与学员可以拿到符合实际的突破性解决方案，达到实际成效，取得人才发展、绩效推进、组织成长、组织变革的直接结果。学员在这个过程中不仅学习到知识与方法，还能够现场运用，实现领导力的提升。所以，敏捷共创是一个真正达成知行合一的培训学习新模式。

五、敏捷共创模式的应用场景

敏捷共创模式的四个具体应用场景

敏捷共创模式在实践中究竟如何应用，以实现培训学习的升维目标呢？我近年来的研究与实践主要集中在四个方面，分别是**课程升维、领导力发展学习项目设计、绩效问题解决学习项目设计与组织学习与变革**。

课程升维

互联网时代，传统课程的基本范式已经落伍。在线上学习低成本、碎片化及知识信息传递高效的环境下，线下课程急需寻找全新教学范式，向问题导向、主动学习、团队学习、体验学习、探索式学习、结果导向转变。其难点在于课堂时间有限，如何平衡知识学习与引导共创，让学员在有限的时间内产生最大的学习成果。

近年来，我在这个领域进行了大量的研究与课程开发实践。在此基础上，我提出了**敏捷共创线下教学新范式**，以适应互联网时代的要求。这个全新的范式可以从三个层面定义。第一个层面是课程的表层规则与范式，包括课程的目标、课程的内容、课程的形式、课程的方法等；第二个层面涉及课程的角色，这就包括教师、学员各自的权利、责任与要求，以及他们之间的关系；第三个层面涉及课程的价值观与组织层面，这就涉及为什么需要课程，达到的基本目标是什么，如何组织课程，课程的价值观及基本行为规范等。本书第二章分析了互联网时代课程模式为什么要变革，正式提出了运用于课程升维的**敏捷共创教学开发五步法**，以上海交大品牌班、赛默飞世尔、神皖能源等教育组织与公司的具体案例，揭示了品牌炼造工坊、战略解码工坊、营销策略工坊等“敏捷共创”工作坊的设计与实施细节。

领导力发展学习项目设计

敏捷共创培训范式还可以用于领导力发展学习项目设计之中。领导力发展是培训学习的重要目标，培训学习不能仅仅停留在知识体系的掌握，还需要发展员工领导力，促使人的使命觉悟与境界的提升。本书第三章分析了VUCA时代领导力发展的重点与方法，提出了如何整合测评、教练、行动学习、课程、导师制等各种领导力发展技术，服务于学员领导力发展的重要问题。为此，我提出了一个**以行动学习为主线的整合领导力发展 ALL（Action Learning Leadership）模型**，并以东航武汉后备人才发展项目为例，阐释了ALL模型的具体应用方法。此外，公司高层领导力发展是公认的难点问题。高层管理者见识广泛，受教育程度高，日程繁忙。如何规划与设计适合高管的领导力发展项目是一个很大的挑战。在这一章中，介绍了我为EMBA、总裁班教授的一门“企业家修炼”课程，说明了我对相关问题的思考与探索。

绩效问题解决学习项目设计

目前，管理咨询行业同样面临挑战与变革。管理咨询业下滑的原因并非是企业没有问题需要解决了，而是管理咨询过去的方法论失效了。大多数咨询公司聘用经验缺乏的项目经理，将统一的模板与工具生搬硬套到被咨询企业上去，让被咨询企业自己实施，而不管实际的效果如何。这样的套路已经不能适应当下的时代了。那么，如何能够帮助企业真正解决问题，产生落地的实效呢？我提出了**GPS-A方法论**，运用敏捷共创的思想，将咨询方法论与行动学习方法论整合创新，使甲方企业与乙方专家的智慧融合共创，将策划与执行一体化，最终实现企业绩效问题的解决与业绩突破。企业绩效问题涵盖面很广，这一章以昊源化工成本下降项目、天合光能品牌战略推进以及报喜鸟营销业绩突破项目为例，说明成本下降、品牌战略推进与业绩突破问题是如何运用全新的方法论加以解决的。

组织学习与变革

组织学习与变革是 VUCA 时代的重要主题，如何运用敏捷共创的思想，帮助企业组织实现整体的学习与变革，是本书第六章的主题。为此，我提出了以敏捷共创为基础的组织学习方法论，融合组织变革变的一面——**新知探索共创、集体心智反思、商业价值学习**，与组织变革不变的一面——**注入组织灵魂、激活成就个体、知识连接共享**，达成组织基业长青的梦想。本章以中国最顶尖的一批企业大学的最新实践为案例，说明这个方法论体系的具体做法。这些案例包括 GE 的“Fastwork”、平安“知鸟”移动学习、联想“复盘”、海尔学习变革、方太文化学习等。

政府与非营利组织的“敏捷共创”

政府与非营利组织是构成社会的重要部分，培训作为重要的人才发展与组织绩效推进手段，同样可以发挥重要作用。然而，从我国公务员培训与非营利组织培训的现状来看，还是以传统课程为主要培训模式。这就导致学习针对性不强、学员参与度低、培训走过场等一系列问题。那么，如何改变这一现状，推行以问题为导向、学员主动学习的创新学习模式呢?

事实上，以问题为导向的行动学习模式，在中国的最早探索正是发生在政府公务员培训领域。自 1991 年起，时任中组部培训中心主任的陈伟兰教授开始关注行动学习，并逐步开始在公务员培训领域研究与实践行动学习法。从 1998 年开始，陈伟兰教授采用国际项目合作的模式，先后在甘肃、青海、四川、内蒙古、广西等西部省区开展了以行动学习模式为核心的高级公务员培训，取得了很大成效。在此之后，华润集团等央企跟进，成为中国首批系统开展行动学习的企业。

陈伟兰教授在公务员培训领域推广的行动学习法强调解决政府行政管理的难点问题，在解决问题中实现人的发展与成长。以甘肃省公务员培训项目为例，行动学习的课题有三个，分别是扶植中小企业发展，城市规划与环境保护，人力资源的管理与开发。三个课题对西部省份甘肃来说，都是非常有现实意义的矛盾与问题。除了团队议题外，每名学员来之前，都需要与上级做一次深入的谈话，慎重选择自己的子课题。整个项目是以分组团队学习的模式展开的。每 8 名学员一个小组，尽量安排不同机构有相同专业背景的人在一个小组，每一个小组安排一个催化师和一个小组长。整个项目周期是一年，分三个阶段。第一个阶段是全脱产培训一周，内容是学习行动学习法，听取中央高级政策研究人员的专题政策分析，分组确定团队议题及子课题，制订一年的研究计划。第二个阶段是分头试点与集中学习阶段，这个阶段平均 1.5 个月集中学习一次，每次一到两天，主要内容是集中学习研讨，回单位实际落地实施，到欧洲考察学习。第三个阶段是项目总结汇报阶段，主要内容是提交小组及个人学习报告，提交给省委的政策建议报告、项目评估与总结。甘肃省行动学习公务员培训取得了很大的成效，通过项目实施找到了适合我国体制与文化的实施行动学习项目的方法，帮助甘肃省解决了一些关键性的实际问题（如中小企业扶植政策），帮助甘肃省政府建立了机构间密切合作的工作网络关系，培养了一批掌握应用行动学习法从事人力资源开发和组织发展工作的专业人才。

实践证明，以问题为导向，让学习直接创造成果的培训学习模式在政府公务员领域的培训中有很强的生命力。作为行动学习的进一步发展，“敏捷共创”培训范式更加灵活高效，能够嵌入政府公务员培训的各种场景之中。

政府公务员的培训通常有以下类型：一是专题培训，针对最新的政府政策与管理专题进行的培训，如新农村建设、低碳经济与环保、现代服务业、文化保护与创意产业发展、金融政策与资本运营、开发区创新管理与招商引资等；二是各政府系统干部培训项目，按照不同政府的系统组织干部培训，如文化、宣传系统干部培训，银监、审计系统干部培训，交通系统干部培训，政法系统干部培训，卫生系统干部、医院院长培训，教育系统干部、校长培训等；三是领导力提升类培训项目，包括各级领导干部研修项目，后备中青年干部培训等。

对于第一类专题培训，可以针对创新专题，采用敏捷共创的形式进行组织设计。一方面，聘请政府政策及相关专家授课，打开思维；另一方面围绕创新专题，由学员进行团队学习与共创。对于第二类各政府系统的干部培训项目，可以围绕所在系统面临的紧迫与重要的难题，以敏捷共创的范式设计学习项目，争取为所在的组织创造实际的成果。对于第三类领导力提升类培训项目，可以采用以行动学习为主线的整合领导力发展模型进行设计，在行动中提升领导力。

第二章

传统课程的升维

——敏捷共创教学模式（ACC）

课程是培训学习的基本单元。据我观察，无论是在商学院，还是在培训机构，培训学习课堂上主要存在两种教学方法：一种是讲授式教学，另一种是案例教学。讲授式教学是以讲授知识为主的教学法，案例教学则是以研讨案例为主要内容的教学法。在互联网时代，这两种教学法都遭遇了挑战。

一、讲授式教学的硬伤

讲授式教学拥有古老与传统的历史，至今还是人类教育体制的主流模式。无论是大中小学，还是不同的学科领域，讲授式教学均是主流模式。培训学习课堂也不例外。讲授式教学有以下几个明显的特征。

教学的目标是知识体系的传授。讲授式教学的重要假设就是管理问题有确定答案，只要学员掌握了这些问题的答案，就能够在实践中战无不胜、游刃有余。

讲授式教学的内容一定是以知识体系为导向的。因此，它将管理知识体系的大厦构建得尽量完善精美、无懈可击。这样做的结果是将重点放在体系的逻辑完善，而非实践中的适用性。在这种教学范式下，教学内容的生产权力掌握在教师手中，学员的知识与经验是无足轻重的。

讲授式教学的学习维度是基于个人的。教学信息传播是以教师为中心的发散结构。课堂上重要的是教师与每一个学员的单向传播关系，学员之间的关系是不重要的，学员之间在学习上缺乏互动交流。

讲授式教学中，教师将大多数时间用于知识的讲授，学员是被动地听讲。教师就像是演员，而学员则是观众。在这种情形下，教学效果的直接表现是现场的气氛是否活跃，因此，口才是教师最重要的技能。

尽管商学院近年来在大力推行互动式的案例教学模式，但是以讲授为主的教学仍然是主流。大部分教师在实践中的做法是将讲授式与案例式进行混合，大部分讲授知识，小部分讲解案例。他们所谓的案例教学其实是举例教学，讲授案例的目的其实是为了进一步证明所教授理论的正确性。因此，这种模式的本质还是讲授式教学。

讲授式教学无疑是遭受互联网冲击最大的，它与整个时代已经格格不入了。

事实上，在培训学习市场中，包括商学院 MBA、EMBA 在内的培训市场已经处于触目惊心的下滑之中，这样的下滑不能仅仅归因于中国经济的新常态，更加深层次的原因在于以讲授式教学为主体的培训学习产品的老化过时，它们为组织与学员创造的价值明显不足。

具体来说，讲授式教学有如下几个硬伤。

首先，在当今不确定性的商业时代，管理实践是没有确定性答案的，这直接挑战了讲授式教学的构建基石。在相对稳定的商业环境中，环境的演变是可预测的，因此战略与管理组织的方法是相对确定的，管理的知识体系是稳定的。这是讲授式教学存在的基本前提。而在 VUCA 时代，环境是不可预测的。这就决定了有效的商业实践并不是远见与英明决策的结果，而是在黑暗混沌中试错、迭代与探索的结果。微信的成功并非来自马化腾的智慧，而是诞生于庞大组织内一个边缘的邮箱团队的无畏探索，他们在张小龙的带领下，在内外部竞争之中杀出重围，帮助腾讯实现了向移动互联网的战略转型。从这个过程来看，与其说是马化腾的智慧，莫若说是他的宽容成就了这次变革。试想，回到腾讯微信成功前，传统课程能给出腾讯如何向移动互联网转型的确定性答案吗？如果不能给出确定性的知识与答案，讲授式教学的价值基石就会动摇。

其次，讲授式教学漠视了学员的知识与经验。培训学习是成人教育，学员拥有丰富的管理实践经验。对于管理这门实践性学科来说，学员的实践经验是弥足珍贵的，也是课堂教学的珍贵资源，应当善加利用。由于讲授式教学的假设是知识掌握在教师手中，这就极大地限制了课堂知识经验资源的利用，也会将管理的知与行断裂与对立起来。管理的研究者与实践者原本可以在课堂上充分交流、相互启发，然而，受制于落后的师生伦理规范，这种交流被限制。课堂上教师的讲授与实践脱离，而学员又缺乏固定的机制互动交流，于是，课堂上学员挑战与质疑教师的事件越来越多。

再次，讲授式教学是被动式的学习方式。这种被动学习的方式与当下的时代完全背离。新新人类的学习方式是主动的、探索的、问题导向的，他们对倾听大段时间的讲课越来越没有耐心。这样的课堂往往士气低落、气氛沉闷，教师讲教师的，学员低头沉浸在手机中的精彩世界。为了提升课堂气氛，许多教师被迫变成了相声演员，不断抖包袱、讲故事。课堂现场看起来是热闹了，学员表面上感受也不错，不过仔细回忆下来，除了笑话、故事，并没有真正的收获。被动式的学习无法激发学员真正的学习热情与求知欲，更无法将学员自身的实践经验纳入学习的过程中去，无法帮助学员完成从实践体验、反思借鉴、理论升华到全新实践的学习循环。

最后，讲授式教学最容易被在线学习所替代。前文提到，MOOC、移动学习等全新的学习技术的发展，极大地丰富了网络教学的资源，而且这个趋势还在发展。如果只是讲授的话，各种在线学习完全可以替代线下学习。事实上，课堂上经常出现这种状况，教师一旦说起某个案例或知识点，学生马上通过搜索就能够获得更为详尽准确的信息。教师在与手机争夺学员的注意力！这种情况下，教师在课堂现场大段的知识讲授已经不合时宜了。随着互联网学习技术的发展，任何知识领域都会出现马太效应。每个知识领域讲授最好的“超级老师”会占据绝大多数市场份额，而其他教师将会下岗。这种情况已经开始出现，许多中学特级教师通过网络渠道拥有了巨大的粉丝学员群，获得了丰厚的经济回报。此外，未来20年将是人工智能（AI）的时代，深度学习技术的发展将赋予机器人更强的能力。相信不久的将来，讲授式的机器人教师必将出现，它们比人拥有强大得多的记忆力，能够通晓相关知识领域的海量知识、信息与案例，甚至能够与学员互动，回答学员的知识与问题。应当说这样的未来是可以预见的，那些以讲授式为主的教师，将来要么被超级教师替代，要么被机器人替代。

二、案例教学的死标本与假问题

事实上，由于讲授式教学所具有的明显缺陷，对于讲授式教学的变革早已开始。在培训学习领域，案例教学就是一个重要的变革范式。案例教学法最早是由哈佛大学商学院开创的，它的基本教学活动是围绕案例展开的。案例教学认识到讲授式教学的不足，因此它在以下几个方面进行了革新。

一是案例教学认识到管理是一门实践的学科，不存在绝对的真理，管理的规律一定是蕴藏在具体的情境之中的。因此，对于管理之道的探索，就必须还原真实的情景，在一个具体的情境中探索，而不能单讲知识体系与规律。

二是案例教学认识到需要发展学员的能力，而非仅仅是知识的掌握。培训学习的目标应当是培养学员在商业实战中的能力。在管理实战中，知识是重要的，但是更重要的是对知识的运用。在案例教学中，让学员将所学的知识体系运用到案例的研讨中去，在这个过程中学员的知识运用能力得到了发展。

三是案例教学认识到被动学习的问题，采用了以学员互动研讨为主的教学方法。教师会准备好案例让学员提前阅读，在教学现场，教师在进行案例导入之后，准备好研讨问题，让学员分组讨论并汇报，教师做点评与总结。这样的方法促使学员主动学习与思考，并在不同小组的竞争中激发他们的进取心，学员之间也能够在讨论中相互学习。

自哈佛大学商学院开创了案例教学法之后，包括毅伟商学院在内的全球顶级商学院不遗余力地进行优化与推广。在中国，大连理工大学中国案例共享中心、中欧国际工商学院的中国工商管理国际案例库，都对案例的写作与案例教学做出了有益的贡献。目前，案例教学课程已经越来越多地在培训学习领域推广开来。

我是中欧国际工商学院的中国工商管理国际案例库的评审专家，在我本人的市场营销教学中，也部分采用了案例教学的模式。在过去一定的时期，我的课程设计基本上是讲授式+案例教学方法。讲授方面，一定会准备最鲜活的知识与信息资料，案例一定是我亲身经历或是最鲜活的案例。在那个特定的历史时期，凭借口才与实践经验，还是取得了良好的学员评价与教学效果的。然而，近年来，我越来越感觉到案例教学的不足之处。

案例教学的确是一个进步，但是，案例教学也存在两个天生的缺陷，导致它很难承担起全新时代的变革重任。这两个缺陷分别是死标本与假问题。

死标本

案例教学所采用的案例就像是一个被采集的生物标本，它的情境是过去的与特定企业的，有特定时间与空间的限制，一旦时间与空间变化了，情境也就变化了，案例本身所体现出的管理理论与知识的适用性就会存疑。这是案例教学的致命缺陷。亨利·明茨伯格曾提道，当企业的管理经验被印刷成案例的那一天起就已经是过时的经验了。尤其是在迅速变化的商业时代，案例与知识就像是易腐烂的食物一样，迅速变质无法使用。

以这些年我在市场营销课程使用的案例为例。我在 2007 年市场营销课上采用的一个案例是 PPG，2005 年创业的网络直销服装的开拓者，2007 年还荣膺最佳商业模式称号。可是 2009 年，PPG 就因资金链断裂倒闭了。2009 年起，我开始用 PPG 与凡客进行对比案例教学。凡客的陈年不负众望，在最辉煌的 2010 年营收突破 20 亿元，拥有 1.3 万名员工，在营销方面极具创新精神，创造了“凡客体”等经典案例。我放心大胆地用了三年凡客案例。遗憾的是，自 2011 年起凡客大规模扩张产品线，导致危机爆发。陈年只好痛苦调整，到 2016 年凡客只剩下 180 人。问现在的学生，恐怕凡客都没有几个人关注了，更何况是 PPG。江山代有人才出，一代新人换旧人。网络销售已经成为普遍手段，问题是如何利用网红经济，如何达成多品种小批量的柔性生产，如何使品牌人格化，如何进行组织变革？我开始使用韩都衣舍作为教学案例。当然，许多经典理论问题并不会随着时间的流逝而过时，但是这样的经典管理问题在变化的时代里越来越少了。从学生的角度看，他们总是希望吃“小鲜肉”，少有人喜欢嚼“老腊肉”。在这个时候，学员更喜欢的一定是摩拜共享单车等小鲜肉案例。

案例的易过时变质的特性，与案例写作的困难之间，形成了案例教学难以克服的矛盾问题。事实上，传统案例的制作需要有大量时间、精力与资源的投入。从企业的调研与访谈，相关信息资料的整理，案例的成文写作，到教学问题的提炼与设计，理论方法与工具的匹配，一个好的案例需要耗费教师大量的时间与精力。而对于专家教师而言，时间与精力就是最大的资源。如果教学案例容易过时，教学案例的市场价值就不大，写作教学案例的经济回报必然不高。好的专家最缺的就是时间，他们未必肯将宝贵的时间资源投入教学案例的制作上。因此，高质量的案例供应本就不足，而有限的优质案例，不久之后又会过时变质，各大案例库就会一直处于优质案例供应不足的状态。

假问题

案例教学法中所研讨的问题并不是学员自己的真实问题，而是其他企业过去发生的问题，也可以说是一个当下并不真实存在的假问题。教师在引导学员讨论这样的问题时，会遭遇诸多困境。首先就是管理的情境是复杂的，案例讨论现场很难还原案例复杂与真实的情境。前文说过，案例是其他企业在过去发生的情境，如果教师与学员没有亲历现场，单凭几页文字，如何能真正吃透案例中主人公决策时所面对的复杂情形呢？明茨伯格认为这种案例教学方法只能鼓励人们对自己几乎一无所知的事务妄加评论。他在《要管理者不要 MBA》一书中说："这种所谓的案例教学法很容易形成对问题肤浅的看法，如此一遍又一遍地重复，使很多 MBA 学生不是根据企业的实际情况而是根据一堆干净、漂亮的数据来做出决策。这样的教学只能促使管理者与他们所管理的东西之间明显脱节。"事实上，教师同样如此。如果拿一个自己没有亲历，也没有亲自写作的案例进行教学，如何能够在课堂上驾驭自如，完成教学目标呢？

假问题造成的另一个困境是教学的针对性不强，学习的转化运用链条加长，教学能够达到的目标也受到了限制。这一缺点在企业内训中尤其突出。由于学员均是来自同一企业的员工，拥有共同的管理情境，如果教学不能以这个管理情境为问题来源及学习基础的话，就会偏离培训学习的最终目的。学员讨论别人的案例再多，面对自己的问题还是不会解决。沙盘模拟课程也存在同样的问题，模拟的情境再逼真，本质上还是假的情境。

对于案例教学法的上述问题，业内还是有共识的。对于如何克服案例教学法的问题，进行案例教学的革新，许多专家做了有益的探索。我的师弟中欧国际工商学院案例中心助理主任许雷平老师在实践中，同样发现了哈佛案例教学法在中国的问题，如"雷声大，雨点小；说得强，写得弱；篇幅长，内容旧；模仿多，创新少；投入高，产出低"等。于是，他在 2012 年参加了第一届中国行动学习国际论坛之后，开始思考如何将行动学习与案例教学相结合，结果是产生了“聚光灯案例法”的创想。所谓聚光灯案例，是比较精简鲜活的案例，让案例实践者自己提出这个案例，并参与到案例教学中。“我想就像聚光灯一样，大家能够通过这个方式，让实践者讲这个案例，最终解决鲜活的问题。”聚光灯案例法在中欧新生代创业营中做了成功的尝试，得到了学员的积极反馈。“我们每次安排一个外面的企业家，一个自己的学员，我们为他们开发一个聚光灯案例，聚焦企业家或者这个学员面临的真正的问题，所以案例很短小，往往只有两页，第一次课程是为俞敏洪、周鸿祎，还有江南春他们各写了一个案例。”

在不断创新的基础上，案例教学在新的时代可以进一步发挥作用。企业可以通过运用萃取案例、开发课程等方法，将组织知识与经验固化传承。在此方面，平安、复星等企业大学都有很好的实践。

三、线下培训学习课堂会消亡吗？

在线上知识资源获取便利，商业上的不确定性大幅增长的环境下，过去已知的、僵化的、被动的、纪律的、时间空间束缚的、单向知识灌输的、严肃的学习模式，已经无法激起新新人类的学习热情。传授已知知识体系的传统课程模式的价值必然大幅下滑。

一个问题随之出现了。既然讲授式教学与案例式教学具有明显的硬伤，而线上学习资源愈加丰富与廉价，学员也更加适应网络学习的主动性、游戏化、碎片化的学习模式，那么为什么还需要到课堂现场来学习？未来企业培训课堂会不会消亡？

这是一个培训学习界必须回答的问题。

我的回答是不会。

这有关对学习的三个基本假设。学习是一个过程，学习是基于学员原有知识经验的意义建构，学习的目标是多维的。

学习是一个过程

如果学习就是知识传递，那么在线学习必将替代线下学习。然而，学习并非如此简单。从时间上看，学习是一个永续循环、螺旋上升的过程。大卫·库伯的学习圈理论认为，学习分四个阶段，分别是实践与获得体验、反思借鉴、抽象概括为理论层面、用新的理论指导新的实践。学习的本质是一个知行合一的过程，这一点在培训学习中尤其适用。因此，学员并不是在课堂上才学习，而是时时刻刻都在学习，自觉不自觉地在学习。培训学习的任务是促使学员觉醒，将他的学习圈更为高效地运行起来。因此，单单知识传递是远远不够的。线下课堂应当在深度反思、抽象概括等环节发挥重要的作用，促使学员基于他们的经验成长进步。

学习是基于学员原有知识经验的意义建构

以皮亚杰为代表的建构主义认为，知识不是通过教师传授得到的，而是学习者在一定的社会文化背景下，借助其他人（包括教师和学习伙伴）的帮助，利用必要的学习资料，通过意义建构的方式而获得。建构主义学习理论认为，“情境”“协作”“会话”和“意义建构”是学习环境中的四大要素。培训学习是典型的成人教育，学员拥有丰富的实践经验，尤其适合建构主义的学习思想。因此，培训学习中需要建立真实的学习情境，激发学员自身的知识与经验，需要学员之间协作与团队学习，需要学员教师深度会谈与高频互动，并在这个过程中完成每个学员的意义建构。很显然，这样的学习过程很难单单通过线上实现。

学习的目标是多维的

学习的目标是多元的、分层次的，有知识的掌握、能力的提升以及态度的转变。从知识与信息的掌握来看，在线学习具有高效、快速与低成本的优势。然而，在能力的提升方面，学习者需要的不仅是知识信息，更重要的是现场示范、操作练习与及时纠偏，需要的是在解决问题的过程中群策群力、交锋辩论。在态度领域，学习者领导力的提升、智慧的增长、心智的提升、价值观的树立，这些更需要学习者的自省、顿悟与修炼，以及教师在现场的情感交流与互动。

因此，培训学习未来的发展图景并非是线上兴起、线下消亡，而是恰如太极中的阴阳两面，是线上学习与线下学习围绕学习目标与功能的分化与互补。

那么，未来课程的演变方向是什么？是否有这样一个全新的教学模式，它认识到学习的目标是多维的，学习是一个永续的循环过程，学习是基于学员经验的意义建构。它整合创新传统课程、行动学习、管理咨询的方法论，能够帮助学员及企业敏捷高效地解决问题，直接创造商业结果？

"敏捷共创"教学模式应运而生。

四、敏捷共创教学模式是传统课程的升维

对敏捷共创教学模式的探索源于我与 20 多位教师在华东理工大学商学院进行的 MBA 教学改革实践。2013 年，当我们成功创建 MBA 行动学习课程，并获得学员高度认可之后，就打算深化变革，将行动学习植入每门 MBA、EMBA 课程中。第一批有七八门 MBA 核心课程参与到变革当中。没料到设想很好，结果却很糟糕，教师与学员反馈都不好。细究原因，主要是知识传授与引导研讨之间衔接不好，导致教学效率大幅下降。这个结果迫使我进行了深入的反思。看来简单地将不同类别的工具方法论相互拼接很难有好的结果，要想成功就必须系统构建，开创一个适合互联网时代线下课堂的全新教学模式。

在此之后，我对现有的课堂教学模式进行了大量的研究，尤其是加涅的"九大教学事件"与梅里尔的"五星教学模式"。我发现过去的教学模式的核心还是学员知识技能的提升，很难适应当下培训学习课堂对组织问题解决的

要求。于是，我在借鉴基础上进行了创新，系统构建起“敏捷共创”教学模式。并以此模式尝试开发了品牌炼造工坊、营销策略工坊以及战略解码工作坊等课程，进行了教学实践，获得了学员与企业的积极反馈。

敏捷共创教学模式是“敏捷共创”培训学习方法论在课程教学上的应用。它是一种聚焦企业与学员问题，汇聚专家知识工具与学员经验，现场获取智慧突破与方案结果的课程模式。与传统教学模式相比，它有如下几个突出特点。

彻底解决学习转化问题。学员在课堂现场学习知识工具，并现场运用知识工具探寻问题答案，创造构建组织新知。让学员在**运用知识中学习知识，在学习行动中提升能力。**

探索未知。敏捷共创课堂现场汇聚教师、学员的经验与智慧，相互学习、共同创造、探索未知。它的目标雄心勃勃，是对企业未知问题的探索与新知的迭代创造，而非已知知识的传授。

知识重构。为达到这样的目标，它就必须以企业与学员所面临的真实问题为出发点，打破机械孤立的知识体系，将知识体系重新改造，使之模块化与工具化，让学员使用起来得心应手。

引导共创。在课堂现场，就需要以学员为中心，以团队学习为基本形式，教师综合运用知识工具讲授、引导共创、点评咨询等方法，使学员在体验中学习，知行合一，学习与运用现场实现。

组织维度学习。通过这一模式的学习，企业收获的不仅是员工个人维度的学习，更是团队与组织学习水平的提升，以及问题解决方案的获取。学员在学习过程中不是被动记忆而是质疑反思主动探索，收获的不是死的知识，而是活的能力。

敏捷共创教学模式是讲授式教学与案例式教学的升维，主要体现在以下四个方面。

价值升维

讲授式教学为学员与企业创造的价值是知识的传授与掌握；案例式教学的本质同样是知识与案例的掌握与学员能力的提升；敏捷共创教学模式的价值创造更加多元化，它既有知识、工具案例的传授，学员运用知识的能力发展，还能解决学员与企业的真实问题，取得解决方案与智慧共创成果，并在这个过程中进行团队融合与建设，实现组织学习。

内容升维

讲授式教学的内容是面向已知的，是以理论与知识体系为框架展开的；案例式教学的内容同样是面向已知的，不同的是课程内容的主体是案例，学员在案例研讨中学习知识与工具；敏捷共创教学模式则从根本上与传统课程划开了界限，它的内容设计是面向未知的，它以学员及企业的真实问题为导向，将知识与工具定制化与模块化，将教师与学员的知识与经验共同卷入课堂之中。

形式升维

讲授式教学的形式是以教师大段讲授为主，知识与信息是单向传递的；案例式教学有了比较大的改进，注重案例的讨论与互动，学员之间以及学员与教师之间会产生探讨与交流；而敏捷共创教学模式是以教师与学员围绕真实问题的共创为基本教学形式的。因此，分小组的团队学习是它的基础，在此之上，教师需要运用团队共创、团队列名、世界咖啡、开放空间等引导技术与方法，提升团队研讨学习的效率。教师还需要运用质疑、反思、复盘等学习技术，促进学员深度思考，发现学员深层思维误区，实现学员的真正改变与学习进步。教师还采用管理咨询的方法，帮助学员突破专业瓶颈，实现方案的科学性与系统性。

体验升维

讲授式教学以教师为中心，学员是从属地位，教师与学员不平等，学员丧失了学习的主动性，学习体验差；案例式教学一定程度上改进了学员的学习体验，采用了研讨等主动学习方式，但它本质上还是以教师为中心的，研讨的案例以及答案的正确与否取决于教师，教师与学员之间的地位依然不平等；敏捷共创教学模式是真正以学员为中心的，将学习的主动权放到了学员手中。这体现在学习的问题是来自学员与企业的真问题，这就会激发学员学习的真正热情，见表2.1。敏捷共创教学模式认为教师与学员的知识与经验各有所长，均是必不可少的，本质上是一个相互学习、共同智慧创造的过程。因此，教师与学员的学习地位是平等的，课堂氛围是宽松民主的，是建设性的与热烈的。最终所取得的共创成果会激发学员的成就感与满足感。这种理性+感性的学习体验是传统课程所无法比拟的。

表2.1　敏捷共创与传统课程、案例教学的对比

教学方式 效果	传统课程	案例教学	敏捷共创
价值	知识掌握	知识掌握 能力发展	知识掌握 能力发展 问题解决 团队建设 组织学习
内容	面向已知，理论知识体系导向	面向已知，理论知识体系导向，案例讨论	面向未知，真实问题导向，知识模块化、工具化
形式	单向讲授，被动学习，接受与记忆	案例学习，互动研讨	团队学习，引导共创，质疑反思，微咨询
体验	以教师为中心，学员处于从属地位，学员教师地位不平等	以教师为中心，学员一定程度主动参与学习	以学员为中心，学员掌握学习的主动权，教师与学员地位平等

五、敏捷共创教学开发模式

敏捷共创教学模式以**真实问题**为牵引，构成整个课程的基本张力。课程之前应做课前调研与访谈，厘清学员企业的真实问题与真实情境。在教学现场，教师抛出真实问题，引发现场讨论，激发学员兴趣。在课程设计阶段，明确课程的目标与成果，并与学员及企业相关部门达成**共识目标**。在此基础上，教师应当针对需要解决的问题，准备知识工具与案例，帮助学员搭建**知识阶梯**，掌握解决问题的必要知识与案例。教师在教学现场精练讲授，课前课后可以通过在线资源补充知识学习。学员学习掌握知识工具后，现场分组运用所学知识工具，针对问题进行**新知共创**。教师在过程中扮演两个角色：一是利用引导技术组织学员高效研讨；二是要对研讨过程与结果进行咨询指导。在教师引导下，汇集学员与教师智慧，突破常规思维，达到认识的升华，形成策略方案等共创成果，最终实现新知的创造。同时，在此过程中提升学员的认知能力与创新创造能力。敏捷共创教学模式就像是一个智慧与新知的发生器，当我们将真实问题、知识工具、团队共创与教师引导各项要素与条件投入好，就可以将学员与教师自身的知识、经验与热情充分激发出来，形成“化学反应”，最终产生高于现场每一个人的智慧。课后则进入**绩效落地**阶段，将产生的智慧成果梳理形成计划方案，推动学员企业执行落地，产生最终成果。

具体来说，敏捷共创教学开发模式由相互衔接的5个步骤、18个具体步骤组成，见表2.2。

步骤一：问题导向

课程教学是否指向明确的企业问题，反映复杂真实的情境。

1. 收集问题

课程所面向的问题是否是学员企业所面临的真实、重要与迫切的问题。

表 2.2　敏捷共创教学开发模式

步骤	说明	具体步骤
1. 问题导向	课程教学是否指向明确的企业问题，反映复杂真实的情境	1.1　收集问题 1.2　明确问题 1.3　设定范围 1.4　问题分解
2. 共识目标	与课程相关的教师、企业组织与学员，对课程产出的目标成果，以及教学过程中的时间、资源投入达成共识承诺	2.1　利益相关人分析 2.2　学员识别 2.3　目标结果 2.4　共识承诺
3. 知识建构	围绕问题有效识别学员的知识短板，搭建知识阶梯，帮助学员探索未知	3.1　构建逻辑 3.2　知识准备 3.3　案例学习
4. 新知共创	课程的过程设计完美，能够汇聚与激发众智，达成智慧升华，创造新的洞见与知识	4.1　破冰充能 4.2　学习共创 4.3　质疑反思 4.4　总结提升
5. 绩效落地	教学共创的成果能够转化为计划方案，并在企业落地执行，产生绩效成果	5.1　方案梳理 5.2　落地执行 5.3　固化传承

2. 明确问题

能够准确地描述问题，并将之具体化，能够被学员充分理解。

3. 设定范围

去除相关但不关键的问题，将问题的范围边界清晰化。

4. 问题分解

问题是否已经分解为子问题，形成了问题链条。

步骤二：共识目标

与课程相关的教师、企业组织与学员，对课程产出的目标成果，以及教学过程中的时间、资源投入达成共识承诺。

1. 利益相关人分析

课程的发起人、组织者与相关部门是否明确。

2. 学员识别

学员是谁，学员的知识结构、学习风格是否清晰。

3. 目标结果

课程是否有明确的学习目标、商业成果与产出。

4. 共识承诺

课程相关部门与学员是否就课程目标达成共识，并对时间、资源等投入达成共识承诺。

步骤三：知识建构

围绕问题有效识别学员的知识短板，搭建知识阶梯，帮助学员探索未知。

1. 构建逻辑

课程是否把问题转化成提问链，提问链的逻辑是否清晰。

2. 知识准备

问题解决所需的知识点是否足够，并转化为简单易掌握的工具。

3. 案例学习

案例与解决问题的相关性如何，是否具有启发性，呈现方式是否有效鲜活。

步骤四：新知共创

课程的过程设计完美，能够汇聚与激发众智，达成智慧升华，创造新的洞见与知识。

1. 破冰充能

课程是否能够有效管理能量场域，营造共创氛围。

2. 学习共创

学习共创环节是否卓有成效，将知识学习与转化现场高效实现。

3. 质疑反思

课程能否引发学员的深入思考与自我反省，实现思维的创新突破。

4. 总结提升

共创环节能够融合教师与学员智慧，系统提炼，创造新知。

步骤五：绩效落地

教学共创的成果能够转化为计划方案，并在企业落地执行，产生绩效成果。

1. 方案梳理

课程共创成果系统化，形成能够执行的计划方案。

2. 落地执行

课程成果能够在企业落地执行，创造绩效结果。

3. 固化传承

课程执行过程所累积的知识能够在组织内传播，并运用于课程的新一轮迭代开发中。

六、用敏捷共创教学模式开发品牌炼造工坊

如何运用上述敏捷共创教学模式原理，具体设计一个敏捷共创工作坊呢？下面我就以品牌炼造工坊为例，详细解剖整个设计过程。

2016 年年初，上海交通大学继续教育学院 EDP 主任厉宏琦老师找到我，商议 EMBA 总裁班课程变革的事。在多年的 EMBA 总裁班运营过程中，他发现学员的需求已经发生了很大的变化。过去学员迷信交大品牌与名师名家，期望获得系统化的知识框架。然而，近年来随着中国的管理实践越来越深入，中国企业家更加自信而不盲从。企业家对培训学习更为理性、务实。企业家希望的是自身经营难题的解决，而不是听高大上企业成功的故事。于是，他

希望我能够帮助他们开发一门真正解决学员企业问题的课程。经过了解，EMBA 总裁班的学员主要是由中小型企业的企业家及大公司的高管构成，而品牌管理是当下这批学员普遍关心的问题。创业企业与 OEM 制造业企业需要的是品牌的创建，已有品牌的企业需要的是品牌的转型与升级。厉老师打算专门办一个品牌班。当我将敏捷共创工作坊的思路讲给厉老师之后，他非常兴奋，认为这就是当下企业家需要的创新教育产品。为设计出顶级的产品，我找到我的学生与好友——中国著名的品牌策划人周峰合作。周峰是光明莫斯利安的品牌创建人，光明莫斯利安 2016 年已达到近 70 亿元的销售额。周峰从品牌名称创意、品牌价值体系的构建到品牌传播促销方案策划，一手创建起莫斯利安品牌。他有非常丰富的品牌策划实务经验，也掌握了系统的理论工具与方法。

课程的设计从**问题导向**着手，在梳理问题的过程中达成**共识目标**。

问题导向与知识导向具有根本的区别。问题往往是综合的，是充分体现复杂情境的；而理论往往是纯粹的，会排除实践中的复杂因素。不同的导向造成不同的课程形态，这是敏捷共创工作坊与传统课程的重要分水岭。知识导向的传统课程以知识体系为核心，决定整个课程的内容与框架结构。例如消费行为学、管理经济学等均是如此。而问题导向的敏捷共创工作坊则以真实的问题为核心，将学员与企业在实践中所面临的真实的问题提炼总结，以问题的解决为目标整合相关的知识工具，形成工作坊的内容与框架结构。

是否能够锁定学员与企业实践中所面临的真问题，是任何一个敏捷共创工作坊设计的出发点与核心。这样的真问题应当具有如下特征。

首先，它应当是重要的与困难的，这个问题的解决对于企业经营与管理至关重要，而且解决这个问题是不容易的，这就会激发学员的重视与热情。其次，它应当是普遍的与经典的，说它普遍是指相当多的企业与部门会遭遇这样的问题，它具有一定的共性，是经典的问题。聚焦这样的问题所开发出的课程适应面会更广泛一些。再次，它是具有特定行业、专业或是人群属性的，比如银行业分支行营销业绩突破问题。具有特定属性的敏捷共创工作坊更为聚焦，课程效果也会更好。最后，它还是面向未来的。它是未知的、没有现成答案的、需要共创探索的问题。

主要问题确定之后，需要将主要问题分解为一系列的分支问题，从而搭建起整个工作坊设计的框架体系。在主要问题的分解中，可以通过访谈学员与企业，发现他们在问题条件下的真实与复杂的决策情境，划清边界，锁定相关领域的所有问题。在这里，划清边界很重要。世界是普遍联系的，任何问题都会涉及相关的方方面面，如果边界范围过大，过多的问题被纳入工作坊讨论的范畴，那么工作坊就会太宽泛，以致很难在有限的时间内聚焦解决关键问题，效果自然大打折扣。如果边界范围过小，就不能涵盖所有重要的相关问题。此外，还需要构建起问题之间的逻辑体系。世界是由因果链构成的，问题与问题之间往往存在因果关系。因此，发现这些因果关系，并根据因果关系构建起一个逻辑框架，作为整个工作坊构建的基础，这是工作坊设计的另一个关键环节。在这里，可以借助逻辑树等专业工具的帮助。

在品牌炼造工坊的设计中，我与周峰详细分析了学员的背景与结构，发现品牌的创建与转型升级是企业家学员所面临的真实问题。对于创业者来说，互联网时代是一个注意力稀缺的时代，品牌创建是创业公司的必由之路。这就涉及品牌塑形铸魂的一系列问题：如何找到自己的品牌定位，如何创造品牌价值，如何创意品牌名称、LOGO 以及主宣传语，等等。对于成熟的企业而言，品牌的转型升级是当下的热点问题。这里面又有两种情况。一种是 OEM 制造业企业，在全球贸易保护主义抬头与国内制造成本上升的双重压迫下，必须进行自有品牌的创建与升级。大多数制造业企业有品牌，但并没有在国内市场上建立起来。这种情况在 B2B 制造型企业中非常普遍。另一种情况是企业品牌已经创建起来，但是由于出现品牌老化等情况，需要品牌的激活与品牌转型。品牌原有的消费者在减少，品牌需要发展全新的价值体系，找寻蓝海市场。这两种情况都涉及品牌战略的制定、品牌价值体系、品牌调性的调整、品牌创意体系的再造等一系列问题。此外，在互联网广告成本急剧上升的背景下，如何通过具有创意的微信、微博等社交媒体传播方式打造品牌？在小众化、群落化的市场里，如何通过品牌社群的方式进行品牌传播与打造？这些都是品牌炼造工坊需要解决的问题。

在问题边界的界定方面，我们认为品牌核心价值系统与创意系统的创建是品牌炼造工坊的核心问题。但是，为了解决这个问题，需要对行业、消费、竞争、自我进行生态检测与机会洞察，而且需要对品牌的理念、主体、模式等战略问题进行确认。在这里，我们并没有将战略与命题放入工作坊主体，那是另外一个大问题。但是，需要安排确认环节，因为战略问题如果不确认，品牌问题就很难解决。构建起品牌价值与创意系统之后，品牌的宣传推广与品牌消费者关系的建立与维护，就成为学员及企业关心的重点问题。

以下就是根据上述问题的分析进行的整个课程的架构设计，如图 2.1 所示。

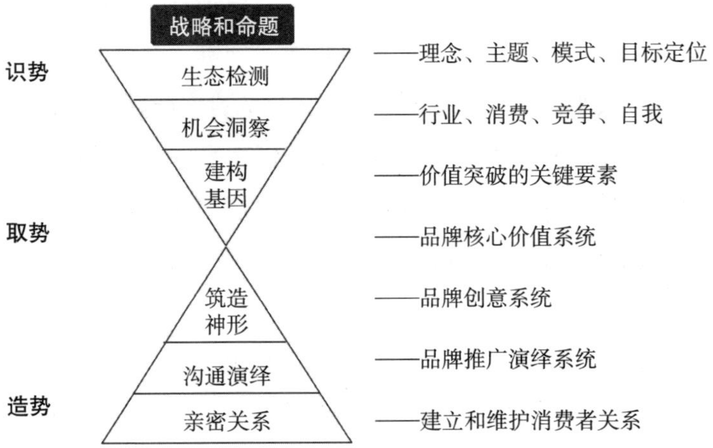

图 2.1　品牌炼造工坊课程框架设计

品牌炼造工坊的教学实施是以来自学员的这些真实问题展开的。在课程实施两周之前，就需要通过调研问卷的方式征集学员的品牌议题。具体内容包括企业的背景（行业、规模、历史等），品牌发展现状（市场份额、品牌声誉、竞争、优劣势等），品牌存在的问题（问题背景、产生原因、已采取的举措等），对课程的期望等。我与周峰会在收集上来的课题中进行筛选。主要标准是议题是否与品牌炼造工坊的课程目标吻合，提供的背景资料是否详尽，议题问题是否经典与具有代表性（如 B2B 与 B2C；服务业与制造业；创建与转型），能否带给其他学员学习机会等。根据班级的人数，最终选择 3—4 个议题。请被选中议题的学员做课前准备，进一步归纳整理与完善议题，提供完整详尽的背景资料。在品牌炼造工坊的实施中，会专门安排学员介绍议题背景，现场学员根据自己的兴趣和知识经验及行业背景选择自己参与的品牌议题，最终形成 3—4 个学习小组。整个品牌炼造工坊的开展就以学员的真实品牌议题为核心，学员一边学知识工具，一边运用所学共创研讨。

明确问题与共识目标之后，就需要准备课程所需的知识工具与案例，帮助学员准备**知识阶梯**。

在这里，敏捷共创工作坊设计者必须紧密围绕问题来准备相关的知识、工具与案例。知识工具与案例的准备是非常重要的。学员学习建构新知，必须建立在已知的知识与经验的基础上。学员对未知问题的探索，也需要掌握相应的知识与工具，再通过质疑与共创的方式，才能取得良好的学习效果。解决问题就像是要攀登高山，如果不教给攀登者登山的气候、地形、攀登技巧等相关知识，并给他们提供登山服、登山杖等相关工具，攀登者如何能够征服高山呢？因此，无论从学员知识的学习与运用，还是问题的解决，知识与工具都是极为重要的。这一点正是敏捷共创与行动学习的分界线。行动学习的引导师是不介入问题的讨论的，所用的引导工具是通用的。而敏捷共创则强调内容专家的作用，专业知识工具的学习与运用，以及对学员问题探索中的专业帮助与支持。

真实问题往往是综合的与复杂的，因此对这些真实问题的探讨需要打破割裂片段的学科现状，跨界选择与整合相关的理论知识，进行知识阶梯准备。

例如，如果需要解决企业并购决策问题，既需要战略、组织、文化的知识，也需要财务、法律、公司治理等知识。因此，敏捷共创工作坊的设计者需要根据所确定的课程逻辑框架，跨界选择相关的知识。

到这里，非常重要的一步工作出现了，那就是知识的工具化改造。为什么要将理论知识工具化呢？为了敏捷高效。我们知道，深入学习一门理论知识，透彻理解它的原理是需要耗费大量时间的。而学员与企业最欠缺的就是时间。如果我们能够将理论知识简易化与工具化，让学员更加迅速便捷地掌握与运用，学员在运用工具解决问题的时候，理论知识所蕴含的原理已经在发挥作用了。这就像是开车，我们不必掌握汽车发动机与动力传输系统的原理，只要一踩油门，汽车就会到达我们的目的地。因此，工作坊的设计者应当尽量把理论知识改造成简单易使用的工具，帮助学员迅速掌握、自如运用。

除了知识工具化之外，工作坊设计者还需要准备相关的案例。敏捷共创工作坊的案例与案例教学课程的案例有所区别。这个案例并不是用于现场研讨的，而是帮助学员借鉴与思考的，应用于知识与工具的阐释与学习。因此，案例的挑选应当与学员企业问题的实际相结合，力争有直接的借鉴与启发意义。案例的内容以说明为主，不需设置研讨思考问题，案例最好能够直接说明知识工具的使用方法。

以品牌炼造工坊为例。围绕学员与企业品牌创建与转型升级这样一个问题，涉及不同领域的理论知识，这包括战略规划与分析的知识、品牌资产理论、定位理论、沟通与传播理论，以及品牌社群等。很显然，仅仅品牌领域的知识是不足以解决这个目标问题的。因此，需要整合与选择相关的理论知识进行补充。此外，如果在一个工作坊内展开讲述这些理论知识，时间肯定是不够的。因此，需要将这些理论知识进行工具化改造，成为便于学习理解的品牌创建升级的工具方法。在这里，周峰作出了重要贡献。他将顶级广告公司专业品牌策划人的作业工具提供出来，我们在这个基础上进行了进一步的打磨共创，形成了品牌炼造工坊的知识工具体系。这个知识工具体系包括品牌战略、品牌生态检测以及品牌星钻模型等，如图 2. 2 所示。

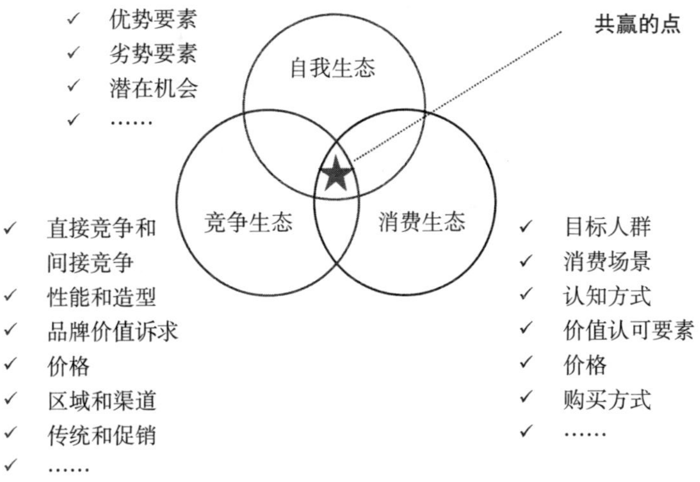

图 2. 2　品牌生态检测体系

为说明知识工具的使用方法，品牌炼造工坊以光明莫斯利安的品牌创建为案例。前文提到，周峰是莫斯利安品牌创建人，莫斯利安品牌正是使用这一套知识工具与方法策划的。工作坊实施过程中，在讲解品牌星钻模型等核心工具时，可以通过拆解阐释莫斯利安的创建过程来说明知识工具的运用方法，如图 2. 3 所示。此外，针对不同的企业背景与情境我们还准备了不同的案例。比如，针对 B2B 的企业，我们准备了 IBM、Intel、利乐等企业的案例；针对社交媒体传播，我们准备了褚橙等案例。

这些知识工具与案例会在教学现场讲授。但是，为了确保共创时间，讲授的时间被严格控制在三分之一以内。这就要求讲授时语速要快，针对性要强，要精练高效，不能拖沓冗长，并杜绝一切与主题无关的内容。这是敏捷共创工作坊非常突出的一个特点。传统授课以讲授为主，教师容易养成“从容不迫”的习惯。为了调动课堂气氛，教师还需要经常“抖包袱”，这样就会

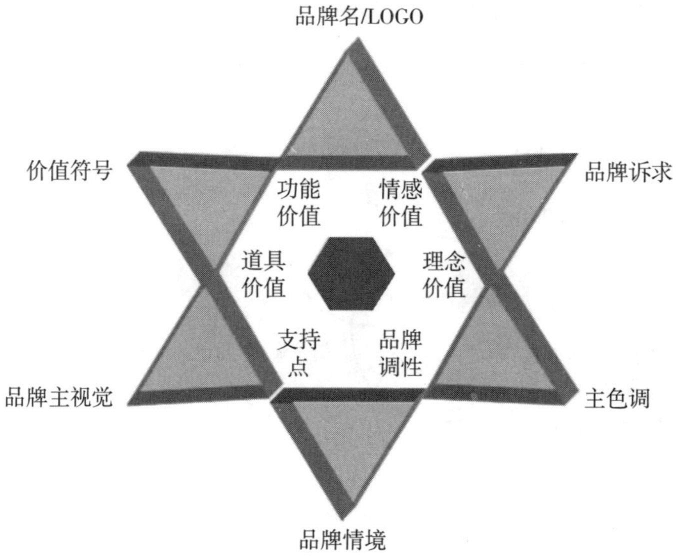

图 2.3　品牌星钻模型

占用许多课堂的时间。敏捷共创工作坊以学员互动共创为主，主题来自学员的问题，采用积极主动的学习方式，因此学员积极性很高，不需要教师的“口才”调动课堂气氛。另一方面，共创往往需要时间，因此敏捷共创工作坊的时间通常很紧张，保证课堂日程高效推进非常重要。

敏捷共创工作坊设计的第四个环节就是**新知共创**。团队共创是敏捷共创智慧发生机制的关键环节。这个环节体现了建构主义学习观的核心思想，即学习是学员基于过去知识经验基础上的意义建构过程，这个过程需要社会化的协作才能完成。团队共创就是典型的团队学习，它强调了特定情境下学员通过协作与会谈进行深度学习与意义建构。因此，团队共创环节应当成为敏捷共创工作坊的主体。学员通常是分组学习，通过团队建设、竞赛、淘汰等各项激励措施激发学员的团队意识。在小组中进行角色的分工，促使他们相互协作，形成一个临时的学习团队。团队共创还应当促进小组成员之间的深度会谈。学员在研讨共创环节中，很难突破固化思维，容易草率形成肤浅与表面化的结论。为避免这种现象的发生，一方面可以通过专业工具的运用提高会谈的质量，另一方面可以运用质疑与反思的技术促使学员深度挖掘观点背后的假设与事实。团队共创还需要良好的氛围。课堂现场应当创建平等与畅所欲言的氛围。学员与教师平等交流，学员之间“和而不同”，既能够充分发表意见，又能够相互尊重、共同探索新知。

团队共创环节需要解决的一个矛盾点是时间不足问题。小组讨论共创往往会占用大量的课堂时间，如果方法不对，就很容易造成学习效率的降低，共创效果的下降。应对的方法就是引导技术的恰当使用。引导技术是通过提问引导学员高效研讨共创的一项技术方法。有研讨的方法，如团队列名法、团队共创法等；有深度引导会谈的方法，如聚焦式会话法 ORID 技术；还有结构化的群策群力解决问题的方法，如 GROW 模型与解决问题六步法等；也有未来探索的方法，如世界咖啡、开放空间等。这些具体的方法在我的另一本书——《行动学习——理论、实务与案例》中已经有阐释，这里就不赘述了。需要说明的是，这些引导技术与方法只是工具而非目的，它们需要服从于工作坊的整体目标，灵活地在课堂中使用，不能僵化与绝对化。据我观察，有些教师接触引导技术后感觉很好，就在课程里植入了大量的世界咖啡等引导环节，结果学员并不买账，反映研讨效率低浪费时间，还不如听讲收益大。因此，引导工具的使用不在于繁复花哨而在于简单实用，不在于气氛热烈而在于实际效果。引导工具还应当与专业工具相互融合，或者说是用专业知识工具改造引导过程，这样才能做到知识传输与引导共创无缝对接，达成最佳共创效率。

在品牌炼造工坊中，整个课程的组织就是基于小组学习的模式。如前文所述，在工作坊开始的环节，安排提供课题的学员进行课题说明，其他学员根据兴趣及背景自愿报名，分成 3—4 个小组进行学习，每个组由 6—8 人组成。小组成立之后，工作坊通常会安排一个快速的团队建设环节，每个小组选举小组长，并进行记录员、计时员、汇报者等角色分工，创意队名、队呼及队徽，形成小组之间团队竞争的氛围。在工作坊的全程，小组成员一边学习品牌创建的工具与方法，一边围绕本小组学员企业真实课题进行研讨共创。在工作坊结束环节，还会安排最终汇报，评选奖励最佳小组。

品牌炼造工坊所采用的引导工具比较简单，主要是团队共创法。这个方法是让学员围绕主题自主思考，将结果写到即时贴上，再贴到大纸上，讨论共创形成结论。它的好处是快速、高效，能够迅速收集大家的意见并形成结论。

为了打开小组边界，让全班同学进行智慧共创，在阶段性总结环节，我们还采用了艺廊之旅的引导工具。第一个阶段让每个小组为其他小组的议题讨论结果进行学习与评价，并将问题点与建议写到即时贴上，粘在研讨大白纸上。第二个阶段，重新组成混编小组，每个小组均有其他小组的成员。混编小组围绕每个课题进行讨论，讨论中其他小组成员进行质疑、挑战与建议，本小组成员进行阐释与记录。艺廊之旅可以促使每个小组反思研讨结果，深度学习，并融合其他小组的智慧优化与提升共创成果。这个过程往往也是工作坊中最热闹的环节，学员们在平等放松的气氛中畅所欲言，智慧在这样的场域中生发与激荡。

品牌炼造工坊的主要引导工具是专业工具。例如在做消费者分析的时候，应用的是用户画像的研讨工具，围绕用户提出需要讨论的系列化专业问题；在做品牌定位研讨时，应用的是品牌定位三要素定位工具。这些专业引导工具背后隐含品牌创建的原理，学员运用这些工具研讨时，就能够充分利用这些原理，从而保证了共创结果的专业性，如图 2.4 所示。

为了确保品牌炼造工坊共创过程的高效，需要对共创进行精巧的设计与严格的时间控制，见表 2.3。品牌炼造工坊的共创环节要占到整个课程的二分之一多。这就需要精确定义研讨的主题与内容是什么，应用什么样的引导工具与研讨方法，期望产生的结果是什么，以及所用的时间是多少。例如，在讨论品牌战略体系时，应当做如下的研讨共创设计。

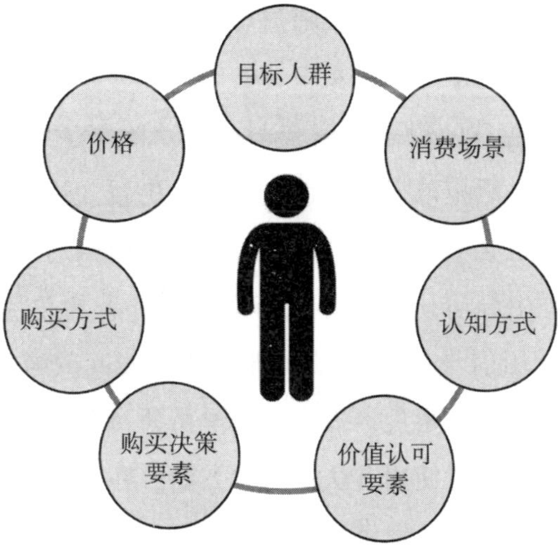

图 2.4 用户画像工具

表 2.3 品牌战略研讨共创设计

研讨内容	说明	引导工具	结论	时间
战略理念	公司的理念、价值观是什么？	深度汇谈		5 分钟
战略目标定位	第一类：创新和分化，打造新品类，甚至成为品类代名词(品名即品类) 第二类：成为品类第一或领导者 第三类：独特差异化，对立者或区隔者 第四类：模仿跟随	深度汇谈	品牌竞争策略： **防御、进攻、侧翼、游击四种战略模式的哪一种？**	15 分钟
品牌主体	各小组研讨： 我们需要创建的是“产品品牌”“企业品牌”，还是“平台品牌”？	深度汇谈	品牌主体	10 分钟
品牌模式	各小组研讨： 我们需要采取何种品牌模式：单品牌、多品牌、副品牌？	深度汇谈	品牌模式	5 分钟

新知共创的一个重要环节是教师引导。尽管敏捷共创工作坊以学员为中心，但是教师在工作坊中的作用是至关重要的。教师引导就像是工作坊的智慧催化剂，促进了智慧的融合、裂变与生发。除了工作坊的设计与准备之外，教师应当在现场承担以下几项任务。一是讲授。讲授环节尽管被大大压缩了，但是讲授还是必不可少的教学环节。教师应当对知识工具与案例进行精练的阐释。二是引导研讨。教师应当扮演引导者的角色，定义研讨主题，掌控研讨过程，运用引导工具，保证研讨共创的高效进行。三是点评与咨询。教师还应当扮演专家角色，一方面在学员研讨共创过程中及时纠偏，讲解专业知识工具的理解与使用方法；另一方面，在各小组产生阶段性成果的时候，应当进行专业点评，提供自己的专业意见，提炼与提升共创的智慧成果水平。

教师引导过程中，需要把握的关键就是内容专家角色与引导者角色之间的平衡。这一点正是敏捷共创与行动学习的重要区别。前文提到，行动学习非常警惕专家对研讨的干预，束缚行动学习小组解决问题的创新思路。行动学习的引导者应当对所研讨问题保持中立，不发表具体意见，只是对研讨过程进行控制，保证学习的发生。敏捷共创模式则发现了真理硬币的另一面，那就是学员的专业度不够、思维固化的情形是普遍的，因此仅仅依靠他们自身的知识与经验进行共创是不够的，学员会经常陷入创新突破的瓶颈时刻。这时，就需要引入内容专家帮助他们突破瓶颈。因此，敏捷共创工作坊内，教师需要扮演两个角色：引导者与内容专家。当然，也可以由两个人分别担当不同的角色。无论哪一种情况，都会遇到两个角色的平衡问题。教师需要敏锐把握自身角色的双重性，并在不同的教学时段之间进行不同角色的转换。在讲授与汇报环节，教师是内容专家的角色，需要依据自身的专业经验与功力进行咨询与指导；在共创环节，教师更多的是扮演引导师的角色，不应干预学员的专业讨论过程，而应当激发学员的积极性，放手让学员自己思考与碰撞。

在品牌炼造工坊中，为了明确分清两个不同的角色，我们采用了双角色授课模式：一位是内容专家，一位是引导师。我或周峰扮演内容专家的角色，另外一位资深引导师扮演引导师角色。品牌知识工具与案例的讲授由我与周峰负责。在学员共创环节，由引导师进行引导，引导师也授权各小组，每一小组选择一名组员进行过程主持与控制。学员共创过程中，我与周峰会游走于各个小组，对知识工具的使用提供澄清与说明，并深入了解每个小组的共创过程与结果，形成自己的专业判断与意见。在汇报环节，引导师进行主持，我与周峰扮演专家角色，进行提问、评价与点评咨询。整个品牌炼造工坊的教学过程，既有知识工具学习时的专注，又有研讨共创的热烈，还有汇报环节的高潮。理性与感性交织，左脑与右脑并用，学员主动积极，教学气氛良好。

在敏捷共创工作坊中，聚焦学员的真实问题，教师提供知识与工具，并引导学员进行研讨共创，就能够汇集学员与教师的智慧，形成**新知的创造**。所谓新知有以下两层含义。一是指实践应用的新知。尽管在理论层面并没有创新突破，但是在理论与知识的应用层面有创新。管理是一门实践的学问，也必须服务于实践。因此，管理的理论应当是情境化的，依据不同的行业与企业具有不同的特点与应用。适用于一个企业的理论与方法，未必对另外一个企业管用。由于敏捷共创工作坊均是基于学员企业真实问题的，也是以现在的知识与工具为共创基础的，因此，在共创的过程中就会深入呈现特定企业的复杂情境，为管理理论与知识的丰富与发展提供可能。二是理论的新发展。管理理论总是跟着管理实践向前发展的。商业环境是不断变化的，企业在管理实践中就会不断遭遇新问题与新挑战。这些新的问题与挑战正是管理理论研究创新突破的重点。在敏捷共创工作坊中，通过学员与教师的充分互动与碰撞，能够充分揭示出这些新问题，进而针对这些问题进行研究与探索，为深入的理论研究打下基础。

这其中的关键就是知行合一。敏捷共创教学模式强调课后学员企业的

绩效落地。管理的知与行、理论与实践，在敏捷共创教学模式中合二为一。知与行的断裂正是当下全球管理学界的重大问题。当管理学界所研究的问题并非企业实践中的真问题时，管理理论就丧失了生命的源泉。知行断裂的一个主要原因是管理研究的专业性与职业化，导致管理的研究者与实践者分离，管理研究者不能迅速把握实践中最新的管理问题。那么，如何能够让管理的知与行合一呢？敏捷共创工作坊中，教师是管理的研究者，学员是管理的实践者。在同一个场域之中，管理的研究者与实践者基于学员企业的真实问题，进行平等的交流共创，就能够打通知与行的循环。在这个过程中，人人都是学习者与知识的创造者。教师也是学习者，教师在教学过程中能够接触到实践中的真问题，并受到学员的启发；学员也是知识的创造者，学员在自身问题的研讨共创中，自然会提出理论层面的真知灼见。这个过程的结果就是产生全新的知识与智慧。教师无疑在这个过程中收获巨大。如果说在传统课程中，教师就像是春蚕吐丝，将自己掏空，那么在敏捷共创工作坊中，教师就像是会吸星大法的武林高手一样，将课堂上产生的智慧吸纳入自己的研究与教学体系中。这种情况下，管理的理论自然会迅速发展，全新的理论通过工作坊教学指导企业新一轮实践，理论与实践形成不断盘旋上升的循环。

品牌炼造工坊的教学反映了上述特点。教学中遇到的问题是多元的，既有 B2B 品牌问题，也有 B2C 品牌问题，既有成熟企业品牌转型升级问题，也有互联网新品牌的创建问题。在一轮又一轮的教学中，不断有新的问题与情境出现。我们会根据这些问题与材料，不断丰富、发展与优化课程和知识体系。可以说，教学过程就是一个知识产品的不断迭代创新过程，品牌炼造工坊还在不断进化与发展。

品牌炼造工坊得到了学员的热烈欢迎。企业家学员上市公司博威合金的副总裁俞颖评价道：“40 岁的我，有着 30 多年的听课生涯，实话说，现在上的大多数培训课程，往往听的时候热血沸腾，听完之后一片茫然。为什么？

就是因为听完之后不知道怎么落地、怎么操作！但是这堂课不同，归纳起来它有“四新”特点：形式新、内容新、主题新、收获新。把我们领进了品牌建设的大门，知道了品牌建设的体系流程和内在逻辑，知道了如何提炼、如何总结、如何应用。它带给我们的，除了理念和方法，更多的是手把手告诉我们如何去做，使我们可以拿身边的企业和产品去练习这些原理！”

七、敏捷共创帮助战略落地

敏捷共创工作坊最有价值的一点是现场解决企业面临的问题，并产出体系化的成果。企业所面临的问题有许多，因此敏捷共创的应用范围也很广。

战略难以落地问题就是许多企业所面临的经典问题。为什么公司的战略很明确，在具体贯彻落实时却往往出现偏差呢？我想主要有以下三点原因。一是未达成战略共识。公司战略是高层制定的，中、基层管理者对战略不理解，也没有达成共识。可以做一个简单的测试，向所有中高层管理者问一个问题，当下公司最重要的战略性任务是什么？大多数公司获得的反馈是五花八门的。这样的状态，战略无法落地很正常。二是战略没有分解成可以落地的具体举措，将战略转化成每个部门以及每一名员工的行动。三是缺乏战略落地的考核与管理机制。

SW 能源就遇到了这个战略落地的难题。SW 能源是一家极具竞争能力的区域性能源企业。2015 年，它确立了“成本领先，绿色低碳，安全可靠”的三大战略，努力将企业建设成为区域内最具影响力和竞争力的世界一流绿色能源企业。在中国经济“新常态”以及电力体制改革的背景下，公司人力资源部组织了针对中层管理者能力发展的培训项目，该培训项目拟紧密围绕企业三大战略的落地展开。

SW 能源的人力资源部门却很烦恼，因为找不到合适的战略落地课程。公司战略传统培训方式是课堂讲授法，一般战略课程是围绕战略知识与案例展开。但是，战略课程的知识案例针对性不强，学员很难转化与应用到自己公司的战略落地实践中去。

人力资源部也曾考虑过用行动学习中的引导方式，激发中层干部的能量，对公司战略落地问题进行共创。然而，过去培训中也曾采用了行动学习引导技术，学员参与度的确提升了，能够调动学员积极性。问题是，这样的做法虽然讨论形式很火爆，群组卡片满天飞，但是讨论的方案质量却不高。究其原因，学员虽然有丰富的实践经验，但是却缺乏必要的知识体系与技能。

接到这个需求，针对 SW 能源的战略落地难题，我们运用敏捷共创的学习技术，定制化设计了这个战略解码工作坊。战略解码工作坊的整体设计思路如图 2.5 所示。

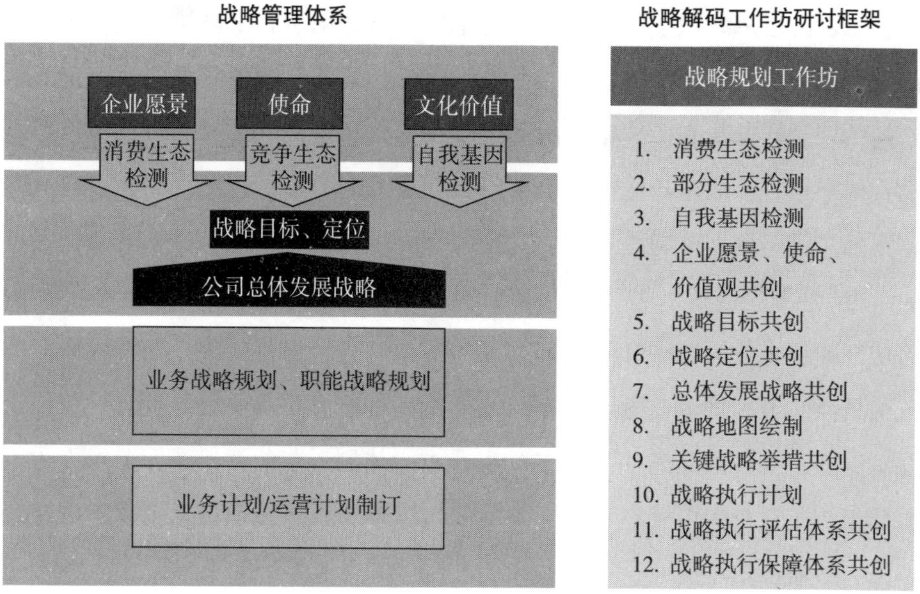

图 2.5　战略解码工作坊设计思路

战略解码工作坊主要包括两个部分的内容：一是战略目标共识的达成；二是战略分解与落地。第一部分通过环境与自我的分析，提出公司的使命、愿景与文化价值观，共创战略目标与战略定位。第二部分根据公司战略绘制公司战略蓝图，形成关键战略举措，并分解成为战略执行计划，建立战略评估体系。

战略解码工作坊同样运用了真实问题、知识工具、团队共创、教师引导以及新知创造的模式进行过程设计，具体见表2.4。在设计中，我们将知识传递和行动学习引导技术相结合，现场讲解与运用战略知识和工具，形成SW能源自身的战略蓝图与分解落地体系。应当注意，在工作坊的不同阶段，这5个部分的安排是有差异的，应当针对阶段性的教学目标合理确定。

表2.4　战略解码工作坊的过程设计

核心模块	知识与工具	引导共创内容
战略与动态经营管理	企业为什么会发生问题与危机 企业动态经营管理系统模型 动态经营思维 动态经营的方法论	企业战略梳理
战略与战略执行	战略执行体系 战略执行中的关键问题 战略落地与执行的工具与方法 平衡计分卡	企业战略目标分解
战略执行与关键举措	战略执行关键策略工具介绍 解决问题六步法 GROW模型	企业战略执行关键策略
战略执行与行动计划	行动计划制订关键要点	企业战略执行计划
战略执行与回顾反思	战略反思与滚动优化	方案汇报

SW能源的战略解码工作坊共计两天时间，具体内容分解如下，如图2.6所示。

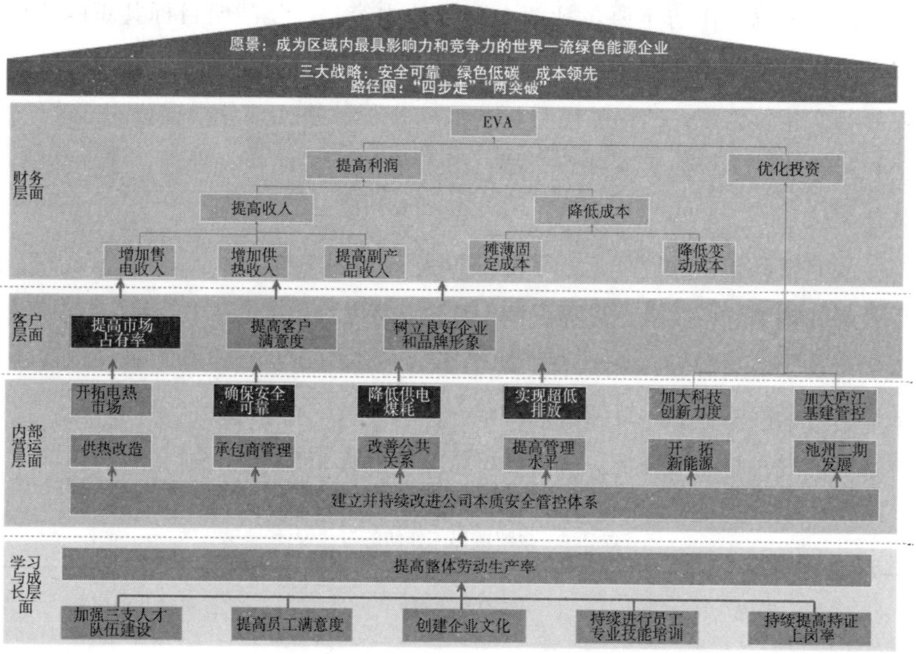

图 2.6　SW 能源公司战略蓝图

【第一天上午】战略意义和战略共识

设计环节：团队破冰、提出问题、知识传递、团队共创、教师引导

【团队破冰】在项目开始之前，通过确定小组团队队名、口号、展示等活动，激发团队能量，唤起学员主动学习热情。

【提出问题】针对公司提出的三大战略目标，提示学员们思考如下几个问题：为什么公司提出三大战略和“四步走两突破”的工作路线图？提出三大战略的内外部环境背景是什么？三大战略对公司的意义何在？

【知识阶梯】讲解战略管理知识**企业动态经营管理系统模型**，帮助学员理解战略的含义，战略构建的内容与方法。

【团队共创】教师引导学员对公司战略进行了 SWOT 分析，深刻理解为什么公司提出三大战略，达成战略共识。

【教师引导】教师在这个环节主要帮助学员理解与掌握引导工具和战略分析工具，帮助学员形成自己的战略思考。

【第一天下午】战略分解和战略地图

设计环节：提出问题、知识建构、团队共创、教师引导、新知创造

【提出问题】为什么战略执行与落地有困难？如何规划公司的战略执行蓝图？

【知识阶梯】教师讲解企业战略执行中的困难与原因，战略实施的要素，以及帮助战略落地的一个重要的工具——战略平衡计分卡，使得学员理解有效地实施战略应当将战略转化成一整套可执行的绩效衡量指标与体系，引导和激励员工达成战略目标。

【团队共创】在知识传递环节后，教师引导学员们运用平衡计分卡工具，以分组研讨的形式将三大战略进行分解，从财务、客户、运营及学习成长四个层面规划与识别关键子战略。

【教师引导】教师在学员共创过程中，一方面对学员使用工具的情况进行纠偏；另一方面对学员研讨的结果进行点评与提炼，推动学员研讨共创质量的提高。在每个小组完成战略地图绘制之后，引导师采用**艺廊之旅的引导技术**，打破小组界限，汇聚全班智慧，达到进一步优化提升的目的。

【新知创造】教师通过分组汇报与全班共同研讨的方式，形成全体学员的共识，并识别出公司落地执行的关键战略举措，这个阶段的产出是公司战略蓝图。

【第二天上午】分战略议题形成行动计划

设计环节：问题导入、知识阶梯、团队共创、教师引导、新知创造

【问题导入】如何将战略举措化为每个部门的具体行动计划？如何考核战略结果？

【知识阶梯】包括战略执行过程中的问题识别，即“偏差”问题与“目标”问题的区别。战略计划的分解原则与考核工具，以及行动学习中的问题分析与解决工具，如解决问题六步法与 GROW 模型等。

【团队共创】从战略蓝图中选择关键子议题，由各小组分别承担一个关键议题，学员运用解决问题六步法或 GROW 模型引导技术，将议题形成具体的行动计划，明确部门分工，以及考核的 KPI 指标。

【教师引导】在这部分教学环节中，教师主要应尊重学员的意见，教师可以做工具方法的纠偏与计划分解的示范。

【新知共创】这个部分的产出是公司的战略分解计划，包括部门分工和考核机制与方法。

【第二天下午】汇报与交流

设计环节：城镇会议

【城镇会议】学员分组向公司高管汇报两天学习所构建的战略地图和战略分解落地计划方案，高层领导与专家进行提问、点评与互动，在这个过程中实现学员对战略的深刻理解，以及战略分解方案的优化提升。

SW 能源战略解码工作坊聚焦战略落地的三个关键问题，通过战略共识的达成，战略举措的明晰，以及建立战略跟踪评价与绩效考核方案，帮助企业将战略落到实处。仅仅通过两天的工作坊，就卷入公司所有中层干部，通过专业战略知识工具的学习及共创，规划公司的战略蓝图，最终形成 200 多条细化的战略举措及关键考核指标。在这个过程中，学员就公司战略达成深度共识，创新了战略落地的关键举措，明晰了考核方法及关键指标。战略落地方案聚集了所有中层干部的智慧，他们又是战略落地的关键群体，因此有很强的可操作性与可执行性。此外，由于方案出自学员，大家都很有成就感，也非常兴奋，公司领导对共创结果高度评价。

敏捷共创在战略共识与落地方面的应用应当根据企业的具体情况灵活

设计。如果企业战略明晰，那么重心就应当放在战略分解落地的部分，第一部分的目标是达成共识。如果企业战略需要构建，那么战略创建与战略分解落地两部分并重，可以分解为战略共创与战略落地两个工作坊实施。两个工作坊之间设定一定的时间间隔，战略明确后进行战略的分解与落地。

八、营销策略的敏捷共创

2016 年，作为全球科学服务领域的领导者，赛默飞世尔（Thermo Fisher）进入中国 30 年后，面临中国本土企业的强势竞争。赛默飞世尔的主要产品如分析仪器、实验室设备、试剂、耗材和软件等，在医院、大学实验室、法医等行业应用细分市场遭遇本土企业狙击。丁晓萍是赛默飞世尔科技中国的市场总监，她面临调整与重新规划市场战略的问题。晓萍是我的好朋友，当她了解到敏捷共创的技术后，希望能用敏捷共创工作坊帮助赛默飞世尔市场部系统规划市场战略。此外，她也希望借这个机会提升市场部团队的营销企划能力。

根据晓萍的期望，我们运用敏捷共创的技术设计了一个两天的营销策略规划工作坊。参与的学员是赛默飞世尔市场部与产品部的所有员工。第一天是市场战略，以市场营销领域经典的 STP 战略工具为框架展开。知识与工具导入的重点在于市场细分的方法、市场选择评估矩阵，以及市场定位的方法工具。学员按照产品线与行业应用线分组，现场运用所学的工具方法共创研讨，形成市场战略整体报告。第二天集中在营销组合策略规划，以市场营销的 4P 为框架，在前一天市场战略的基础上，就产品、定价、渠道、推广四个方面规划具体的营销策略。知识与工具的导入包括产品组合规划、定价模型、渠道规划、推广策略等，各小组根据自己的产品系列共创策略，形成市场策略报告。营销策略规划工作坊的具体设计见表 2. 5。

表 2.5　赛默飞世尔营销策略规划工作坊设计

模块	内容	工具	成果
知识讲授：STP 市场战略——市场细分（Segmentation）	市场细分维度 市场细分流程 细分市场类型 市场细分评估	**市场营销工具**： 市场细分工具 **引导工具**： 团队列名法 卡片法	《市场细分策略》
研讨：赛默飞世尔市场细分	以产品为维度，对市场进行细分		
知识讲授：STP 市场战略——目标市场选择（Targeting）	市场分析 竞争分析 自我分析	**市场营销工具**： 市场吸引力矩阵 **引导工具**： 团队列名法 卡片法	《目标市场选择策略》
研讨：赛默飞世尔目标市场选择	以产品为维度，分别对市场、行业竞争、企业自身进行分析，选择目标市场		
知识讲授：STP 市场战略——市场定位（Positioning）	市场定位的原则 市场定位的方法 根据不同市场的差异化定位策略	**市场营销工具**： 三元定位法 **引导工具**： 卡片法 艺廊之旅	《市场定位策略》
研讨：赛默飞世尔市场定位	以产品为维度，根据目标市场，结合自身优势，进行市场定位		
知识讲授：营销组合策略——产品策略	产品定位 产品组合策略 产品差异化策略 新产品开发策略	**市场营销工具**： 产品生命周期分析 波士顿矩阵分析 产品组合分析 **引导工具**： 头脑风暴	《产品策略》
研讨：赛默飞世尔产品组合策略	对现有产品线进行梳理，明晰各产品定位，制定产品组合策略		

（续表）

模块	内容	工具	成果
知识讲授：营销组合策略——价格策略	选择定价方法：成本定价、竞争定价、顾客导向定价 新产品定价 差别价格策略 价格管理策略	**市场营销工具：** 产品—价格分析模型 竞争定价 **引导工具：** 团队列名法 卡片法	《价格策略》
研讨：赛默飞世尔价格策略	对现有价格体系进行梳理，明晰各产品定价策略		
知识讲授：营销组合策略——渠道策略	渠道分析 大客户分析 渠道组合策略 渠道开发策略 渠道政策 电子商务渠道	**市场营销工具：** 渠道架构分析 渠道定位与组合 渠道政策 **引导工具：** 卡片法 决策矩阵	《渠道策略》
研讨：赛默飞世尔渠道策略	对现有渠道组合、渠道政策进行反思，制定渠道组合策略		
知识讲授：营销组合策略——促销推广策略	推式策略 拉动策略 社会化媒体推广策略 促销推广策略制定流程	**市场营销工具：** 推广优化模型 **引导工具：** 世界咖啡	《促销推广策略》
研讨：赛默飞世尔促销推广策略	制定年度促销推广策略		
方案分享、专家点评	各小组根据STP—4P，整合方案 分享完整市场营销策略方案 小组之间相互点评 专家点评	**引导工具：** 城镇会议	《市场营销策略方案》

通过赛默飞世尔营销战略工作坊的设计与执行可以看出，业务部门具有很强的学习需求。关键在于人力资源及培训部门能否准确识别这些需求，并以恰当的敏捷共创设计来满足这些需求。对于赛默飞世尔的市场部门来说，他们希望通过培训达到以下目标。一是补齐知识短板，统一部门的管理语言。由于市场部员工来自不同的部门，拥有不同的学历背景，因此，他们的营销知识与工具的掌握参差不齐，缺乏统一的管理语言。二是市场整体规划与协同。市场部日常的工作是分工负责的，不同的员工负责不同的行业线与产品线，这就容易陷入各自为战的状态，缺乏整体与系统的市场布局与规划。三是团队集体反思与融合。随着工作年限的增长，员工容易陷入固化思维，市场部作为团队需要不断进行反思，寻求思维上的突破，形成创新的解决方案。部门员工也可以在这个过程中实现团队融合与建设。

这次营销策略规划工作坊正是针对上述需求进行设计的，它是典型的工作学习化的方式。在两天的学习中，由于学习与共创的主题是自己的工作，因此市场部员工高度投入，一方面学习了系统的市场营销工具与方法；另一方面现场共创，产出了可以落地的市场战略与策略方案。在学习的过程中，还穿插了大量的互动讨论与质疑反思，实现了团队的融合与集体心智的反思和精进。

九、敏捷共创教学心法

正如前文所述，敏捷共创教学模式是传统课程的升维。这不仅体现在表面的目标、方法及内容的区别，更体现在其背后的价值观与理念的差异。我在实践中发现，许多教师习惯于传统课程的教学，很难突破固化的思维模式，难以适应敏捷共创的全新教学模式。

那么，隐藏在全新教学模式背后有哪些价值观与理念呢？

教学平等

在敏捷共创模式下，教师与学员处于平等的地位，这样才能做到相互学习、教学相长。教师与学员之间的不平等正是传统课程模式的痼疾。传统课程模式下，教师是权威，所言即开示。这样的角色会促进人性中的傲慢与虚荣，时间一长，教师会陷入虚幻的良好感觉而不可自拔，自以为是掌握真理的先知。然而，对教师而言，扮演这样的角色压力很大。事实上，教师并非无所不知的上帝。在当今知识信息爆炸、管理实践日益复杂多元的时代背景下，即使在教师所研究的领域，教师所知也是有限的。教师如要扮演大师的角色，在课堂上就容不得学员的不同观点与意见，这就极易引起课堂上的教学冲突。近年来，在各大商学院 EMBA 课堂上，一方面，学员集体抗议罢免老师的现象不胜枚举。另一方面，教师在课堂上的断言式讲学，不仅压抑了学员的知识与经验，还容易使学员产生盲从的心理，破坏了学员独立思考主动学习的精神，背离了求真务实的教育理念。有的 EMBA 企业家学员由于在课堂上听到老师讲要授权管理，就在监督机制还未完善的前提下盲目授权，造成了直接经济损失。教师应当从虚幻的大师状态中走出来，真正做到“放下”。放下所谓的师道尊严，承认自己的无知。事实上，教师承认无知并不会引起学员的轻视，反而会获得学员的尊敬。教师自己也会放松下来，创造真挚坦诚的课堂氛围，而这一点正是智慧生发所需要的环境。

教学合一

传统课程模式下，课程就是由教师教授。敏捷共创模式则不同，课堂中教师既是教授者，又是学习者。这一点是思想观念上的重大突破：向学员学习！事实上，每个人都受制于自己的经历与知识背景，从而具有思维上的局限性与盲区。教师与专家同样如此。教师是知识工作者，长期的研究与思考形成了他们强大的逻辑思维能力，但是也会养成自以为是的习惯。这正是瑞文斯提出警惕“专家”的核心原因。教师需要克服自己的精英心态，需要真正的谦逊，开放自己，认真倾听学员的声音。谦逊是一种智慧，正如苏格拉底所言，“最高的智慧是不知”。教师只有保持谦逊，才能把每一次的教学视为学习的机会。敏捷共创工作坊成为教师课程精进的手段，教师可以根据教学过程，增加新的问题与案例，积累更深层次的思考与观点。每一次敏捷共创工作坊都能成为一次教学产品的迭代。

知识共创

对商业未知的探索，需要教师与学员相互合作、共同创造。这与传统课程中，教师拥有答案，学员从教师那里被动获取知识的范式截然不同。这不仅需要教师自身扭转观念，还需要引导学员转换思想。在传统教育的多年熏陶下，在许多学员的思想观念中，认为上课就是听讲，期望从教师那里获得自身问题的答案。受传统课程的局限，这样的期待往往落空。学员的期待与中国传统文化中缺乏创新的思想与基因有关。中国传统文化是群体主义的，讲礼乐、讲等级、讲秩序、讲服从，但缺乏独立思考与创新创造。于是，在中国产业界模仿成风，从 0 到 1 的创新乏善可陈。凡是已知的均已过时，凡是过往皆是序曲。每个学员的问题都是独特的，教师怎么可能给你现成的答案呢？真正的学习与求知需要开拓进取的精神，需要独立思考与另辟蹊径，当然也需要教师的帮助与借鉴他人的经验。因此，在敏捷共创模式教学中，教师应当促进学员自身学习意识的觉醒，推动学员学习循环圈的发生，让他们认识到真正的学习是一场知识共创，需要自己主动投入的精神。

设计教学并重

敏捷共创模式下，教师对课程的准备与定制化设计和现场的教学实施同样重要，甚至更为重要。毫不夸张地说，敏捷共创工作坊是设计出来的，而不是讲出来的。这是由于敏捷共创工作坊是以学员企业问题为导向的，因此，教师在上课之前需要做调研与访谈，根据学员企业的背景与问题，调整教学的内容与方法。教师对课程的提前准备与定制化设计，直接决定了课程的质量。传统课程是讲出来的，将教学重点放在现场，从而忽视了教学设计与准备。因此，在向敏捷共创模式转型时，教师应当以学员的问题为重，而不是理论与知识体系导向。在课前清楚地了解学员的问题与需求，并做针对性设计，课程现场同样应当聚焦学员的问题，讲授时做到针对性与敏捷高效，使学员真正有所收获。

十、这是一个必将席卷所有知识领域的教学变革潮流

自2010年起，我在华东理工大学商学院开始推进MBA、EMBA的行动学习教育变革，在二三十位老师的共同努力下，我们探索形成了一整套行动学习课程模式。在深化教学改革的过程中，我们曾经尝试将行动学习植入市场营销、人力资源等课程中，在这个过程中我们遭遇的最大难题就是行动学习引导共创耗时太多，导致专业知识传授缺乏时间。

经过反思，我感到很难用简单的方法解决这个问题，需要整体思考，以问题为导向，重新设计一个全新的课程教学范式，将知识讲授、引导共创、咨询点评等环节有机融合，整合创新。这正是敏捷共创模式的来源。

实践是检验真理的唯一方法。应用敏捷共创范式，聚焦企业管理与组织发展的难题，我与多位企业实战管理专家和引导技术专家联合研发了一批敏捷共创工作坊课程，如图2.7所示。

这个敏捷共创工作坊体系主要包括三个方面。

一是直接面向企业绩效改进的工作坊。这类的工作坊聚焦企业经营价值链条，服务于企业业务部门，以提升企业经营业绩为主要目标。这又可以进一步细分为几个类型的工作坊。

战略类工作坊。这个类别中有两个工作坊：一个是战略与商业模式工作

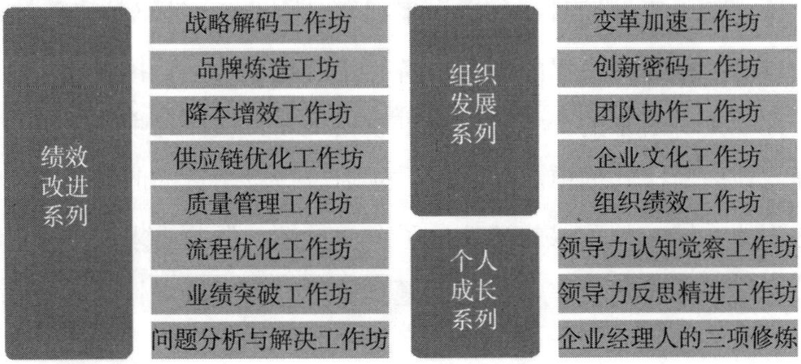

图 2.7　敏捷共创工作坊体系

坊，所聚焦的问题是企业的战略与商业模式的创建及转型问题，运用了商业画布等工具与方法；另一个是战略解码工作坊，解决的是在企业战略已经明确的情况下，如何在企业内部真正形成合力、执行落地的问题。这是企业面临的普遍问题。

还有一类是营销业绩突破类工作坊。其中包括品牌炼造工坊，关于这个工作坊前文已经介绍过公开课的做法。本章之后会用全球最大的光伏组件制造企业天合光能的品牌炼造工坊的实施案例，来阐释针对企业内训的品牌炼造工坊的做法。营销业绩突破工作坊是一个营销策略规划类的工作坊，本章就以全球知名的企业赛默飞世尔的案例说明了这个工作坊的设计与实施方法。

再有一个类别是运营类工作坊。这包括供应链优化工作坊，解决的是企业供应链不协调导致的库存过高、供货不及时等问题。还包括降本增效工作坊，聚焦在市场下行的压力下，企业降低成本、提高效率、获取相对竞争优势的问题。再有就是质量管理工作坊，聚焦企业质量工作的改进与提高。流程优化工作坊，帮助利用精益的方法分析业务流程，以顾客价值为导向，进行优化与提升。

问题解决工作坊是一个通用类的工作坊，根据学员面临的问题，讲授相应的解决方法与工具，通过引导学员共创解决问题的方案，提高学员解决问题的能力。

二是组织发展系列的工作坊。这类工作坊面向公司内部的组织与管理问题，帮助企业的组织成长与变革，形成一个健康的组织肌体。打造一个健康的组织需要软与硬、精神与物质两个方面。

从精神层面出发。企业文化工作坊的目标是帮助企业打造自己的企业文化体系，形成具有共识的文化价值观与行为规范，塑造企业的精神之魂。团队协作工作坊则面向企业内部部门之间以及各部门内部的团队协同问题，打破部门墙，形成团队合力。

从物质层面出发。组织绩效工作坊帮助企业建立组织绩效系统，或是改革组织绩效管理。变革加速工作坊以企业具体的变革项目为案例，教授学员如何推动变革项目的实现。这个项目以 GE 的 CAP 变革工具为基础，在学员共创的过程中实施。创新密码工作坊则推动企业创新工作的进行，实现创新工作的组织化与系统化。

三是个人领导力成长系列工作坊。这个类别的工作坊聚焦企业经理人的领导力发展与提升。领导力认知与觉察工作坊从个人、团队、组织三个层面，建立了领导力素质模型，课程实施时与测评结合，让学员通过能力平衡轮研讨，觉察自我的领导力短板，立志改进，形成领导力发展计划。领导力反思与精进工作坊则注重学员在提升领导力过程中的策略与方法。这个工作坊结合了正念禅修、反思复盘、同伴教练等技术，帮助学员突破领导力提升时的瓶颈。

这些工作坊在上海交通大学总裁班项目、华东理工大学 EMBA 项目、东方航空、一汽轿车、报喜鸟、赛默飞世尔等教育机构与企业中获得了成功的实践与积极的反馈。

这让我坚信，敏捷共创是一个正在崛起的大潮，必将席卷培训学习的所有知识领域。

可以想见，上述敏捷共创工作坊体系还只是初级阶段，未来敏捷共创模式应当围绕多个维度进一步垂直与细分下去，捕捉与满足企业的需求。首先是专业问题维度。围绕企业所面临的不同专业方向的问题，如战略、营销、运营、组织、财务、人力资源、领导力发展等，进一步深化发展。如营销还可以进一步分化为社交媒体传播、渠道规划、销售团队建设等问题。另一个维度是行业维度，不同行业的管理问题具有差异性，遇到的问题当然也不一样。如银行业与钢铁业在业务流程管理上完全不同。因此，行业维度是课程垂直细分的重要维度，未来敏捷共创将会依据行业维度不断细化。

事实上，培训学习的大众市场时代已经过去，小众市场正在崛起。学员与企业的自我意识在觉醒，他们开始清楚自己需要什么样的课程。于是，培训学习需求的差异化造成大众市场破碎成小众市场，通用性的课程将失去市场。这将迫使培训学习的从业者不断深入创新课程。

这是一个大潮。

面对这样的大潮，个人与机构的智慧和力量是有限的。于是，我与一批来自商学院和企业的教授及实务专家，共同发起成立了“**创课群落**”，聚焦培训学习领域的创新与发展。我们欢迎更多的业界专家加入进来，以互联网时代开源、协作、迭代、共享的价值观与机制，不断创新培训学习产品与方法论，推动中国培训学习行业的升级与进步。

第三章 在行动中发展领导力

一、VUCA 时代领导力发展的靶心在哪里?

建设强大的组织能力是所有企业的梦想。而企业是由人构成的组织，组织健康与否，与员工的能力、素质及内在驱动力有很大关系。特定的企业需要特定的管理者。因此，从组织的角度定义领导力，并针对性地发展管理者的领导力，就成为企业组织的重要任务。

传统领导力发展的一般逻辑是从企业战略出发，根据战略要求进行组织设置，依据组织能力与岗位要求构建领导力模型，再根据领导力模型进行人才发展规划（TD）。有条件的企业甚至据此设立课程体系，招聘内外部师资，建立企业大学。

这个逻辑体系看起来很精致，然而，VUCA 时代的到来打碎了这个完美的体系。企业不得不通过变革来适应环境的变化，于是战略与商业模式的变化、组织与流程的改变成为常态，企业领导力发展丧失了靶心。

那么，在这样一个时代，企业应当如何定义中高层管理者的领导力呢?

传统观点认为，企业中高管领导力有一个相对统一的标准。在普通人心目中，一个具有领导力的企业领导人通常具有超凡的领导魅力、鼓舞人心的演讲能力、娴熟的人际关系技巧。然而在 VUCA 时代，我们实际观察大量的企业领导人并非如此，如乔布斯这样的暴君却成功领导苹果公司实现了变革。这个统一的领导力画像似乎被打破了。

另一个值得关注的例子是 GE 公司。这家百年企业最近的变革目标是“从一家传统的工业企业变革到数字工业企业”，拥抱工业互联网的未来。这样的愿景来自 GE 总裁杰夫·伊梅尔特长期对移动互联网、大数据、云计算、物联网的观察与洞见，这本身就是领导力的体现。而更大的挑战在于将这样的目标变为 GE 全体 36 万员工的共同愿景，并领导大家共同践行与实现这样一个愿景。在 GE 近年来的变革与转型中，金融业务的剥离、阿尔斯通的购并、全新业务的开展，都是非常不容易的。在这场变革中，伊梅尔特让组织成员感受到希望、迸发出激情，展现了非凡的领导力。

那么，让我们更感兴趣的是，从伊梅尔特、乔布斯们身上我们能够发现并提炼出哪些领导力特征，以适应这样一个 VUCA 时代呢？

领导力不是技能而是品格

在动荡的环境下，企业需要不断地变革。管理者在变革中最需要的是领导力技能吗？显然不是！那些表面的领导力技能，如计划、组织、沟通、协作、分析，对应付企业变革中所产生的激烈的矛盾与冲突是远远不够的。领导者只有获取巨大的心理能量，才能应对这样的挑战。

我认为，VUCA 环境下企业管理者需要更为深层的领导力，可以称之为基层领导力。其中最重要的就是正直与真诚的**品格**。何谓品格？品德+人格。正直、真我、坦诚。在复杂变动的环境下，必须回归根本，才能经受血与火的考验，带领组织实现转型。你的内心是至诚的，就会汲取最强大的能量，就会赢得员工的追随与无条件信任，这是最强大的领导力源泉。

在这一点上，东西方的观点是完全一致的。

正直。在西方，许多人认为正直是排名第一的领导力维度。试想，伊梅尔特并非 GE 大股东，却拥有巨大的权力，如果他不具备正直的品格，只想着私利，如何相信他能够带领 36 万 GE 人实现变革？正直的核心是坚守重要的道德原则。例如诚信，无论对待员工、领导还是客户，都需要以诚信为本，不讲假话。新一代的管理者需要从内心的良知出发，坚持做“正确的事”，拒绝因私利而进行的公司政治与权谋之术。

事实上，真正做到“正直”是很不容易的。大多数人视道德法则为外界的束缚，而非内心的自觉。但是道德其实是隐藏在人类社会发展现象背后的天道与法则。遵守道德是真正的大智慧。这需要克服私欲，培养仁爱与利他之心。这是一条长期的修炼与顿悟之路。按照明代心学大师王阳明的说法是“致良知”之路。

真我。在当今的企业经营中，真我、坦诚变得尤其重要。丹尼尔·平克在其《驱动力》一书中提到，当今知识经济时代大多数人从事的是创造性的工作，这样的工作要做好就必须对所从事的事业拥有兴趣与真爱。这正是不同于动物性本能与“胡萝卜加大棒”的第三驱动力。领导这样一群人达成高绩效，领导者自己怎么可能是虚假的呢？装与虚伪技巧都是无用的，关键是你的内心要有超过所有人的狂热与投入，你才能点燃这群人的希望与梦想。

儒家文化完全赞同平克的观点，认为诚是符合天道的，人追求诚是符合人道的，因此能够达成事业。如《中庸》：“诚者，天之道也，诚之者，人之道也。唯天下至诚，则能尽其性；能尽其性，则能尽人之性；能尽人之性，则尽物之性；能尽物之性，则可以赞天地之化育；可以赞天地之化育，则可以与天地参矣。”领导者应当“格物、致知、正心、诚意、修身、齐家、治国、平天下”。

稻盛和夫在考虑京瓷高管任用时，认为不能单纯用绩效来选拔干部，应更加重视人的品德。他引用日本近代著名的政治家西乡隆盛的话：“德高者升官位，功高者厚俸禄。”这句话其实更早来源于《尚书·仲虺之诰》，有云：“德懋懋官，功懋懋赏。”意思是有功的人要金钱酬劳，而只有德行高的人才能提拔重用。这是非常深刻的用人思想。

支撑组织领导人最重要的东西是什么？东西方在这一点上达成了一致：高尚的品格。具有高尚品格的管理者，应当是一个开悟与觉醒的人，他拥有坚定的信仰，清楚自己的人生使命，因此能够保持积极乐观，拥有强大的内驱力，从而克服过程中的困难与挫折。

领导力不是知识而是智慧

对于VUCA时代的管理者来说，经营智慧是领导力的另一个重要方面。如果说个人品格是个人维度的，那么经营智慧则是组织维度的。如果说个人品格是向内的，那么经营智慧就是向外的。它们共同构成了领导力阴阳的整体。

领导力不是知识而是智慧。这样的智慧包含两层含义：一是对人性的洞察；二是对经营的直觉。

前文说过，新时期激励与成就员工是管理者的领导责任，因此，管理者必须是洞察人性与利用人性的高手。面对动荡的环境，KPI考核激励下属的作用越来越差。于是，高明的管理者一定会激发员工人性中的善，以使命、梦想、愿景引领员工，为客户与社会贡献价值，从而获取人生的价值与意义，成就企业的同时成就每一名员工。领导人还应对人性中恶的一面警惕与抑制。贪婪、权力欲、虚荣是人性中的痼疾。管理者自身应当修炼以提升心性，超越自我，而不能以高尚的人格假设去要求员工。在制度设计以及考核激励上必须能够反映人性的现实，应当做到在绩效为先的情况下公平合理，充分满足员工的物质需求。在满足物质需求的同时，还应保持奋斗者的精神，这个度的把握就非常不容易。互联网时代人人都是自由独立的，个性的张扬、自我实现的渴望从来没有像现在这样突出，人与企业的关系在于重新定义。抑制人性中的恶，激发人性中的善，成就员工，让员工获得物质、精神双丰收，这不仅是企业经营成功的领导方法，更是新的时代企业经营的最终目的。

彼得·德鲁克在《卓有成效的管理者》一书中曾经说过，领导者应当帮助团队与组织，提升组织的价值。而组织的价值是由外部决定的。这样的论述有助于解释在商业环境快速变化条件下，面对环境变化敏锐反应的价值，要大于内部的管理与人际沟通能力的价值。乔布斯尽管不善于协调关系，但是他超常的商业直觉成为苹果组织价值提升的关键因素。

新的商业时代，对经营智慧的要求并不仅仅指向企业的最高层领导者，企业的中基层管理者也需要具备经营思维。那么，这样的经营智慧应当包含哪些要素呢？

一个就是敏捷创新。过去中基层管理者强调的是执行力，坚决贯彻公司管理层的决策，将它落到实处。然而，在动荡变化的环境中，组织的趋势是责、权、利的下放，是小团队作战。组织的末端需要承担更多的经营责任。这样的组织管理模式的变革对管理者能力的考验非常大。管理者需要承担更多的决策任务，必须对市场与环境进行密切的监控与敏锐的反应。管理者还必须根据新的市场情况，创新产品与运营模式，取得经营绩效。这几乎就是对一个负责全面经营的总经理的要求。前文提到微信的例子，当初张小龙只是腾讯巨大组织中一个邮箱团队的负责人，但是却创造出决定组织命运的划时代产品。如果张小龙不具备敏捷创新的能力，只是被动执行总部的命令，如何能够创造出这样的奇迹呢？

另一个就是跨界协同能力。管理者不仅要能够洞察环境的机会，创新产品与经营方法，还需要具备跨界整合资源与协同执行的能力。这个跨界有两层含义：一层含义是组织内部不同部门的跨界，跨越部门墙，与其他部门进行协作，取得公司各方资源的支持；另一层含义是跨越企业组织界限，与客户、供应商、其他行业甚至竞争对手进行协作，获取创新的思路，整合更大范围的资源。

能够在动荡经营环境中生存的企业领导人，保持对经营方面的洞察与把握是关键。前文曾经提到，管理者领导力的一个重要的方面就是提升组织的价值，而组织的价值是由外部决定的，这个外部正经历着巨大的动荡变化。如何在混沌中找到那束光，需要管理者沉浸在经营的信息大潮中，勤奋思考与行动，依靠天赋与直觉，把好经营之舵，引领企业不断变革走向成功。员工拥护与跟随的是能够带领他们打胜仗的领导人。古罗马时期著名的政治家与军事家恺撒的军队士气高昂，他之所以获得士兵的拥护，就是因为他对战场形势超常的敏锐把握，让他能够找寻到最佳的作战时机并取得胜利。如在著名的法萨卢斯战役中，恺撒曾率领 2 万人战胜敌方 4 万人。乔布斯明显具有性格缺陷，但他的超常直觉能够让他看到别人看不到的东西，从而成为“苹果教”的精神教父。

二、在行动中发展领导力

如果 VUCA 时代领导力是品格加智慧，那么这样的领导力能发展吗？又如何发展呢？

我认为，对于 VUCA 时代的领导力发展来说，传统课程是基本无效的。这主要出于以下几点原因。

领导力发展是走心的，而不是走脑的。仅仅让学员了解领导力的相关知识与信息是远远不够的。领导力发展的关键在于促使学员深度反思，探索与发现自己心智冰山海面下的潜意识，纠正那些错误的假设与价值观误区，最终表现在行为的调整与心性的提升上。很显然，这是需要走心的，让学员从心出发，在真心触动中感悟与觉察，最终实现改变。

领导力发展是一个过程。真正改变一个人是很难的，而领导力发展的本质就是改变人。人的改变并非一蹴而就的，它的本质是一个修炼的过程，而且是一个终身修炼的过程。领导力发展应当是设计与管理这个过程，让这个过程变得更有效率。奥托·夏莫的“U”型理论的本质就是一个领导力发展的过程设计。教师应当帮助学员自身驱动这个过程，依靠自己走上修炼之路。

从这个角度看，传统课程是无法完成这一任务的。

领导力发展是个性化的。每一个人都是独特的个体，都拥有自我独特的天赋与使命。教育的本质就是发现每个人的长处与亮点，并激发与点燃他们，让他们实现自我的人生价值。从组织的角度看，还需要人岗匹配，将合适的人放到合适的位置上，实现个人与组织的双赢。因此，领导力发展一定是个性化的，每个人的领导力发展方向与计划都是不同的。传统课程教授的是普遍的原理，而不能深入帮助每一个学员。

领导力发展是情境化的。很多有经验的领导者在回顾他们自己的成长过程时，都认为自己的领导力是在无数实践与挫折中领悟与提升的。钢铁是怎样炼成的？需要在大火中千锤百炼。发展一个人领导力的最有效的手段就是将他放到领导岗位上！再多的语言也比不上他在实践中经历的苦难与历练。领导力发展应当是情境化的，让学员在克服困难解决问题的过程中，以真实情景与真实行为为材料进行反思，这样才能真正触动学员，促使他们的改变。传统课程的最大问题就是缺乏真实的实践情境，也无法观察学员行为的改变，既没有办法提供反思的事实情境，又没办法评估学员领导力发展的成果。

领导力发展是基于组织视角的。如前文所述，领导力是关于能否帮助组织与团队实现愿景与目标的能力。因此，领导力天生具有组织的视角，而非仅仅是个人特质。不同的组织在不同的历史时期，其使命与战略均不同，对管理者的领导力要求也会有差异。因此，标准化的领导力课程无法解决个性化的组织领导力发展，效果自然不佳。

面对这样的现实困境，有专家就提出了领导力发展的 721 法则，即领导力发展的 70%来自工作；20%来自向他人学习；10%来自从正式发展项目中学习。他们认为正式学习的领导力提升仅仅占到 10%的作用，领导力的发展主要是在工作中的挑战性任务。我认为这个法则有一定道理，但是如果理解有偏差，就会造成一定误区。有些人认为，既然领导力发展项目仅仅占 10%的作用，说明它并不重要，以课程的方式尽管作用有限，但毕竟传递了相关的知识信息，这是可以接受的。这其实是掩耳盗铃的想法。正式项目的 10% 比例不大，但它却是一个重要的催化环节，这个环节的设计不是孤立的，应当将学员的工作与向他人学习两个方面纳入一个发展系统中思考，甚至将它们整合进入正式的领导力发展项目之中。只有这样，才能营造领导力发展的有效机制，真实地达成学员领导力发展的效果。

那么，VUCA 时代领导力发展项目究竟如何设计才能有效？

我的回答是在行动中发展领导力。

为什么要在行动中发展领导力呢？正如前文所述，学员的工作实践与向他人经验的学习是公认的领导力发展重要环节。但是，在实际工作中，学员的领导力学习与发展常常是不自觉的与被动的，学员通常是在重大挫折与失误之后才会反省顿悟，而这时往往已经后悔莫及。如果没有必要的机制保障，向他人学习也很难发生。作为领导力发展专家，应当通过必要的机制设计与环境营造，促使学员的自我觉察与醒悟，帮助他们通过反思、精进等方法，实现行为的改变与领导力的发展。

在行动中发展领导力是 VUCA 时代的精神。尽管我在前文中提出了这个时代的领导力发展重点，但是每个企业是不同的，应当拥有自己的领导力定义标准。然而，由于战略与组织的持续变革动荡，给组织的领导力标准定义带来困难。一个恰当的解决方法就是**从结果出发定义领导力**。这个逻辑是不设立主观标准，而是根据取得的客观成果来确定管理者是否达到了领导力要求。

既然领导力定义是结果导向的，那么领导力的发展就应当在行动中进行。“无论白猫黑猫，逮住耗子就是好猫”的邓小平哲学，显然非常实用。在领导力发展中，就应当设计最能反映组织战略重点的关键性课题与任务，在完成这个任务的过程中，为学员补充知识与工具方法，提升他们的能力。如果学员能够完成这些关键性的挑战任务，不正是说明他们达到了组织领导力的要求了吗？

在行动中发展领导力，可以在领导力发展项目中还原真实的工作情境。

既然大家一致认为从工作实践中学习是领导力最重要的发展方式，为什么不将这个方式植入正式的领导力发展项目之中呢？在领导力发展项目中还原工作情境的好处在于干预。如果没有干预，学员在日常工作中的领导力提升是不自觉的与低效的。正式领导力发展项目则不同，可以根据领导力发展原理安排教学干预环节，帮助学员在行动的实践中及时觉察、反省与提升。与传统课程不同，在真实任务的挑战过程中，学员会表现出真实的工作状态与行为状态，从而反映出他们的心智状态。这既可以成为学员反思的重要原材料，教师也能够及时“抓现行”，促进他们的反省。另外，行动中学习的过程可以对学员做深入测评与考察，这个过程就像是一个真人秀，学员很难隐藏自己。这不同于一般测评方法，学员可以伪装与策略性应对，从而出现评价误差。测评专家可以在学习过程中观察学员的现场表现，实施领导力测评，为选拔领导者提供依据。

在行动中发展领导力还可以促进学员的相互学习，应用 721 法则中向他人学习的领导力发展原理。一方面，在完成关键任务的挑战时，可以将学员分组，以团队的方式进行。在这个团队学习的过程中，学员针对问题探讨共创，学习在思想激荡的过程中自然发生。学员之间也可以做同伴教练，相互照镜子，促使每个人领导力的觉察与提升。另一方面，在行动中，可以安排上级与专家做导师，给学员提供向资深领导者学习的机会。

如果在行动中发展领导力是一个可行的思路，那么行动学习显然是一个非常好的技术工具。

行动学习是一组人共同解决问题的方法论。它以问题为导向，围绕问题的解决，形成议题聚焦、问题调研、策略共创、试点优化、总结提升等一系列的内容与过程。将行动学习纳入正式的领导力发展项目中，就可以为学员的领导力发展提供一个真实的工作情境，学员在完成组织关键任务的过程中，实现领导力的发展提升。行动学习是分组进行的团队学习，这样的学习形式为学员之间的相互学习提供了机会。前文提到，行动学习本身就强调三个层面的学习，基于所解决问题的学习，有关组织的策略、制度与流程的学习以及人的学习，这些为学员领导力发展奠定了良好的基础。

然而，作为一项成熟的学习技术，行动学习在发展领导力方面还是存在一定局限性的。行动学习是一组人群策群力解决问题的方法论，它的主要应用方向是事的解决。然而，在领导力发展方面，行动学习并没有提出清晰明确的发展目标与纬度，也没有具体的领导力发展方法，还缺乏如何评估领导力发展效果的手段。在行动学习过程中，缺乏对领导力发展环节的具体设计，没有针对学员的领导力短板补充相关的领导力发展知识与工具，也没有针对每个学员的具体情况，给出如何发展领导力的个性化计划，更没有提供学员的具体方法，以帮助学员在领导力发展过程中突破瓶颈。

三、以行动学习为主线的整合领导力发展体系（ALL模型）

以行动学习为主线的整合领导力发展体系是在实践中不断探索创新的产物。在多年商学院与企业的领导力发展实践中，我发现了行动学习方法论的优势与不足，也尝试应用了教练、导师制、课程、测评、正念、经典研读等多种工具与方法，深切体会到这些领导力发展工具均有各自的优势与短板。如教练的个性化与针对性很强，但是实践中过于昂贵，效率不高，同时受制于教练的水平。导师制给员工发展提供了直接的指引与动力机制，但是公司导师的时间资源有限，还容易受到公司政治等相关因素的影响。领导力课程在知识传授方面效率高，但是针对性与体验性不足。测评与创建领导力发展模型能够为领导力发展项目提供方向指引，但是测评本身并不具备发展领导力的功能。正念禅修对学员生理性的安静是非常有用的，但是它缺乏意义与反思，仅仅到寺庙去做几次禅修体验，这对学员长期的领导力发展几乎不会产生作用。阅读经典能够提升人的境界，但是仅凭阅读还不足以促进个人的改变与行动。

此外，在企业培训圈，容易出现各种领导力发展流派的“王婆卖瓜、自卖自夸”现象。都喜欢将自己技术流派的作用无限制扩大，事实上，这是偏颇的。经过大量的尝试与体验，我发现在一个领导力发展项目中，单独依靠上述任何一个领导力发展工具都是不够的。如果将领导力发展视作企业需要做的一项重要工程，那么各种领导力发展方法就像是铲子、锤子、扳手、螺丝刀这样的工具，完成这个重要的工程需要综合运用各种工具方法。那么，能否整合多种领导力发展工具与方法，通过有机设计形成综合效应，将领导力发展的效能提到最高呢？

于是，以行动学习为主线的整合领导力发展体系（Action Learning Leadership）的想法应运而生。

这是一个整合创新的模式。行动学习就像是一条项链，而教练、导师制、课程、测评、正念反思、经典研读等正像是珍珠，被行动学习这条主线串起来，形成一个完美的珍珠项链。这个体系的关键在于，不同的领导力发展方法应当有机融合，而非简单地将几张皮勉强贴在一起，如图 3.1 所示。

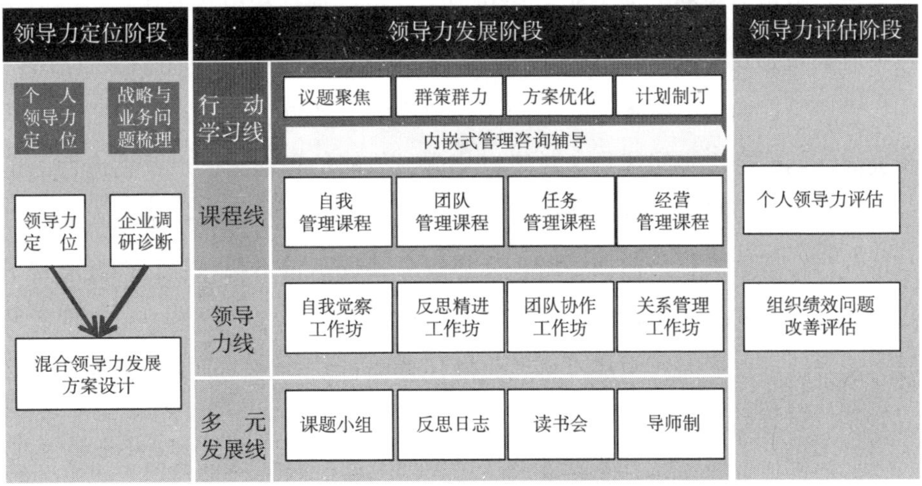

图 3.1　以行动学习为主线的整合领导力发展体系（ALL 模型）

如何进行领导力的发展定位

领导力定位阶段是正式领导力发展项目设计的关键环节。许多领导力发展项目失败的原因就在于调研的环节不充分，领导力定位不准确，导致学习项目仅仅是课程拼盘，逻辑混乱，效果自然不佳。这就像是医生看病，发展方案是医生的药方，药方有效与否，关键在于望闻问切，在于医生是否找到病灶，诊断是否准确。因此，外行看热闹，大部分人总是将关注重点放在领导力发展阶段；而内行看门道，真正的高手关心的是领导力定位阶段的工作。

领导力定位阶段需要搞清两方面的问题：一是学员的领导力发展重点；二是组织的战略与关键性任务。

了解学员的背景对领导力发展项目的设计至关重要。

例如，对于高层、中层、基层的管理者，领导力发展的重点显然具有很大差异。

基层管理者的发展重点一般放在个人与团队层面。重点发展基层管理者自我管理、反思觉察的能力，以及通过他人完成任务的能力等。帮助他们跨出从管理自我到管理他人的关键一步。基层管理者通常缺乏管理的通用知识，因此应当安排适当的在线课程补充知识。基层管理者年轻、有热情，学习项目中应当充分发挥他们的积极性与创造力，授权他们自己主动组织学习活动。

中层管理者是组织承上启下的腰，他们的发展重点往往在组织层面，需要提高他们跨部门协同能力，对组织使命与战略的理解力，以及创造性的落地执行能力。中层管理者通常会忙于应付各类任务，从而忽视了对人的发展与培养。在落地执行公司任务时，容易过分强调不折不扣的执行，而忽视了在资源有限的前提下，有策略地创造性地推进落实。这些正是中层管理者领导力发展的重点。因此，基于组织关键任务的行动学习，是中层管理者领导力发展的有效形式。

高层管理者的领导力发展难度是最大的。他们的领导力发展重点在于环境层面与个人层面。在环境层面，他们应当具备敏锐的洞察力，系统性思考与战略创新能力，能够根据环境的变化不断引领企业实现变革。在个人层面，高层管理者应当具备强烈的使命感，具有高尚的品格，能够成为公司文化价值观的垂范者。高层管理者通常受教育程度高、视野开阔，设计适合他们的领导力发展项目是难度最大的。设计的关键在于虚实相间、道术结合。公司高层管理者的学习项目往往具有多重目的，除了每个人的领导力发展之外，往往还隐含着打造共同的管理语言，进行高层团队融合等目的。

我在为一家全国性房地产集团企业的高层领导者（10 个人左右，董事会与副总裁以上级别）设计学习发展项目时，就提出了一个共修家园的概念。学习项目的核心关键词是“同修精进，和合共创”。引用佛教“六和敬”的含义，寓意这个学习项目是高层管理者团队共同学习、修炼精进、知行合一的道场。在学习内容的安排上，将探索经营之道与优化经营之术相结合，虚实相间，阴阳融合，在经营哲学与精神上产生共鸣，在经营策略与方法上共创。

管理者的工作状态是在职干部还是后备干部，发展重点与方法也不同。

在职的管理者工作非常繁忙，时间是他们最稀缺的资源。他们非常有经验，但是也容易被经验束缚。他们关心的重点是当下任务的完成。因此，为在职管理者设计领导力发展项目，不宜过重。应当采用基于任务的主题学习，形式上使用敏捷共创工作坊，引导与激发他们的经验进行智慧共创，力争每次学习都非常实用又收获颇丰。同时，尽量不要安排过重的课后任务，减少他们的负担。

后备管理者情况不同。这里存在的一个重要问题是选拔。选拔的标准是企业对这个领导岗位的要求，这就可能需要进行领导力的建模，以及基于领导力模型的测评选拔。在培养过程中，可以进一步考察学员的表现，为最终的任用提供依据。后备管理者的时间充足，积极性高，表现欲强，因此为他们设计的项目不宜过轻。形式上应当以关键任务的行动学习为主线，以追求实效的绩效落地型项目为主，在完成挑战性任务的艰苦过程中反思团队与个人的行为表现，发现与提升自己领导力的短板。

管理岗位是经营性还是职能性岗位，发展的重点也不相同。

是否是经营性岗位的管理者并不是以职位高低来判断，而是以承担任务的性质进行判断。如果管理者所负责的是一个利润中心，承担经营之责，那么这个岗位就是一个经营岗位。例如，在汽车经销行业中，4S 店的总经理就是经营岗；在房地产行业中，项目总经理就是经营岗；在银行业中，支行行长就是经营岗；在制造业中，工厂厂长不是经营岗，但是子公司总经理就是经营岗。经营性岗位的管理者需要培养的领导力重点是对环境的敏锐度、创新创造能力以及开拓进取的企业家精神。

宝钢人才发展研究院的秦长灯院长 2015 年接到的一个重要任务就是如何发展宝钢二级子公司总经理的企业家精神，这是宝钢集团陈德荣总经理亲自提出的工作任务。企业家精神如何定义、如何发展？我们曾经就这个问题进行了深入的探讨与共创。无独有偶，天合光能的学习总监罗凡也曾经提到，天合光能在进行平台化组织转型，转型后原来的工厂要成为经营主体，厂长要承担经营之责。他们正策划发展这批厂长创业创新能力的学习项目。在互联网时代组织变革的新趋势下，组织内责、权、利充分授权的小经营团体会越来越多，如何发展与培养经营性岗位的管理者，这将成为一个重要的课题。

职能性的岗位又可以进一步分为运营部门管理岗位与管理支持部门管理岗位。运营部门是指企业运营价值链条上的部门，如采购、研发、生产、营销等。运营部门管理者非常重要的领导力发展重点是部门协同。运营链的不协调是企业的常见病。这个问题会导致企业运营效率低下、成本上升。其根本病因在于部门墙的存在。各部门出于各自利益以及专业视角的不同，往往会追求部门利益与专业指标的最优化，造成部门之间的矛盾与冲突。出了问题之后，部门之间相互指责、推卸责任。因此，运营链上的管理者需要重点提升组织意识，提高横向协同的能力。可以通过设置运营难题，由学员跨部门分组，在共同攻克难题的过程中理解其他部门的视角，寻求企业整体利益的最优化。

管理部门的管理者需要提升的重点在于整体意识，需要加强对业务与运营的理解。作为管理服务部门，如果不能充分理解公司的战略与业务，就很可能成为业务部门的阻碍力量。尤里奇提出人力资源负责人职能的变革方向是成为小总经理。如果人力资源总监自己对企业业务都不了解，如何承担起更为重要的责任呢？这一点也应当适合其他管理支持部门的管理者。

如何精准测量领导力

分析学员情况的目的在于锁定领导力发展的重点。在要求比较高的发展项目中，领导力建模与测评就成为一个重要的工具方法。应用的具体过程可分为建标准、找差距、谋发展三个部分。

建标准就是创建领导力模型。基于能力模型有效应用的要求，能力模型的设计必须从战略的客观要求、文化的核心诉求及高绩效管理者的成功实践三个纬度进行综合分析和考量。首先，管理者的领导力必须确保企业既定战略目标的达成，因此，管理者必须有能力完成企业的关键任务，这是能力模型构建的首要因素。其次，企业文化体系形成了企业的价值观与行为准则，它要求管理者率先垂范，并展现与之相符的行为。最后，分析高绩效管理者的过往实践也非常重要，这个逻辑是以往帮助管理者获得高绩效的主导能力，在未来也将指导他们持续获得高绩效。

能力模型的具体作业方法通常包括高管访谈与战略分析、问卷调研、绩优干部分析，以及业界对标借鉴四个部分。高管访谈与战略分析是指着眼于企业战略发展要求，关注战略的传承与演进，研读企业发展战略发展规划总体方案、总经理工作报告等。可以面谈公司总经理、副总经理等高层管理者，提炼公司战略落实对干部的能力要求。问卷调研工作通常会面向企业各级干部开展问卷调研，依据统计结果，对干部领导力素质模型指标进行验证分析和选取。绩优干部分析通过行为事件访谈法，获取第一手信息。收集并分析与高绩效密切相关的优秀行为，访谈绩优干部，归纳当前优秀干部所具备的领导力素质特征。业界对标借鉴选取业界优秀企业的管理人员领导力模型进行对标分析与借鉴。

2016年，我们在策划GZ航空公司中层领导力发展项目中，就运用上述方法，为GZ航空公司进行了中层管理者的能力建模。对于中层管理者来说，不仅要充分理解公司的使命与愿景，还需要主动担当起相应的责任，于是使命担当成为领导力发展的第一维度。此外，对于航空业来说，有两项关键工作是企业的核心任务。一个就是安全工作。确保安全是航空公司的生命线，是航空公司的轴心工作。另一个就是服务旅客。服务旅客不仅是要态度和蔼，更需要利用移动互联网以及大数据等最新技术，创新服务创造价值。于是，安全轴心与价值服务成为两项能力重要维度。在GZ航空公司的实际工作中，中层干部在执行方面态度坚决，但是缺乏有效的策略手段。在带领团队方面，只注重任务的完成，而忽视对下属的培养与团队的建设。公司高层希望改变这种局面，整体提升中层干部在执行与引领团队方面的能力。于是，执行有道与带队有方成为另外两项重要的能力维度。此外，GZ航空公司非常重视企业文化的建设，提炼出三个非常重要的关键词：珍惜、讲究、精进。中层干部应当成为企业价值观的认同者与垂范者，于是文化认同成为最后一个能力维度。

为了让领导力模型易于传播、朗朗上口，根据航空业的特点，我们将这六项领导力维度的英文单词拼写出来，选出关键字母，构成了PLANES领导力飞机模型。据公司的一位中层干部确认，这个飞机模型非常吻合飞机的航空动力原理。机头是使命担当，引领公司的未来发展；机体是安全轴心和价值服务，是公司的两大核心任务，处于企业经营的中心位置；带队有方和执行有道是两翼，是支撑公司腾飞的关键；文化认同是机尾，是企业成功的基石。这个领导力模型得到了公司上下的一致认同，它为公司未来人才发展指引了方向，向各级管理人员传导了企业的期望，为人才选拔、任用、考核提供了依据，为人才的培养和发展确定了标准。

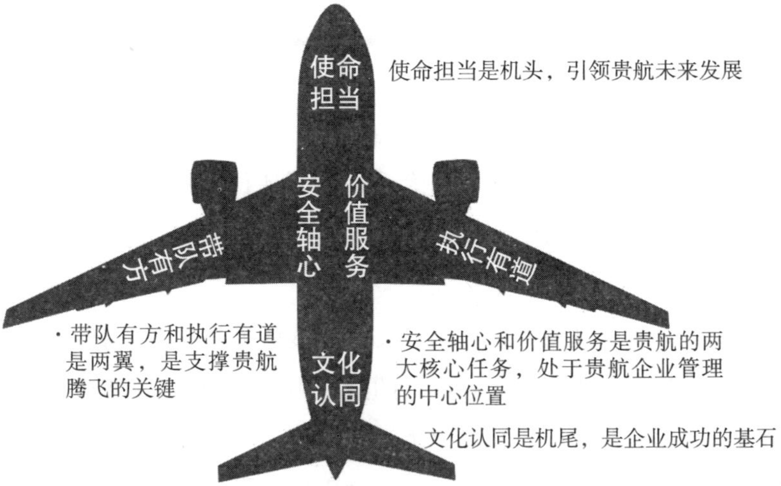

图 3.2　GZ 航空公司中层干部的 Planes 模型

关于领导力建模与测评问题，业界有不少的争论。比如在动荡变化的商业环境下，组织变化迅速，基于岗位的领导力建模与测评还有必要吗？领导力发展项目往往时间紧张，建模与测评耗时耗力，很难组织落地。测评准确度如何，能够应用于选拔与培养吗？等等。

我的观点是，领导力模型是企业对自身管理岗位领导力的定义标准，是企业招聘、人才盘点的重要技术手段，它的有效性在实践中已经得到验证。但是，在新的环境下，领导力建模与测评作为一项重要的技术手段，必须进一步地发展与进化，以适应新的环境要求。

敏捷化是测评技术发展的一个重要趋势。正如前文所述，传统的领导力建模与测评通常需要花费相当长的时间，需要安排大量的内部访谈，建模后的测评也耗时耗力。这种情况限制了建模测评技术的应用情境。未来建模测评技术的发展方向是敏捷化，在最短的时间与最低的成本资源消耗下，达到令人满意的质量要求。要敏捷化，就必须对建模的作业过程进行改造。例如，可以应用敏捷共创技术，设计领导力建模工作坊，参加人员是企业的相关高层管理者。在领导力建模的理论框架下，以引导共创的方式，整合企业自身的经验与智慧，提炼构建企业独特的领导力模型。这样做的好处是既整合了专家的理论体系与案例经验，又结合了企业管理者对自身战略与组织的理解，从而确保了领导力模型的质量与适用性。这样的作业模式大大降低了作业时间与成本，实施简单易行，从而扩大了建模测评技术的应用场景。此外，在线技术的发展也将促进测评的敏捷化。测评可以在手机端完成，当场出结果，现场应用。

与领导力发展项目的融合是测评技术发展的另外一个趋势。我们曾经尝试的一个应用就是在领导力发展项目的过程中进行测评，这样的测评方式实践证明非常有效。在以行动学习为主线的领导力发展项目中，由于学习是情境化的，因此学员在挑战关键性难题的过程中，通常会有不同的语言与行为表现，这些表现往往是真实的。而与之相比，传统测评技术，如案例法、行为访谈法，被测试者为取得比较好的测评结果，会伪装与策略性应对，从而干扰了测评结果。领导力发展项目中的测评，一方面可以为人力资源部选拔后备干部的任用提供依据；另一方面作为一种督促激励机制，促进了学员在学习项目中的积极性与投入度。

洞察战略锁定关键任务

领导力定位阶段需要分析的另一个重点是企业组织战略与关键性任务。

在这里，需要考虑的一个重要维度是企业的生命周期。企业组织所处生命周期的不同阶段，所需要的领导力重点也不同。

在企业的创业期，组织以生存为第一目标，关键是依靠创业者找到产品与服务的市场立足点，理顺与检验商业模式，为进一步发展打下基础。这就需要依靠创业者的经营直觉与创造能力。

在企业的成长期，商业模式已经得到验证，企业的重要任务是迅速复制成功模式，打开市场，提升规模。这个阶段组织的规模在迅速成长，管理模式与各项制度逐步形成。组织内部管理往往跟不上市场发展的要求。这个阶段，组织需要授权管理，形成基本的管理架构与组织体系。这就需要逐步培养与建立一支管理团队。管理团队的领导力发展重点在于建立组织意识，掌握基本的管理知识，发展管理自我与领导团队的能力。

在企业的成熟期，市场稳定、管理组织完善、管理模式成熟、管理团队健全，呈现出良好的经营状态。在这个阶段，领导力发展的重点在于部门协同、执行力、系统思维等。这个阶段企业应当根据高、中、低不同层级，设计与实施不同的学习项目，保持企业管理团队的不断学习进步。此外，这个阶段还需要进行后备干部的选拔与培养，考虑领导梯队的建设问题。

在企业的变革期，原有业务的发展遭遇瓶颈，企业战略需要转型，相应的组织与管理模式也要调整。于是，组织处于动荡不安之中。在这样的环境下，企业需要管理团队群策群力，探索出一条变革之路。这就需要管理团队打破固化思维，发挥创新创造能力。这时，企业还可以运用行动学习等组织学习技术，组织动员管理团队，助力管理变革的实现。

在 VUCA 时代，绝大多数企业处于战略的转型与变革时期，因此，对于企业战略的理解至关重要。这不仅能够帮助我们锁定管理者领导力发展的重点，还能够为整个学习项目的主题设计提供线索。那么如何透彻地理解一家企业的战略呢？除了分析行业与企业的客观信息资料之外，研读企业董事长与总经理的年度讲话稿往往是最便捷的方法。在这样的讲话稿中，企业最高层会强调企业战略方向，尤其会透露年度企业工作的重点任务。这些年度任务是完成企业战略转型的重点，再结合学员的工作背景，可以发掘有价值的行动学习的课题，甚至定义整个领导力发展项目的主题。

例如，东方航空公司有一个传统，每年都会组织年度战略解码会，从集团公司到各分子公司都会召开。在年度战略解码会上，将当年的战略目标与关键任务层层分解，这个会上的信息与结果就是东航领导力发展项目设计的重要参考资料。

分析企业战略的一个重要目的是理解学员需要承担的关键任务，基于关键任务出发定义学员的能力要求。例如，在一个商业地产行业项目总监的培养上，我们基于商业地产开发全流程，从取得土地到规划设计，建筑开发，到商业策划与招商的关键任务分析，理解项目总监所需的能力。基于这样的分析，我们发现了商业地产项目总监所需扮演的六个关键角色，分别是组织使命担当者、商业价值实现者、关系维护者、卓越运营者、团队管理者，以及自我激励者。进而根据这样的角色，分析项目总监所需具备的相应能力，作为领导力发展项目的设计依据。

四、如何打造行动学习项链

领导力发展项目中的行动学习与单独实施的行动学习项目有很大不同。这里的行动学习关键是要服务于学员的领导力发展，为学员领导力发展提供一个真实的实践情境。此外，行动学习只是领导力发展的一个手段而已，行动学习需要与其他领导力发展手段相互配合，形成一个有机的发展体系。行动学习环节的设计需要从以下几个方面进行思考。

精练行动学习的课题

行动学习课题的选择依据主要有两个。一是学员的领导力发展重点。如果是重点发展团队领导力，就应当设计基于团队的议题。如果是重点发展协同能力，那么就应当设计跨部门的议题。如果要重点发展学员的创新创造能力，那么议题就应当是未来探索式的。

我们曾经为一家大型食品集团设计实施后备人才的领导力发展项目，测评显示，这批学员的共性短板是缺乏创新意识，而创新能力与开拓意识正是企业变革期迫切需要的领导力。通过对总经理的访谈，我们发现他们的传统业务受互联网冲击很大，需要变革。于是，我们设计的行动学习议题是这家集团的电子商务战略策划。这个设计超越常规，非常大胆。因为这批学员过去从未接触过互联网运营，也没有相关的知识，学员在行动学习过程中的确遭遇了难以突破的瓶颈。不过，在电子商务专家与咨询顾问的帮助下，他们最终取得了满意的结果。

行动学习课题选择的另一个依据是企业战略与关键任务。行动学习课题必须符合企业战略的方向，课题对于企业来说，是重要的、面向未来的议题。同时，行动学习议题应当来自学员所需要承担的关键任务。一般来说，行动学习议题应当在学员的职权与知识经验范畴之内，但是同时还应当具有挑战性。“企业下一步向哪里走？”通常不是中下层管理者能够操心的，而常规性的工作任务显然不适合劳师动众采用行动学习手段。因此，适合行动学习议题的关键任务往往是当下管理者面临的最重要的探索性工作。

在一家服装企业营销团队中层管理者的领导力发展项目中，我们选择议题的依据就是这批学员当下最重要的营销变革任务。近年来，线下门店模式受电子商务的冲击很大，如何进行门店转型，正是企业战略变革转型的关键。在访谈他们的业务部门领导时，她提到尝试门店的体验式转型，开展异业联盟营销，试点网红直播等社交媒体营销模式，都是当年营销部门的重点任务，也是这批大区经理需要在本区域试点推进的核心工作。这些课题自然成为行动学习的理想议题。

行动学习课题选择需要兼顾公司领导的期望与学员的积极性两个方面。通常的做法是通过高层领导访谈与企业战略研读，确定行动学习的议题方向。在第一次行动学习课上，学员自愿选择行动学习议题方向，组成行动学习小组。现场会安排议题聚焦环节，由引导师引导学员在大的方向下，确定每个小组具体的行动学习议题，界定议题的研究范围边界，规划研究的计划与方法。议题聚焦的方法可以采用框架内外法、15 关键单词法等。议题聚焦是行动学习非常重要的环节，经常会出现的现象是面对同一个课题，大家对研究内容与范畴的理解却千差万别。因此，这个阶段学习的质量直接决定了行动学习后期执行的难易程度。

区分课题研究型与实践落地型行动学习的过程设计

行动学习的过程设计依据达成目标的不同而有差异。有两种行动学习的目标：一种是学员只是完成一个课题研究，并不涉及具体举措的落地行动，所谓的行动是指学员在研究课题中的调研、访谈、研讨等行动；另一种行动学习的目标是行动学习小组不仅研究课题出方案，还需要将方案在企业真正地落地实践，在实践中反思与优化方案。前一种行动学习被称为课题研究型行动学习，后一种行动学习被称为实践落地型行动学习。

课题研究型行动学习通常可以设计成四个阶段，分别是议题聚焦、调查研究、策略共创、总结提高。前文所述的议题聚焦阶段之后，根据所形成的议题研究计划，学员开展针对性的调研、访谈以及二手资料的收集，形成课题调研报告。这是行动学习的调查研究阶段。在此之后，学员针对所要解决的问题进行研讨与共创，并形成初步的策略与计划方案。这是策略共创阶段。在此基础上，学员可以进一步推进课题的研究，通过深化补充调研、征求专家领导意见的方式，不断优化并最终形成策略方案，在行动学习最后节点进行正式的汇报。这是行动学习的总结提高环节。

课题研究型行动学习项目的好处是比较稳妥，完成的难度与风险不大。据我观察，在大部分领导力发展导向的行动学习项目中，采用的都是这种模式。然而，从严格的标准看，这还不是真正的行动学习。真正的行动学习要求知行合一，强调主观在客观中的检验，以及检验之后的反思与优化。只有方案在实践中真正落地，才能推进学员内心的学习循环圈，帮助学员突破固化思维，实现学习进步。此外，从企业的角度来看，领导力发展项目的目标是多重的，除了发展学员的领导力之外，还希望项目对推进企业的工作有直接的帮助。从培训项目的组织方人力资源部门来看，也需要对业务部门等培训的需求方有所交代。业务部门当然是务实的，你把我这么多人圈过去，没有结果怎么行？因此，过去通常将行动学习分为领导力发展导向型的行动学习与绩效导向型的行动学习，前者偏软，后者偏硬。但未来领导力发展导向型行动学习也将向绩效导向型方向发展，这就是实践落地型的行动学习。在各种原因推动之下，实践落地型行动学习模式将成为未来的主流模式。

实践落地型的行动学习优点当然很多，但是它最大的缺点在于实施难度大、风险高。无论任何企业，都希望学习项目的研究成果能够在企业落地，并见到成效。在这种情况下，培训的价值就无须评估了，也不存在学习成果的迁移与转化问题。然而，实践落地意味着直接对组织发生作用，这就触动组织原有的分工体系，如果行动学习的设计不够完善，思虑不够周密，就很可能出现落地效果不佳，或是产生部门间的矛盾冲突等问题。

为解决实践落地难题，实践落地型的行动学习项目的过程设计就需要关注以下两个方面。

一是实践落地的范畴定义。通常来说，行动学习项目是面向未来的，目的是为公司探索出创新的策略方案。因此，行动学习项目中落地实践的目的是试点验证，将主观的想法在复杂的客观现实中验证，根据试点的反馈情况，调整自身的认知与假设，进而优化策略与方案。在条件成熟后，由公司统一安排推广与落地实施。如果误将实践落地理解为全公司推广，就会出现部门涉及多、资源需求大等问题，导致风险的扩大。试点验证的精髓是小筹码试错，目的是获得反馈。因此，应将资源的投入尽可能减少，试点的范畴尽可能缩小，尽量放在学员的职权范围内进行。这样的实践落地风险可控。这就像中国的改革开放，这场宏大的社会改革工程，竟然起步于一个不足 3 平方公里的蛇口。袁庚在这个桥头堡的试点，为邓小平全面推进改革开放积累了丰富的经验。

二是行动学习过程环节的设计。实践落地型行动学习项目一般有五个阶段，在议题聚焦、调查研究、策略共创之后，增加了试点反思阶段，在试点反思与优化之后才是总结提高阶段。试点反思阶段的核心任务是让规划共创的策略在现实中得到验证，而从实施到效果的出现需要时间，因此试点反思的阶段时间较长。此外，实践落地的主体既可能是学员小组，也可能是学员所领导的下属团队。对后一种情况，就需要安排双层的行动学习。除了学员班级的行动学习之外，还需要推进学员各自团队的行动学习。两层的行动学习课题相同，只不过学员班级层面的行动学习侧重点在于策略共创，而学员领导的团队的行动学习侧重点在于落地试点。两层行动学习相互配合，构成了整个行动学习项目的有机整体。在前文提到的服装企业的营销团队行动学习项目中，我们就设计了双层的行动学习。学员是各大区的经理，下属都有一支城市经理及门店经理组成的团队，异业联盟、门店体验转型等课题在各自的团队与区域进行行动学习落地试点，在向业务领导汇报行动学习成果时，既有创新策略方法的呈现，也有具体试点落地达成的销售数字，说服力非常强。

行动学习过程的干预与控制

学员在行动学习的全程都会遭遇各种各样的困难，行动学习项目需要设计干预与控制的环节，来帮助学员突破瓶颈，达到学习目标。

行动学习应当有知识与工具补充的环节。这里主要应用本书前文讲的敏捷共创工作坊的方法解决。

具体包括两层含义。一个是通过引导工具与专业工具的融合，重新设计课堂现场的引导过程。行动学习的引导工具如团队共创法、GROW 模型、世界咖啡等，只是通用的群策群力解决问题的方法。在解决专业问题时，这样的引导方法就显得力不从心。学员研讨很热烈，但是专业度与洞察力不足，共创的质量不高。因此，针对行动学习的议题，应当进行引导过程的专业设计，将专业领域的工具方法与引导工具相结合，帮助学员深入学习。例如，在前文提到的营销大区经理的行动学习项目中，我们采用了市场营销的专业工具，如市场细分、选择与定位 STP 工具、市场选择矩阵等，将它们与专业市场营销工具相互融合，应用于课堂现场的引导之中。

二是必要的知识与工具的补充。从建构主义的视角看，学员新一轮的学习与建构是建立在过去的知识与经验的基础上的，如果必要的知识基础不具备，就很难进行高阶的学习。因此，针对专业问题的知识补充是必要的。这就如同给学员提供知识的阶梯，助力他们登上更高的知识殿堂。前文提到的大型食品集团中层后备干部培养项目中，由于我们大胆地将电子商务战略设计成为行动学习课题，而这批学员过去从未接触过电子商务，要求他们在短期内掌握电子商务的基本知识，并根据企业现状做出切合实际的高水平电子商务方案，挑战是非常大的。为了在短期内补充知识，我们一方面指导学员在线上寻找相关网站等在线资源进行学习，另一方面安排相应的课程补充知识。这个课程与传统的课程有区别。首先是课程讲师，讲师一定是电子商务实务型专家。我们请了四位专家进行知识补充，他们都是现职的大型企业电子商务总经理，拥有丰富的电子商务实务经验，他们在现场讲的不是理论，而是如何实操的干货。其次，课程现场除了讲授环节，还设计了引导共创环节。针对行动学习中的难题，学员与专家充分互动，共同探讨，将知识与经验转化为对学员企业问题的洞见。此外，参访也是一个有效的手段。在这个项目中，我们还安排了生鲜电商本来生活网的参访，本来生活网一手策划了褚橙品牌的成功上市，跻身为中国著名的生鲜电商。他们的做法对这家大型食品集团的电子商务战略规划有着直接的借鉴意义。

行动学习过程干预还需要专家顾问与咨询辅导的环节。

专家的聘请依据行动学习课题的方向。专家的来源既可以来自外部，也可以来自公司内部。外部专家通常是所解决问题的专业领域专家，例如，如果解决的是人力资源问题，外部专家就是人力资源专家，拥有人力资源领域的研究、咨询与实务经验，能够提供不同行业人力资源解决方案，打开学员解决问题的思路与视野。内部专家通常是行业专家，对公司所在的行业特性具有深刻的体悟与了解，清晰掌握本公司的实际状况，他们能够帮助学员开发出更接地气的方案。

在一家航空公司的中层后备人才培养项目中，我们就聘请了公司内部的高管作为行动学习课题小组的指导专家。这主要出于以下几点考虑。一是航空业是非常特殊的一个行业，许多问题都具有显著的特殊性，这些高管本身就是资深的行业专家，是非常重要的智慧资源。其中一位高管当时正在复旦大学读 EMBA，他所做的 EMBA 毕业论文题目恰好与学员小组的行动学习课题类似，他的指导让学员收获巨大。二是公司高管在指导课题的同时，还可以对学员的个人发展提供指导意见，扮演领导力导师的角色。这就达到一举双得的效果，课题研究、绩效达成与领导力发展齐头并进。三是将公司高层卷入行动学习项目中，让后备人才培养项目获得组织层面的影响力，使得课题的研究成果在组织内部传播推广，推动公司组织学习的实现。事实上，这次项目中，公司几位高层导师之间也形成了良性竞争，导师们非常认真投入，这不仅表现在平时的辅导中，在终期汇报会上，他们的精彩发言也令在场的学员受益匪浅。

咨询辅导包括集中阶段的咨询辅导与课后的跟踪辅导两个方面。在集中阶段，根据行动学习的不同阶段，引导师应当设计与实施不同的工作坊，对学员小组进行指导与帮助。在议题聚焦阶段，引导师一般侧重在帮助学员明确议题以及研究的整体设计，这包括议题的明确、研究范畴的定义、研究方法与研究路线的选择、信息与数据收集的方向，以及研究的整体推进计划等。在调研阶段，引导师需要帮助学员进行调研实施，这就包括所需信息的明确、调研对象的选择、调研问卷的设计，以及调研结果的分析等。在策略共创阶段，引导师需要导入群策群力的方法论，提供专业的策略工具，帮助学员通过共创形成初步方案与计划。在试点优化阶段，引导师一方面需要补充项目管理的知识工具，从项目的时间、质量、成本等多个维度帮助学员实际落地与推动方案与计划；另一方面需要运用反思与复盘的技术与方法，帮助学员反思试点过程与成效，优化行动学习方案。在总结固化阶段，引导师需要提供商业呈现的方法与演讲技巧，帮助学员回顾和总结学习过程，梳理和提炼行动学习成果，在最终的汇报环节完美表现。

除了课上的咨询辅导，课后的跟踪辅导与过程控制也是行动学习项目成功的重要保障。课后的任务与活动是行动学习项目重要的落地环节，由于学员都是在职工作的，日常工作任务与压力会使他们淡化对行动学习任务的关注，许多时候同一小组的学员在不同地方工作，这些情况都给课后行动学习项目的落地执行带来困难。因此，加强对行动学习项目的课后跟踪辅导与过程控制是至关重要的。一般的方法是指导学员制订详细的课后行动计划，将课后行动划分为几个阶段，设定各个阶段的目标与内容。在课后，由行动学习项目咨询经理跟踪每个小组的执行过程，在每个阶段的时间节点，检查目标的完成情况，帮助解决执行过程中的问题，给学员必要的资源支持。跟踪的形式既可以采用现场行动学习小组会议，也可以运用微信会议的形式。

设定行动学习项目的评价激励机制

行动学习是一种主动学习的方式，需要学员的高度投入才能确保项目的质量。可以这样说，学员投入越高，成果越好，学员的收获也越大。然而，主动学习的精神是需要被激发的。人性本身有懒惰的一面，如果缺乏评价激励与监督机制，行动学习项目过程中就容易出现学员“搭便车”、责任推诿等问题，一旦小组团队形成能量的负面循环，行动学习必败无疑。因此，行动学习项目成功的一个关键要素就是对参与学员的评价激励机制的设立，营造一个积极进取全力以赴的场域。

我们在实践中发现，对学员最大的激励就是公司高层领导对学员的关注，对行动学习成果的重视。因此，在行动学习启动阶段、中期检查以及最终回报环节，高层领导的出席与讲话点评是非常必要的。除此之外，在行动学习项目之中，如果能够得到高层领导的指导，效果更加理想。然而，现实中高层领导的工作非常繁忙，如何将公司高层成功卷入行动学习项目中就是一个值得探讨的问题。获得高层领导关注的关键是让他们觉得这件事重要。因此，行动学习课题的设计必须有穿透力，直击老板头脑中急需解决的关键问题。行动学习就不能仅仅停留在空谈上，务必玩真的，有实际的落地试点，甚至取得真实的业绩。或者课题本身要有创新性，能够完善高层领导的思考与决策。这就给行动学习的设计与执行提出了更高的标准要求。此外，将行动学习的节点汇报会与公司相关的重要活动合并进行也是一个好的办法。例如，可以将行动学习结题汇报与公司高层年终会议结合，作为年度会议的一部分，这样既活跃了会议氛围，促进了组织学习，也解决了高层领导的参与问题，一举多得。

学员的学习过程评估体系是学员评价激励机制的核心环节。学员评价体系包括过程评价与结果评价两个部分。结果评价是指学员小组以及学员本人在行动学习项目中取得成果的评价。具体来说，在行动学习每一次集中环节之后，都会布置课后行动学习任务，并要求制作形成议题立项报告、课题调研报告、策略共创报告、计划执行报告等文件。对这些任务完成成果的评估构成了结果评价的重要部分。除了对小组成果质量进行评估之外，还需要对学员个人行动学习成果进行评估。一方面，小组分工必须明确，便于对每名学员的贡献进行衡量；另一方面，如有学员个人层面的行动学习落地任务，就应当侧重对行动学习取得实际成效的评估。

例如，在前文提到的一家大型食品企业的高潜人才领导力发展项目中，有一名学员是集团下属门店的店长，在行动学习落地实践中，他选择的具体课题是中秋国庆节的销售促进。为此，他将店员们召集到公园里，运用行动学习共创方法群策群力，并将这些策略落地实施，结果节日当天创造了同比增长159%的奇迹。在最后的行动学习项目评估中，他的汇报令高层领导及现场专家印象深刻，这名学员最终综合评价排名第一。项目结束之后，这名学员被越级提拔，担任了集团运营部门副总经理。对行动学习成果评估的主体是外部专家与内部主管领导，关键打分环节可以设置在行动学习城镇会议中。

过程评价是指对学员在行动学习项目的执行过程中的行为评价。行动学习项目不同于传统课程，学员在学习中的表现一目了然。学员的现场投入度如何，是否积极回答问题，回答问题的穿透力与质量如何，以及是否勇于担当责任，是否愿意倾听他人的意见，遇到冲突的时候如何表现，等等。对这些行为表现的观察，能够反映出学员的创新思维、团队精神、换位思考等能力特点。因此，通过行动学习过程的观察与测评，可以优中选优，帮助公司在培养过程中深入考察与选拔干部。过程评价的存在也给学员造成适度的压力，促使他们过程投入度的提高。

既然建立了评估评价体系，就必须有激励与惩罚制度配套实施。行动学习优秀团队以及行动学习优秀个人的评奖一般是必须安排的。此外，在强调绩效导向文化的企业中，可以采用过程淘汰机制。具体做法可以这样：在行动学习项目执行过程中，设置特定的项目节点，在节点上进行行动学习小组评估，评分最低的小组进行小组内的匿名投票，淘汰一名学员。我们曾经在部分项目中尝试了这个方法，效果出奇的好。当大家发现在动真格的时候，被淘汰小组会受到强大的刺激，多数情况下会找引导师与项目经理求情，协商复活机制。整个班级的气氛也会为之一振。此外，对学员的评价结果在项目结束的时候提供给人力资源部门，作为人才选拔与考评的重要依据。培训部门还可以搭建平台，将学员小组的优秀成果在公司的网站与微信订阅号上进行传播，这本身也是对学员的激励。

五、如何规划领导力发展线

行动学习主要是面向事的，其重心要放在问题的解决上。从领导力发展的角度看，它仅仅提供了一个真实的工作挑战情境。一个完整的以行动学习为主线的领导力发展项目需要专门设计领导力发展环节，专注于人的发展与提升。

三个领导力发展阶段

人的改变其实是非常困难的。人往往是以自我为中心的，很难看到自己的缺点。因此，人的改变通常需要一个阶段与过程。领导力发展项目一般可以划分为认知觉察、反思精进以及巩固提升三个主要阶段。

在领导力认知觉察阶段，需要学员充分认识与理解目标管理岗位需要达到的领导力要求，并通过对自身的觉察，发现自己的长处与不足，据此规划个人领导力发展计划。认知觉察是学员领导力发展的起点，这个阶段的执行质量是极其重要的。其中发愿立志是核心，如何促使学员认清自己、承认不足，并发愿改变，是整个阶段的难点也是重点，需要多种技术方法的协同使用。

在领导力反思精进阶段，学员执行个人领导力发展计划，并结合行动学习的真实工作情境，对个人的行为进行深刻反思与改进，力争个人行为与思想的不断精进。这个阶段的核心在于反思，这个反思不仅是在课堂上的，还应当是贯穿于学员每天生活中的，需要设计特定的机制作为保障。

在领导力巩固提升阶段，学员总结与回顾整个领导力发展计划的完成情况，对自我的改变与进步进行评价，对个人未来的学习与发展做出规划。

德鲁克认为领导力是关于“将一个人的愿景提升到更高层次的事业，将一个人的绩效提升到更高的标准，将人格推到超越常规局限的地步”。提升一个人的品格与境界是一件非常有功德的事。在实践中我采用了许多方法，发现不同的领导力发展工具有不同的特点与适用性。于是，我尝试将它们有机融合，应用到领导力发展项目的不同阶段，并取得了一定的成效。

个人领导力的认知觉察

前文曾经提到测评在领导力定位阶段的应用。在领导力发展阶段，测评技术同样可以发挥作用。然而，过去的测评技术太“重”，如 360 测评需要惊动公司上下多部门的人员，涉及面广，执行不易。这就极大地限制了测评技术在领导力发展中的应用。因此，我们尝试将测评技术变“轻”，主要通过在线的方法做，学员通过手机就可以完成，过程控制在20分钟以内。这样学员与培训组织部门就不需要提前准备，在工作坊现场完成测评就可以。这个做法极大地提高了测评技术在领导力发展项目中的运用范畴。

测评技术在领导力认知觉察阶段起到非常大的作用。我们专门开发设计了一个两天的领导力认知觉察工作坊，将测评作为工作坊的开始环节。学员通过测评，拿到了个人的反馈。

测评之后进入领导力模型的阐释环节。教师讲述领导力模型的含义，结合案例阐释每一个领导力维度。阐释环节不需过细，时间一般控制在45分钟以内。阐释阶段的目的是给学员建立一个整体的概念，为进一步的认知觉察打下基础。

领导力模型的阐释阶段过后，就进入分维度的认知觉察阶段。认知觉察阶段的核心是帮助学员认清组织的要求，发现自身的差距与不足，这是整个工作坊的主体。尽管不同的公司领导力模型有差异，但是一般都可以从个人、团队、组织、环境四个层面进行划分。自我认知、反思能力等放在个人层面，发展他人、激励授权等放在团队层面，沟通协同、组织意识、执行有道等一般放在组织层面，创新思维、系统整合等一般放在环境层面。

每一个层面的教学均采用了多种教学方法的融合。第一个就是讲述，每个层面进一步细化阐释领导力维度的含义。阐释的时候可以结合案例、体验式游戏等多种方法。第二个是引导技术，引导学员深入讨论各项领导力维度的确切含义，加深理解与认知。第三个是教练技术。在这里，我们采用了教练领域的一个有效的工具——平衡轮，以画平衡轮，并分小组做深入讨论的基本模式，让学员之间相互做教练。学员可以两两分组，一个学员分享自己的平衡轮与自我理解，另一个学员倾听并做反馈。

教练技术是非常好的领导力发展工具与方法。然而，一对一教练太过昂贵，从而限制了这项技术的应用范围。我们尝试在工作坊内使用教练技术，并没有请专门的外部教练，而是让学员教练学员，不仅降低了成本，还锻炼了学员的能力。通过对他人的教练，能够发展学员的倾听与换位思考能力，培养仁爱与利他之心。前文曾经提到领导力是品格而不是技能，帮助学员从自私自利的小我中走出来，走向自利利他的大我，发现人生的价值与使命，这是领导力发展项目最重要的价值之一。

在认知觉察之后，进入立志与计划的环节。明代心学大儒王阳明特别强调求学中立志的作用，他曾讲到“志之不立，犹不种其根而徒事培壅灌溉，劳苦无成矣。世之所以因循苟且，随俗习非，而卒归于污下者，凡以志之弗立也”。对于个人的领导力修炼与提升而言，立志是一个关键环节。立志能够激发最强大的心理动能，克服修炼过程中固化习惯与思维的阻碍。因此，在领导力认知觉察工作坊的最后部分，需要安排正式的仪式，给每名学员当众感愿立志的机会，并根据认知觉察的结果与立志的内容，规划领导力发展项目周期内个人领导力发展的具体计划。

习惯领导力养成术

真正帮助一个人改变与提升是非常不容易的。大多数人在领导力课堂上会受到一些触动，但是一旦回到日常工作中，又会陷入陈旧的行为习惯与心智模式之中。因此，有效的领导力发展必然要帮助学员课后形成特定的行为习惯，将学员的领导力提升与实际生活紧密融合起来。

那么，应当帮助学员形成一个什么样的行为习惯模式呢？

我们可以通过观察古今“得道”大家的修炼行为获得启示。曾国藩是清代大儒，被称为立德、立功、立言的一代圣人。他是中国近代史上最重要的人物，他稳定中国政治局面、推动洋务运动、培养大量的人才，自己却生活清贫简朴。“以众人之私成一人之公”正是他的写照。毛泽东曾说：“愚于近人，独服曾文正。”曾国藩并不是一个资质很高的人，他是怎么成就这样的伟业的呢？答案是终其一生的勤奋修炼。曾国藩在 30 岁的时候，遭遇痛风，碰见自己的恩师唐鉴先生后，在痛苦中他写下了“曾国藩修身十二法”：“一曰敬，二曰静坐，三曰早起，四曰读书不二，五曰读史，六曰谨言，七曰养气，八曰保身，九曰日知所亡，十曰月无亡所能，十一为作字，十二为夜不出门。”

观察曾国藩的修炼方法，有几个非常有启发。一是读书。曾国藩每日坚持阅读儒家经典著作，哪怕军务再繁忙，也要阅读几页著作，这是一项修炼功夫。二是静坐，静坐一项儒释道中均有，在佛教里是坐禅，在道教与儒教中是静坐。当然，它们的目的、方法与内涵均不同。但是静坐可以沉淀纷繁的思绪，使人在生理上沉静下来，这一点是一致的。三是反思。曾国藩每天坚持反思，他的方法就是写日记。曾国藩日记天下闻名，但是当你尝试阅读学习的时候，却发现内容杂乱、没有头绪。这是因为曾国藩日记是修身的手段，而非写给众人社会看的体系化著作。更准确地说，这是一份反思日志，记录每天自己的行为，对照反思检点自己的不足，立志每天改进提高。曾国藩自 30 岁左右起写日记，终其一生，成为他的修炼方法。

借鉴曾国藩的修炼方法，在领导力认知觉察阶段之后，我们设计了经典研读、正念、反思以及导师制等几种手段，帮助学员形成修炼习惯，达成领导力的精进目标。我称之为习惯领导力养成术。

经典研读

前文提到 VUCA 时代领导力发展的一个核心就是品格，这就涉及价值观、人生观、世界观，上升到形而上的哲学与宗教信仰层面。对于领导力发展来说，这是绕不过去的东西。领导力理论体系与方法论是来自西方的，剥开它的表皮，一定会发现圣经就在那里。马克斯·韦伯的名著《新教伦理与资本主义精神》阐释了为什么西方企业家会穷其一生勤奋节俭创造财富，热心慈善，表面非理性的行为背后其实是清教徒渴望被救赎的灵魂。如果各种宗教与哲学是接引人类走向至善的不同法门，那么中国人显然拥有自己的法门。

东方儒释道文化是中国人头脑中的集体潜意识。在领导力的道的层面，对中国人来说，显然孔子、老子、释迦牟尼比耶稣更有号召力。

因此，在中国企业中高层管理者领导力的发展项目中，可以选取中国文化经典著作，如《大学》《中庸》《阳明传习录》《道德经》等进行研读。当然，不同企业的文化不同，学员的层级对象也有差异，有时直接阅读宗教文化哲学类的经典未必合适。这时也可以选取企业情境下的领导力著作。我们在一家企业的中层领导力发展项目中曾经使用过稻盛和夫的《活法》与《干法》两本书，取得了不错的效果。

经典研读并不是简单的阅读，其本质是修炼。因此，需要专门的过程设计。要安排详细的课后阅读计划，将书籍按章节进行划分，每周安排具体的阅读章节。要求学员安排专门时间阅读，并结合自己的工作与领导力发展计划撰写读后感，并在学员微信群中分享。在集中学习阶段，还可以安排专门的读书分享会，运用引导技术方法，交流读书心得，深化对义理的领悟与理解。

正念

正念（Mindfulness）是不加评判地注意当下出现的觉知。其核心特征是注意力集中，对外在和内在世界保持觉知，关注当下，不加判断，接纳和包容。正念是西方的东西，却源自东方。它的本质是抽提出义理的东方禅修。坐禅是佛教非常重要的修习法门，其目的是使修行者的思绪沉静下来，追求心灵的修炼，体味“冥和自然，心神澄净”的境界。儒家与道家的静坐也是类似的修习方法。

正念是西方对东方修行方式的学习。它采用了佛教的修习方法，但是却抛弃了禅修背后的思想与义理。残缺的东方禅修在西方依然展现出强大的生命力。诸多西方名人均修习正念，如希拉里·克林顿、艾伯特·戈尔（美国前副总统）、比尔·福特（福特汽车执行董事长）、威廉·乔治（哈佛商学院领导力教授，美敦力医疗仪器前总裁）等。其中最著名的一个修习者就是乔布斯。乔布斯生前每天坐禅，他的办公室里面几乎什么都没有，只有房中间的一个坐垫，是用来打坐的。在决策前，乔布斯会先闭目静坐，然后让属下将相关产品设计一并放到垫子的周围，来决定选择哪个、放弃哪个。当心定下来的时候，直觉会非常清晰、敏锐。谷歌公司自2007年启动“探索内在的自己”正念情商课程，至今已使数以千计的员工受益。美国通用磨坊食品、宝洁、英特尔、霍尼韦尔等知名公司近年来均陆续开设了正念减压及领导力内训课程。哈佛商学院在领导力课程中也加入了正念练习的内容。

正念是一个非常好的修习方法，实验表明长期修习正念的人更加快乐与健康。由于宗教的思想被抽取出来，它就具备了更大的适用面与影响力。然而，事物通常具有两面性，正念缺乏义理的特点，使得正念的修习枯燥无味。此外，正念的效果需要持续性修习的支撑，仅仅到寺庙做体验是没有任何效果的。我们尝试将正念作为一个领导力发展的环节进行设计。我们通常在领导力发展项目的起始将正念修习的方法，如呼吸禅修法等教授给学员，并安排课后的正念修习任务，帮助学员形成一个正念修习的习惯。正念的最大作用是帮助学员在生理上沉静下来。人在心思澄明的状态下，直觉会非常好，这时的自我反思会更加深刻。因此，在课后，正念修习通常与反思相结合，作为学员每天的功课布置下去。

反思

反思是打通领导力知与行的关键环节。一个人的学习与成长通常是这样一个过程：通过工作与生活获得经验与经历，经过对这些经验与经历的反思，领悟与总结一般性的原则与规律，在新的生活与工作中主动遵守与运用这些原则与规律。这是一个永续的学习与成长的循环圈，也是一个知行合一的循环圈。在这里，我们可以清晰地看到，反思正是知与行之间的桥梁。缺了“反思”这个桥梁，知与行永远无法打通，人也不可能获得真正的成长与进步。

然而，在现实中，反思与反省是一个非常稀缺的品质。这与人性是相违背的。人往往以自我为中心。大部分人在童年的一段时期会误认为整个世界就是以自我为核心的，自己痛苦整个世界就会痛苦，自己快乐整个世界就会快乐。这种天生的自我倾向会导致一系列的心理现象，如自我服务偏见、过度傲慢与自信等，使得人们倾向于认为自己都是对的，责任全在其他人，一切与自己不同观点与意见的人都是敌人。

这样的人性导致了傲慢、自负与腐化堕落。爱因斯坦曾经说："心理上产生唯我独尊的态度，这无论对个人对社会都是有害的。心灵比意识形态有价值得多。"苏轼曾说过："不识庐山真面目，只缘身在此山中。"韩非子的比喻更为绝妙："目见百步之外，不能自见其睫。"

领导力提升的本质是自我解放的过程，即走出自利与自我的黑暗洞穴，走向仁爱利他的光明天地。这其中的关键环节就是反思与反省。杰夫·伊梅尔特这样说："领导力实质上就是一种自我反省能力。"

反思是指向自我的。反思不是寻找他人的责任，也不是发现环境与时机的不成熟。因为这都于事无补，你既不能改变他人，更不能改变环境。你只能改变你自己。因此，反思的核心是发现自我的不足。认识到自己的不足是个人改变的第一步。

反思是有原则标准的。反思是基于对人生更高境界的渴望，对当下的自己的衡量。因此，反思的背后一定有价值观与信仰的存在。曾国藩有圣人之志，他是以圣人的标准进行自我反省。曾子曰："吾日三省吾身——为人谋而不忠乎？与朋友交而不信乎？传不习乎？"忠、信正是曾子反省背后的价值观。

反思是指向具体事件的。反思不是空想，而是基于自己工作与生活的具体事件与自我的行为的。我们每天都会面对并处理不同的事件，我们对这些事的行为反应、心态变化反映了我们的内心。对自我心态与行为的反省，正是领导力修炼的有效手段。

在领导力发展项目中，我们在课后任务中会安排反思的环节。要求学员每天安排专门的反思时间，在做完正念禅修，安静下来之后进行反思，并撰写反思日志。反思的内容包括自己立志感愿及个人领导力发展计划的达成情况，经典研读的思想价值观，以及当天的工作、生活中发生的事件与细节。

反思贵在坚持。许多学员在起始的时候是无感的，觉得这个没有什么作用，是形式主义。但是，随着时间的推移，总有一天内心中的某个东西会被突然触发，人会幡然醒悟。这其实是一个量变到质变的过程，是一个渐修到顿悟的过程。这个方法是有普遍性的。在一次中国企业大学百人会的闭门会议中，滴滴学院的周全院长也提到他们在领导力发展项目中的类似做法，他们叫每日平衡报方式反思，许多学员深受影响，有的学员原来打算离婚，在反思之后发现婚姻中自己的不足与责任，并做出改变，结果家庭关系得到改善。因此，帮助学员坚持下去，真正建立反思的习惯是关键。

学员微信群分享是帮助学员建立反思习惯的有效手段。可以要求学员将每天的反思日志分享到微信群中。一方面，可以让学员相互监督，是一种强制性的手段；另一方面，可以相互启发、相互促进。致良知四合院是以在企业家中推广阳明心学为使命的组织，他们在企业家学习阳明心学的过程中，就采用了每天“传家书”的方法。在每天早上固定的时间，负责写感想的企业家将自己的感想发给一个同伴，之后同伴接力传递，由最后一位企业家发到群中。这个活动取得了很好的学习成效。

导师制

“导师”（Hierophant）一词源自古希腊的宗教，象征着知识与智慧。导师制在大学教育中被广泛采纳，成为老师指导学生学术发展的重要制度保障。西门子公司自 20 世纪 30 年代开始推行导师制，作为企业内部员工培养发展的有效手段。

企业导师与教练不同，它有如下特点。一是它是长期的一对一的支持关系，组织内有经验的管理者与有待发展的员工之间建立起长期的指导与被指导关系；二是它既关注工作，也关注个人的职业生涯发展与领导力提升；三是它强调组织隐形知识的传承；四是导师具有言传身教的榜样作用。

在条件充分的领导力发展项目中，可以运用导师制帮助学员个人领导力发展计划的执行，提高学员在工作环境中的实际表现。导师来自组织内部，他们的管理经验与对组织的理解对学员是无价的，他们的指导往往是有针对性的。如果能够定期与导师碰面，汇报个人领导力发展执行情况，并获得导师的反馈，对学员是一个很大的督促与激励。从另一个视角看，组织能够提高企业导师发展他人的意识与能力，创造上下协同、共同奋进的组织氛围。

导师与学员的匹配非常重要，应当仔细评估导师与学员的兴趣和承诺，把学员与能够帮助他们达成学习目标的导师配对。导师应当是自愿的，需要对学员诚实，并且有足够的时间和精力投入。在辅导期间，导师与学员应当保证碰面次数，每三四个星期至少见一次面，还要有一次课外活动，如朋友聚会、参访、打高尔夫球、去导师家吃晚饭等。

当然，导师制也具有一定的局限性，并不是所有企业都适合。组织应当具备一定的规模，组织文化要健康。如果组织内部原本就有公司政治与拉帮结派的现象，那么导师制很可能变味。

我们通常将导师制设置为领导力发展项目中的一个环节，它的最大作用在于帮助与督促学员执行领导力发展计划，形成领导力提升习惯。

如何帮助学员实现领导力的反思精进

除了课后帮助学员养成修炼习惯以外，在学员集中学习的时段，还应当安排专门的领导力发展环节。我们将这一环节称为领导力反思精进工作坊。

学员在执行领导力提升计划的过程中，会在现实中遭遇很多的困难，如果不能适时地帮扶他们，学员被唤起的热情很可能会熄灭。因此，领导力反思精进工作坊的目的是帮助学员通过反思与学习突破瓶颈，持续提升领导力。

在个人层面，应当帮助学员学习自我觉察与反思的技术与方法，引导学员发现自我，探索自身的能力、兴趣、价值观与使命。从心出发，唤起他们的进取心与使命感。

在团队层面，需要认清高绩效团队的特征，相互信任、全力投入、勇担责任、开放包容、结果导向等，并掌握如何提升团队状态的领导力方法，如何授权激励，如何发展他人。作为团队领导者，意识到个人的修养如真诚、活力、信用、宽容、仁爱对团队建设的根本作用。

在组织与环境层面，需要帮助学员建立系统思考能力，站在组织系统的高度审视自己所处的位置，需要做的关键贡献，以及自己与其他部门之间的关系。学员还需要向外思考，保持对环境变化的敏感度，理解组织为适应环境变化而必须进行的变革举措。

领导力是管理学界研究的热点领域，相关著作汗牛充栋。因此，为学员补充相关的知识与工具并不难。难点在于如何让学员能够深刻领悟，并在自己的工作中运用这些工具和方法，切实提升领导力。

这就需要结合真实情境进行教学。这个真实的情境就是行动学习与学员个人的领导力实践。

个人反思一定要结合学员自己真实的情境才有效。具体教学的设计上可以结合正念、针对性问题反思，同伴教练，课堂分享及自由讨论多种方法，逐步引领学员探索与发现自我。在这样的课堂上，需要营建真诚、开放、关爱的氛围。由于是谈自己的问题，学员往往有最大的动力与积极性，投入度非常高。我经常能够发现学员真情流露、倾情交流。这样的过程能够让学员摘下面具，获得同伴真诚的反馈，从而达到自我觉知与改变提升的目的。

团队领导力的反思通常结合行动学习的真实情境。行动学习是小组团队完成挑战性任务的过程。小组就是一个临时组成的团队，在完成任务的过程中，会表现出团队的状态，也反映了每个人的行为表现以及学员在团队中的互动。这些细节正是团队领导力反思与讨论的珍贵原材料。行动学习领导力发展强调抓现行，重视对发生的实际行为的反思，进而触发对个人深层次心智模式的改变。在具体的教学环节上，我们要求每个小组根据高绩效团队的特征给自己评估，发现自身的差距，检讨各自的行为，并做未来的改进计划。这样的行动学习团队反思环节，不仅提升了学员对团队领导力的认识，还是一个行动学习的团队赋能手段。在行动学习进入困难的瓶颈期，学员出现疲惫状态的时候，团队反思能够激发团队能量，焕发团队热情。

组织与环境层面的反思往往结合行动学习创新议题进行。行动学习不仅要求学员就问题解决问题，还应当反思问题背后公司制度、政策的适用性。任何问题的发生都不是偶然的，它往往是更深层次原因的表征。只有透彻分析造成问题的原因，才能抓住主要矛盾解决问题。在这个过程中，能够培养学员系统思维的能力，发现企业各项工作与要素的关联，理解环境变化对企业的深刻影响。

在结合每名学员的实际领导力情境进行反思的时候，可以充分发挥同伴教练的功能。我们将私人董事会、鱼缸会议等技术方法进行改造，融入学员真实领导力难题的解决当中去，让学员发展学员，引导师进行点评，获得了很好的效果。

如何对领导力发展项目进行评估

对于领导力发展效果的评估可以从以下几个方面进行。

一个方面是行动学习挑战性任务的完成情况。如果学员高质量完成了项目中的关键任务，而这个关键任务又是公司未来发展战略的重点，那么自然说明学员在完成任务的过程中，获得了所需的领导力。这个逻辑尽管看起来比较粗糙，但是却简约有力。企业是务实的组织，据我观察，绝大多数企业高管的内心是认同这一逻辑的。许多一线打拼出来的企业家对测评等人才盘点工具抱有怀疑态度，但是却认可赛马不相马，从实战中选拔培养人才的思路。因此，学员行动学习课题的完成情况是领导力发展效果评估的关键。

那么，如何评估行动学习课题的完成质量呢？主要从两个方面着手：一是行动学习达成的实际绩效；二是行动学习的策略方案对公司的价值。

在实践落地型行动学习项目中，学员需要在公司内部试点落地方案，并基于试点反馈情况进行优化推进。学员行动学习试点产生的实际绩效是极具说服力的评估数据。前文提到有一名学员将行动学习方法运用到自己门店的中秋国庆双节促销上，取得了159%的增长奇迹。在领导力总结汇报会上，当他汇报到这个数字的时候，现场所有人的眼睛都亮了。该领导力发展项目也得到高层领导的高度赞赏与评价。这个现象具有普遍性，绝大多数企业领导极其看重结果，哪怕是领导力发展导向的项目，如果有真实的绩效达成，往往也会获得高度的评价。

行动学习方案的推广应用价值是领导力评估的重要方面。这可以从几个维度评估。一是方案的创新性。方案是否有所突破，是否是企业原先所不具备的策略方法。二是有效性。方案是否有效地解决了企业所面临的问题。三是可复制性。方案是否具备可复制性，能够迅速在组织内进行推广，为组织创造更大的价值。四是普遍性。方案是否提升到了一般规律，并能够应用这个一般规律指导企业新的实践。五是反思性。方案是否触及企业对相关政策、制度适用性的反思，是否有助于打破企业固化思维，实现组织的学习与进步。

对领导力发展效果进行评估的第二个方面是测评。在领导力发展项目总结阶段做第二次测评，与项目前的测评进行对比，呈现领导力发展项目的成果。

六、ALL 模型在一个领导力项目中的具体应用

根据上述以行动学习为主线的整合领导力发展的原理，我们以上海 TJ 集团战鹰训练营为例说明如何在行动中发展领导力。

上海 TJ 集团是一家国有企业，它所涉足的行业都是充分竞争的行业，无

论是蔗糖还是黄酒，都有很多民营企业涉足其中。上海 TJ 集团表现出了强大的竞争力。2014 年，上海 TJ 集团的销售额高达 300 多亿元，在这个行业里面排名中国第二，其目标是成为中国第一品牌。

上海 TJ 集团的董事长葛俊杰越来越深刻地感受到，企业要高速增长，只追加投资是不够的，各种并购也只是让企业越来越大，但无法提升企业的竞争力。如何提升企业的竞争力呢？上海 TJ 集团以前认为研发和市场的投入不够，因此在这方面投以重金，虽然取得了一定的效果，不过很快又面临了新的瓶颈。

这个新的瓶颈就是人才发展。国企的薪酬结构比较固定，激励措施也相对有限，导致很难吸引那些最好的人才。对于发展现有的人才的能力，集团虽然引入了一些人力资源的咨询项目和培训计划，但也没有取得预期的效果。很多投以重金撰写的咨询报告被束之高阁，而一些培训计划也没有取得应有的效果。

未来何去何从？这也是葛俊杰和他的团队需要重点考虑的问题。他们越来越深切地感受到，再好的战略规划，如果没有一支优秀的团队，也是无法落地的。团队的核心则是高管，高管的领导力也是团队的发展瓶颈。为此，葛俊杰决定从高管领导力发展入手，开始打造一支高绩效的团队。

山重水复疑无路

然而，如何培养与发展一支高绩效的领导力团队却是极为不容易的事情。具体负责落实此项工作的集团人力资源总监王明鹤陷入了思考：如果仅仅是上课，能够有效发展学员的领导力吗？如何将选拔与培养相结合？

她开始联系各路领导力发展专家，而且慢慢地意识到发展领导力的确是一门实践性很强的学科，光有知识和模型是不够的，必须不断练习。而且这种练习应该和企业的实际业务结合起来，才能真正落地。中国有句古话：“学而时习之。”之前的很多计划之所以不尽如人意，一个很重要的原因就是没有

“习”起来。

从“习”的角度看，行动学习确实是非常有效的领导力发展工具。然而，通过圈内朋友企业的了解，许多行动学习领导力发展项目的实际效果有限。主要原因有四个：一、在设计行动学习项目时，没有与自己企业所面临的紧迫与实际问题相结合，无法触及企业深层次的战略、组织机制和文化的系统变革，导致行动学习的实践效果不能充分发挥。二、行动学习项目过度重视引导技术等基本工具，现场研讨的气氛很好，但是缺乏内容专家指导与知识工具补充，很难产生高质量成果。三、行动学习过程缺乏管理机制保障，与企业绩效考核和人才晋升脱节，参与者缺乏改变动力，导致行动学习项目停留在策略研讨层面，而行动过程流于形式。四、行动学习项目缺乏专门的领导力发展线的设计，领导力聚焦与发展逻辑不清晰，也没有与领导力测评、管理咨询、教练、课程等领导力方法相互融合。

事实上，行动学习蕴含着实用主义哲学思想，它所提倡的问题导向，持续行动、验证与优化，质疑、反思与改变，团体探索，创新创造，学习型组织等内涵，需要创造性地与企业的领导力发展、关键管理问题的解决、企业变革与创新相结合才能起效。引导技术只是行动学习的一种重要工具，如果将行动学习片面理解为利用引导技术组织员工群体讨论，那只是看到事物的表象，却丧失了行动学习的本质。

柳暗花明又一村

明白了这一点，王明鹤开始意识到：行动学习的方法本身是有局限性的，需要根据领导力发展的要求进行创新应用与升级。她找到我们，希望重新开始一个新的方法和计划。

我们为她介绍了行动学习整合领导力发展方法论 ALL，认为在发展高管领导力过程中，行动学习应当扮演一条主线，将领导力测评、课程、教练、咨询等其他领导力发展工具整合起来，形成一个整合领导力发展方法论。在这里，行动学习就像是一条线，将领导力测评、课程、教练、管理咨询等其他领导力发展工具像珍珠一样串起来，形成一条完美的领导力发展珍珠项链。

与一般的混合学习理论不同，ALL 方法论从公司战略转型升级对人才发展的要求出发，以领导力建模建立企业未来领导力标准，以测评盘点企业领导力并寻找差距，以此定位亟须发展的领导力。在此基础上，以聚焦企业具体问题解决的行动学习为领导力发展的主线与基础，在线与线下课程扮演知识补缺的角色，团体教练与导师制承担了深层次改造学员个人心智模式，进而发展领导力的任务。最后，通过训后测评评估领导力发展效果，为遴选干部提供客观依据。

ALL 技术创造性地融合了这些领导力发展工具的特长，而非简单地将它们罗列在一起。与企业传统培训方案相比，行动学习整合领导力发展技术 ALL 的优越性主要体现在以下几点：一是它以体验式教学方式为基础，让学员在解决实际问题的实践过程中进行学习。传统课程拼盘式培训是被动式的，最大的难题在于吸引学员兴趣，而组织内高管工作都很忙，往往将这种培训视作负担，心里有抵触情绪，学习效果自然不好。而体验式教学方式适合成人教育目的性强、分享意愿高的特点，这种以学员为中心的教学方式能够激发高管的主动学习热情，学习效果倍增。二是它以行动学习为主线，有机整合各种领导力发展工具，充分发挥了不同领导力发展工具的长处，达到倍增的效果。三是获得组织所面临的未来难题的解决方案，直接服务于公司战略变革与转型。四是从个人学习上升到组织学习，通过跨部门与层级的协作与学习，不仅可以提升高管个人领导力，还能够提升组织能力。

接受委托后，我们对上海 TJ 集团领导力发展现状进行了调研与诊断。整体工作是围绕**定标准、找差距、谋发展**三个步骤展开的。

首先是**定标准**。

既然是领导力发展项目，那么项目设计的关键就是领导力发展定位。我们要找到领导力发展的标准是什么，只有清楚地定义了标准，才能确定领导力发展的方向和目标。具体分为以下几个步骤。

第一步，与高管的深度会谈。在项目初始阶段，我们对包括总经理在内的 3 名高层管理人员进行了深度访谈，同时对集团项目组提供的内部资料进行了研读，通过这些途径进行广泛的信息收集与分析，明确了集团未来“国际化、市场化、现代化”三大发展战略主题，以及集团“埋头苦干、开拓进取”的创业精神，“突破自我、勇于变革”的创新精神，“勇担重任、敢于承担”的担当精神，“求真求实、实事实做”的务实精神四大战略指导精神。这为我们研究上海 TJ 集团的领导人素质特点提供了重要的切入点。

第二步，参训候选人的抽样访谈。我们从 28 名分、子公司有培养潜力的中层干部中随机抽取 13 名学员进行了一对一行为事件访谈（BEI），研究他们在特定的环境中所展现的素质。按照与战略的相关性对访谈中得到的素质点进行评分，着重探究优秀管理者行为所反映出的素质特征，其中包括具有区分性的常见素质以及他们所特有的素质。

第三步，进行外部标杆比对，借鉴同类行业中成功管理者的独特素质，形成构建上海 TJ 集团领导力素质模型的外部参考。

第四步，做了一场“战略议题聚焦与素质模型构建行动学习工作坊”，大家在引导师的引导下，共同讨论集团未来的几大战略主题，以及战略主题下的人才发展战略和对人才能力的具体要求。在会上，对“上海 TJ 集团领导力素质模型”达成共识，共包含五大素质：正直诚信（基本要求），战略思维（该不该），主动担当（想不想），引领发展（能不能），创新突破（敢不敢）。每项领导力素质又分为四个层级，并梳理出上海 TJ 集团素质模型的 4 个一级指标和 12 个二级指标，如图 3. 3 所示。

其次是**找差距**。

依据上海 TJ 集团的领导力素质模型，对现有中层干部进行了测评。测评结果一方面可以作为培养训练营学员选拔和培训方案设计的依据，另一方面可以帮助学员进行领导力的自我觉察，明确自己的优势与短板以及与企业需

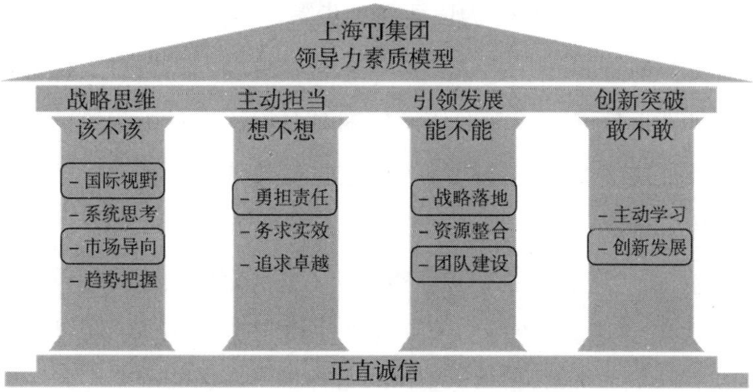

图 3.3　上海 TJ 集团领导力素质模型

要的关键能力的差距，帮助学员有目的地在培训中提升自己的能力。

测评采用线上和线下两类形式，通过多种测评方式相互印证，提高测评的有效性和评价的准确度。线上主要通过领导力个性测验、组织氛围测验等方式，线下则通过结构化访谈、案例分析及互动研讨等方式对各中层干部的领导力素质特点进行测评，并最终输出个人诊断报告和团队诊断报告反馈给学员。报告显示，就一级指标而言，集团中层领导主动担当能力较好，而战略思维和引领发展需要重点关注；就二级指标而言，集团中层领导在勇担责任和务实求效上有一定优势，而国际视野和团队建设则需要重点培养。

最后是**谋发展**。

依据以上两个阶段的研究，在领导力发展阶段，我们进行了定制化的设计，见表 3.1。

项目周期为 9 个月，分为三个阶段，每个阶段 3 个月，每个阶段有一个领导力发展主题，第一个阶段是“引发觉察”，属于领导力导入阶段。在这个阶段，重点是引发学员对自我领导力的觉察，即领导者如何客观地看待自己，知道自身现状与企业战略的要求之间有哪些差距，以及自己哪些方面需要提升，这是改变领导者行为方式的前提条件。第二个阶段是“深度反省”，运用行动学习思想，领导者基于当前的领导行为，聚焦领导力的发展难题，在教练和团队成员的帮助下，找到改变的方法。第三个阶段是“发展提升”，重点提升团队领导力和业务领导力，实现改变。针对每个阶段，匹配了与阶段发展目标相应的课程模块。

表 3.1　上海 TJ 集团领导力发展项目设计

领导力发展阶段		领导力提升一阶 （3 个月）	领导力提升二阶 （3 个月）	领导力提升三阶 （3 个月）
阶段目标		**引发觉察** 引发学员对自我领导力的觉察	**深度反省** 聚焦领导力的发展难题，找到改变的方法	**发展提升** 提升团队领导力和业务领导力，实现改变
领导力聚焦		系统思维 市场导向 问题分析与解决能力 沟通能力	资源整合能力 创新能力 协作能力	责任担当 执行能力 国际化视野
训练营组合	行动学习模块	战略解析 聚焦议题 调查研究 建立研讨框架	创新策略 方案优化 质疑反思	制订计划 试点执行
	课程模块	自我领导力课程	企业经营管理课程	国际化视野课程
	领导力模块	个人测评结果反馈 教练反馈 个人发展计划（IDP）	教练辅导 领导力难题反思 上级领导反馈	同侪反馈 教练反馈

在领导力发展方式上，根据行动学习整合领导力发展的方法论，采用了以行动学习为主线，整合课程线及教练线共同推进的模式。

觉知此事须躬行

大方向确定好了之后，接下来就是怎样具体执行这样一个计划。首先我们决定为上海 TJ 集团来做一个行动学习方案。这个方案要求与公司战略和实际业务相结合，而且能够产生实际效果。

我们认为，大多数咨询方案之所以没有达到设定的目标，主要有两个原因：一是方案的制订者主要是外面的咨询顾问，他们主要通过访谈和调研的方法来了解这个企业。虽然他们有外来者的视角，但对企业的了解程度比不上那些在企业工作了多年的管理者，访谈也很难完全体现企业的真实情况，因此导致方案本身适用性有限。二是制订方案的人和执行方案的人是两拨人。虽然他们也有沟通和指导，但由于方案执行者对方案的理解程度有限，而且投入也不多，导致方案从制订到执行往往会大打折扣。

基于这样的原因，我们创新了问题解决的方法，分步骤进行了行动学习方案的制订执行。

最初是议题选择。行动学习以问题为导向，学员以团队的形式共同致力于解决这个问题并实现个人与团队的成长。因此，问题的选择至关重要，那么在领导力提升项目中我们应该选择什么样的议题呢？它需要两个标准：一是企业真实关注的问题。行动学习议题应当是企业高层当下最为关心的问题，是企业战略转型与变革的关键问题。这有利于参训者更认真地关注问题、真实地分享观点并积极地参与行动。二是具有一定挑战性的难题。对参训者来说，行动学习议题必须具有一定的挑战性。过于容易的议题意味着参训者很容易解决，这样就难以暴露问题的本质和激发参训者潜质。

葛俊杰董事长曾提出："未来集团有两个考虑：一是用电商的、互联网的思维改变我们现有的经营思维和经营模式，使我们的业务更加智能化；二是希望依托集团资源、品牌、网络优势，促进现有业态与电子商务的有机结合，大力发展电子商务、网络购物等业态，努力形成零售新增长点。"我们与集团高管深度汇谈后，最终定下了以"上海TJ集团电子商务战略规划"作为本次行动学习项目的议题。首先，该议题与集团的战略目标密切相关，具有一定的前瞻性和系统性；其次，该议题可以有效提升战鹰学员领导力发展重点中的系统思考、市场导向、趋势把握、勇担责任、战略落地、资源整合、创新发展等多项关键能力。

葛董非常兴奋。一方面，这个主题正是集团未来战略的重点，作为一家传统企业，在面临互联网大潮的冲击时，集团已经充分意识到，电商战略势在必行，必须尽快形成集团未来的电子商务发展战略，并进入正式实施阶段，争取在三年之内成为集团新的业务增长点。另一方面，迟迟没有运作电子商务，葛董也有自己的苦衷，用他自己的话说，就是“没有队伍”。现在的管理干部，无论是思想意识、管理技能还是运营能力，都无法承载集团电商的发展。通过这次培训，明确了提升管理干部的互联网思维和运营专业技能，是实现集团电商战略的有效支撑。执行这样一个个人与组织能力双向提升的培训方案，自然会带来“一箭双雕”的效果。

专业问题解决路径设计

课题是定下来了，人力资源总监王明鹤的担心又来了：“这些从来没有接触过电商的干部能设计出可落地执行的专业方案吗？”

这个担心也是大多数企业在应用行动学习实施领导力培养项目时的担心，同时也是多数使用传统行动学习方式做培训之所以失败的症结所在。那么，我们是如何解决的呢？

我们提出了行动学习与管理咨询结合来解决这个问题，分以下几个具体步骤。

在本项目中围绕集团的电子商务发展战略，进行课程设计和师资整合。上海 TJ 集团的电子商务发展战略的规划是按照专业的解决路径展开的，如图 3.4 所示。

将电子商务发展战略拆分成若干个子课题，并按照战略规划的路径进行专业化的设计。

引导师+咨询专家双导师指导

在本项目中，我们设计了两个角色。一个是过程专家，由行动学习引导师扮演，职责是过程的设计和现场的引导，同时承担学习教练的职责，在方

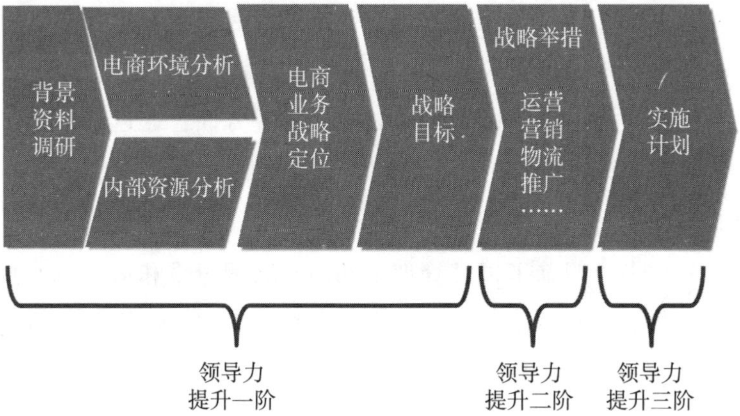

图 3.4 电子商务发展战略研究路径

案设计过程中，带领学员发现学习机会，进行自发学习。然而，仅仅有过程专家是不足以解决实际问题，提供专业方案的。我们增加了另外一个角色：内容专家。针对上海 TJ 集团电子商务发展战略这个课题，我们邀请了四位管理咨询专家参加，这四位专家均是来自电商商务领域的实战专家，他们有的是国内知名电商企业的高管，有的是电子商务战略规划专家，还有电商行业知名专家。这些专家根据集团的现状及行业特性，为学员提供了电商战略规划的专业工具、方法和大量鲜活的真实案例，使学员在电商知识技能方面进行快速补缺。此外，在授课过程中和引导师配合，引导学员群策群力，根据所学知识和工具，结合集团现状，进行方案设计。在课后，这些专家仍然提供专业辅导服务，为方案的设计提供专业的咨询服务，以确保方案设计的专业性。

专业课后研究行动

行动学习强调知行合一，如果只是课题上激动，课堂下一动不动，效果必然打折扣。因此，我们在课后布置了大量的行动作业，如消费者调研、企业内部调研、小组课后研讨会、创新方案试点等活动，在这个过程中试点与反思、优化方案。

议题确定之后，接下来就是**团队组建与课题探索**。

根据测评结果和自愿原则，我们从 28 名中层干部中选择了 21 名学员参与此次行动学习项目，分成 3 组，每组 7 人，是较为理想的行动学习团队规模。为了在团队探索的过程中最大限度地促进知识和经验的共享、碰撞和创新，每个团队的学员都尽量多元化。他们来自不同的分、子公司，不同的岗位，他们有着不同的结构化知识、工作经验、性格等。

在团队探索环节，我们采取了“工作坊”的形式，通过更多的引导式学习，支持学员将知识方法工具结合企业实际情况进行转化运用。

在本项目中，**领导力提升一阶段行动学习模块**的主要任务是聚焦议题并制定战略，主要由行动学习引导工作坊、方案规划工作坊及城镇会议三个工作坊组成。

在行动学习引导工作坊中，资深引导师林老师为学员导入行动学习的引导技术。她将能量激发应用于热身和破冰，创造团队互动氛围；她将聚焦式会话法应用于引导师提问，激发学员获取新知的积极性；她将团队列名法应用于团队研讨环节，激发学员创造性思维。

第一次**电子商务战略规划工作坊**，研讨的主题是上海 TJ 集团面临的外部环境和内部环境分析，并制定集团电子商务的战略愿景。第一个环节由管理专家进行知识补充。专家洪老师是在电子商务行业工作多年的企业高管，他在 45 分钟内将电子商务的产业现状、主要商业模式、未来发展趋势、国家产业政策等，对学员进行了详细的讲解。然后进入第二个环节，并由引导师对学员提出三个问题：“哪些趋势将会对我们造成影响?”“我们有哪些机会?”“有哪些来自外部的威胁?”由三个行动学习小组的学员，分别针对三个问题，展开研讨。

在研讨过程中，使用团队列名法，鼓励所有学员积极发言，从不同角度、不同层次、不同方位，大胆地展开想象，并表达自己的观点。当学员将这些观点整合到一起后，他们惊奇地发现，集体智慧要远远高于个体智慧。每个人对这一问题的认识已经逐渐从片面到全面，再经过一轮的讨论后，小组内部已经基本达成了共识。

接着，洪老师又讲解了企业内部诊断的方法，由学员根据内部诊断方法，在引导师的引导下，开始了“我们目前的业务是什么”“我们目前的优势和能力是什么”“我们特别擅长的技能是什么”……的讨论。

最后，进入了“创建愿景”阶段。“想象三年后的今天，我们的电子商务事业非常成功，那时我们的产品和服务是什么”“在竞争中我们的差异化是什么”“我们取得了什么特别的成就”……

经过一系列的知识补缺和引导过程，所有的学员都完全进入了忘我的研讨过程中，他们时而认真倾听电商专家的专业讲解，时而陈述自己对问题的理解，时而按照研讨规则展开激烈的讨论……每个主题讨论之后，引导师都会让每个小组派出 1 名代表，陈述本小组的观点，并对三个小组的汇报进行点评和评分，第一名 5 朵小红花，第二名 3 朵小红花，第三名 2 朵小红花。这种良性 PK 制度，更加激发了各个小组学习的积极性。

第一堂电商规划工作坊就在这样的气氛中结束了，负责本次项目的集团人力资源总监王明鹤全程旁听了第一堂课，眼神也从疑惑到宽慰，最后是兴奋。用她自己的话说：“我们做了那么多次培训，这次我看到了完全不一样的学习状态，到最后，我自己都有加入他们的学习和研讨过程中的冲动！”

项目进行三个月后，进入了第一阶段的总结汇报阶段。我们特意安排了半天的时间，以**“城镇会议”**的形式进行总结。

城镇会议是发端于欧美的一种就议案或者议题发表意见，或者投票表决的会议形式。在行动学习项目中，我们借鉴了城镇会议的理念，并用于行动方案的优化及学员反思提升的环节中。在城镇会议中，评委及教练针对行动小组的方案情况以及个人成长进行质询、挑战和引导，一方面推进方案进行更有效的设计规划，另一方面使参与者深度觉察自己，认知自己的盲点，推进心智模式完善，实现更深层次的成长。

城镇会议小组汇报开始后，每个小组将三个月的学习成果——本小组的电商战略定位方案进行汇报。每个小组为了这天的汇报，已经进行了充分的准备，这是他们自己研讨的成果，凝结了小组全体成员的智慧，他们当然希望在领导面前展示团队的成果，并得到领导的指导。

由公司高管、电商专家组成的评审团对方案进行质疑和挑战。每个领导和专家均针对方案提出了带有“辛辣”味的质疑和挑战，有的从方案设计的逻辑上提出挑战，有的从方案的可执行性上提出质疑……被点评的小组有的招架不住了，有的已经冒出了冷汗……其实，这正是城镇会议的魅力所在。学员的领导力如何提升？其中一个很重要的环节就是促使他们聆听更多方面的声音，接受更多角度的观点刺激，并在这个过程中领悟。只有经历了这个过程，个人领导力才能获得提升，行动学习方案才能更加优化。当然，更多的是来自领导的鼓励和肯定，每位领导都对学员们的规划方案产生了极大的兴趣，不断询问方案设计细节，学员们的专业解答也换来了点评团的频频点头。

领导力提升二阶段行动学习模块需要解决的问题是如何实施战略，主要通过行动学习策略工作坊和创新工作坊来实现。在该阶段每个团队都从自身的战略定位出发，探索运营、营销、物流、推广等各方面战略实施的举措，并根据因果关系和重要程度，运用鱼骨图法、剥洋葱法等方法确定各举措的先后顺序。此时常用的方法是团队列名与团队共创法。创新工作坊则是为了获得创新的举措，主要通过世界咖啡、开放空间、对标分析法等，在更大的范围内开展群策群力，邀请更多的议题相关人员和专家参与研讨，从不同的角度进行分析，更大限度收集不同的思维和观点，力争浮现出更多的创造性见解。该阶段可以提升学员创新思维、资源整合及决策分析的能力。

在团队探索过程中，来自其他团队学员与专家的质疑是非常重要的，往往能为团队探索带来突破性的进展。当鹰之翼队提出要打造全球专业糖酒类B2B电子商务平台时，来自其他团队的质疑声不断。“为什么放弃B2C?”“B2B提供的价值有哪些?”“与B2B行业老大相比，我们的优势在哪里?”“如何与广西糖网竞争?”“线上线下的冲突应该如何解决?”“是在集团层面开展B2B，还是分、子公司层面开展?”“移动客户端是否适合B2B?”……同样，引导师也对鹰之翼队放弃B2C业务的原因以及B2B的价值存在疑问。此外，鉴于鹰之翼队在汇报中多次提到借鉴宝钢电子商务网站的经验，而韩老师曾经为宝钢做过企业咨询项目，对宝钢的电子商务十分了解，他及时为鹰之翼队补充了宝钢电子商务网站的知识。他指出，宝钢电子商务网站在2013年上线，但是在之前七八年就已经开始筹建，并且在上线之前已经与上千家客户建立关联，宝钢电商上线的前期准备是极其充分的，与上海TJ集团目前的状况还是存在差异的。他建议鹰之翼队如果要开展B2B业务，就必须在上线前整合内外部资源。他认为上海TJ集团整合内外部资源的可能性以及应该如何整合是鹰之翼队需要重点考虑的问题。洪老师则指出了鹰之翼队“B2B=企业信息化”的误区，他认为企业信息化是存量而非增量。此外，洪老师指出在目前阶段，不建议与大型电子商务平台竞争。所以，目标顾客群的选择是上海TJ集团开展B2B电子商务的关键。之后，鹰之翼队对这些质疑在团队内部进行了深度的研讨、质疑和反思，他们最终没有放弃B2C业务，而是选择了在集团层面做深做强B2B平台，在分、子公司层面做精做细B2C渠道的电商战略。这个战略定位在一阶段学季汇报时也得到了集团高层的肯定。可见，来自学员与专家的质疑是团队探索阶段非常有价值的一环，能引发团队深度反思，得到更有创造性的见解，提高团队输出成果的质量。

领导力提升三阶段行动学习模块的主要任务是实施战略，主要通过计划实施工作坊和难题攻关工作坊实现。计划实施工作坊的主要任务是策略实施方案制订。一个问题往往可以在团队思维的碰撞下衍生出多种解决方案，此时，选择最优的、最适合团队和组织的计划就至关重要。必须对每一个计划进行综合考虑，明确其可行之处和风险分析，以及行动之后可能带来的收益或者负面影响。团队还会召开讨论协调会，尽可能取得所有成员的认同，并解决团队的疑难，明确分工。合理的实施方案可以有效指导行动的开展，保证项目的真正落地。

难题攻关工作坊则是实施方案难题研讨。在项目第三阶段，每个小组都发现，在一些问题的研讨上出现了“天花板”，仅仅依靠小组自己的能力已经无法实现课题的突破了。这时，我们适时地引入了难题攻关工作坊。

在这个工作坊中我们引入了开放空间群体研讨技术，它突破了小组的界限，在更开放的空间进行深度汇谈和沟通，吸取来自各方面的意见和建议。

针对这次培训，我们采取了完全不同的场地布置。学员们发现，整个培训场地是没有桌椅的，只有墙上张贴的三个小组的创新难题。在简短的开场之后，进入正式的研讨阶段。

第一步：由每个小组指派 1 名课题召集人，阐述本小组在策略创新方面的一个难题。

第二步：也叫作移动双脚，自由讨论。全体成员针对自身感兴趣的主题，游走于培训课堂，在讨论区进行分享和讨论，而课题召集人则记录他人的意见和建议。当学员走到其他小组的课题前时，纷纷提出了与原方案不同的点子和想法，这种补充对原方案的设计产生了积极的影响。除了学员外，我们还特意邀请了内部专家和外部专家。内部专家是指与课题相关的内部管理人员，如物流主管、IT 部经理等。外部专家由我们的 4 位电商专家组成。专家的加入，给学员注入了外部智慧，增加了方案设计的深度和广度。

第三步：归纳总结。在经过 2 个多小时的自由讨论后，课题召集人开始总结所有人的想法，并把这些想法嫁接到原来的方案设计中。学员们发现，很多原来困扰他们的“天花板”都被捅破了，方案获得了又一次的优化和提升。

除了行动学习线之外，项目还设计了课程模块来弥补学员的知识短板。

行动学习领导力提升项目的课程主要有两类。

一类是聚焦领导力提升的课程。一方面帮助学员了解自己的性格特质、管理风格、情绪模式及思维模式等，另一方面有助于学员能够更加明晰自己的提升方向。如在领导力提升一阶段导入的“4D 领导力”“高绩效团队管理”“高效能人士的七个习惯”等课程，补充学员领导力方面的一般知识。

另一类是提升业务经营能力的课程。一方面主要培养学员具备战略视野、全局观及前瞻性思维，另一方面提升学员的管理意识和经营意识。如我们在领导力提升二阶段导入“市场工程学”等课程，“非财管理及企业经营的改善”等沙盘实战课程，以及集团内部领导葛总、崔总讲授的“上海 TJ 集团企业战略发展”“糖酒集团国际化”等课程，提升学员的资源整合能力和创新协作能力。

如果说行动学习线更多的是聚焦于“事”的话，那么**领导力发展线**的重点则是“人”，即学员个人领导能力的提升。在项目中，我们采用了教练的方法。与传达知识信息，将答案告知于人的老师不同，教练通过提问来引导学员自己寻找答案，这是教练的引路作用。教练也有别于拥有专业知识、分析现象并提出解决方案的咨询师。教练是一面镜子，让学员自己通过镜子看到原来未知的自己，激励他们最大限度地改变。同时，除了教练对学员能力提升的帮助外，我们还加入了“同伴教练”的环节。在高管团队中，每个人对于如何管理自我、如何管理团队、如何管理业务均有自身丰富的经验，当然，也有很多困惑。我们提供的这样一个平台，促使学员之间有机会分享各自的经验，也从同伴那里获得更多的智慧。在团队教练和同伴教练的帮助下，每个学员都会对自我领导力进行深度反思，促进个人行为的改变。

领导力线主要由一系列工作坊及导师制组成，包括领导力觉察工作坊、领导力反思工作坊等。通过领导力觉察工作坊反馈学员测评结果，引发学员的自我觉察，制订个人领导力发展计划（IDP），并建立导师制，由集团高管出任学员的导师，督促检查每名学员在实际工作中领导力改进计划的贯彻落实情况。

在项目进行的过程中，通过领导力反思工作坊进行学员领导力反思提升。“人并不能在相同的认知水平上解决原来的问题，因为这样的认知水平，正是产生问题的原因。”只有通过质疑当前的行为模式和心智模式，才能引发对已有经验、理论及内心假设的反思。通过反思重新解释经验，建构理论，修正假设，心智模式变化了，行为模式自然也变化了，学习自然就发生了。学员出现的问题，正是无法正视自身经验的弱点和缺乏对自我和团队的反思造成的。

领导力反思工作坊一般放在项目第二阶段的后段。这是因为一方面方案规划进入了攻坚阶段，另一方面，每个小组内部也发生了一些变化，团队之间出现了不同的声音，特别是针对一些具体问题的看法，学员之间出现了分歧，甚至出现了互相抱怨的现象。

在反思的第一个环节，每个小组都陈述了本小组目前出现的问题，有的问题是关于“事”的，如“电商组织架构如何设计”“电商品牌如果推广”等，而有的问题则是关于“人和团队”的，如“小组研讨经常偏离方向”“小组内部就某些观点无法达成共识”等。

第二个环节，在引导师的引导下，每个小组讨论出现这些问题背后的原因是什么。经过深入讨论，学员们找到了问题背后深层次的原因。他们发现，小组内部出现不融洽的声音，更多的是基于对基本假设的理解出现偏差，或者是个人领导力的某些短板造成的，如“缺乏沟通技巧”“不善于倾听”等。

第三个环节，就是寻找问题的解决方法了。各小组经过研讨，无论从“事”的角度，还是从“人和团队”的角度，都提出了非常有针对性的改进措施。

上海 TJ 集团的高管领导力发展整体项目推进有效，从战略定位研讨、商业模式研讨到具体运营策略如营销、运营、服务、组织等各个子课题的研讨，所有学员都以极大的学习热情投入此次培训过程中。除了课堂本身外，他们还自发创建了微信群，利用碎片化的时间讨论方案、分享知识。同时，他们还建立了课后学习机制，利用课余时间进行企业调研、小组讨论。学员们还有一个收获就是行动学习在自身工作中的应用。这些学员都是中高层骨干，他们在本部门纷纷应用行动学习研讨工具和方法，进行绩效改善的业务研讨，起到了非常好的效果。学员沈浩是集团旗下第一食品商店的店长，他应用行动学习方法，组织全体店员进行十年店庆业绩提升方案设计和推进，当天销售额同比增长159%，店庆月的销售也同比增长12%。

行动学习的效果正在通过这批学员，在整个集团发酵。

上海TJ集团行动学习项目以行动学习为主线，融合了测评、管理咨询、课程、教练等多种领导力发展工具，得到了葛总的高度肯定。该项目以上海TJ集团的电子商务战略为议题，上承战略，下接绩效，项目成果可以直接应用于企业实践。另外，该项目提升了高管领导力发展重点中的系统思考、市场导向、趋势把握、勇担责任、战略落地、资源整合、创新发展等多项关键能力，建立了强大的集团人才后备力量。

项目结题阶段，我们又应用之前使用过的“城镇会议”技术，进行了项目结项报告。各小组分别陈述了本小组的设计方案。在经过9个月的打磨之后，每个小组的方案都已经非常成熟了，小组汇报人自信的讲解、方案中翔实的数据说明，以及大胆创新而又可落地实施的方案设计都获得由集团高管组成的评审团的一致好评。许多高管评价，学员的成果“比专业咨询公司还要扎实”。此外，学员对自己领导力的提升也做了系统总结。

项目结束3个月后，我们从上海TJ集团那里得到了三个反馈：

一是集团成立了电商事业部，电商业务正式开展，培训过程中产生的多个策略方案均已被集团采纳，进入正式落地执行阶段。

二是通过培训后的测评结果看，所有学员的素质能力都得到了明显的提高，创新能力的提升尤其突出。项目中表现优秀的几名学员得到了集团的提拔和任用，有几名学员也调入了电商事业部，成为新业务的管理骨干。

三是行动学习已经在集团内部生根，不仅仅是未来集团所有的领导力发展项目都要采用这种形式，更重要的是现在行动学习已经应用到了公司例会、业绩提升研讨中。集团整体的组织能力获得了提升。

上海 TJ 集团领导力发展项目给我们的启示是，任何培训体系，一定要围绕业务部门、一线人员面临的真实问题展开才有效。行动学习整合领导力提升方法论（ALL）以行动学习为主线，多种管理工具紧密结合，具有精准性、实效性、体验性等特点，不仅能够提升个人领导力，还能够发展组织领导力，帮助企业真正建立一个学习型组织。在商业环境日益动荡的今天，这样的创新型整合领导力提升项目能够为特大型企业建设高潜力人才梯队、实现变革目标提供直接有效的支持与帮助。

七、巧用导师制提高行动学习的质量

我在前文中提到了许多领导力发展方法，如“行动学习”“导师制”“教练”等。不同的方法应用场景不同，效用与侧重点也有差异，只有将它们综合应用，才能在一个领导力发展项目中发挥最大的效果。然而，难点在于，如何将它们有机整合而非仅仅简单堆砌，这是发挥综合效果的关键点。

2015 年，DW 航空公司提出了“安全发展、科学发展、稳健发展”的发展思路。在此目标指引下，公司希望在未来一段时间内，科学而系统地建立起公司内部人才梯队建设体系，培养一批具有更高眼界、更广胸怀、忠于组织、综合素质优良的梯队管理人员，打造一支思想过硬、能力突出、业绩优良的高潜力后备人才队伍。总经理姜疆刚刚到任，他曾经参加过东航高干在 GE 克劳顿维尔的学习培训项目，非常认同行动学习的方法。因此，他希望以行动学习为方法论设计此次“人才梯队建设”领导力发展项目。

我们以 ALL 模型方法论设计整体项目。首先，明确项目的三大目标：人才队伍建设；推动战略落地和业务改善；人才梯队培养模式树立。其次，明晰人才梯队建设思路。在三年的成长周期内，分为基础提升期、专项提升期和管理实践期三个阶段。其中 2015—2016 年为基础提升期，主要针对各层级共性的领导力短板，通过行动学习、课程讲授、课题导师、团队教练等手段，夯实后备干部队伍的基础管理能力。2016—2017 年为专项提升期，主要针对 DW 航空公司发展阶段需要的专项能力及后备干部的专业能力，通过专业知识课程学习、一对一导师带教等形式，对专项能力进行提升。2017—2018 年为管理实践期，主要通过专题课题实践、内部轮岗等形式，提升后备干部的企业管理和运营实践能力。最后，明确人才梯队培养的方法思路。本项目的设计思路以“行动学习”为主线，融合了测评、课程、教练、导师制、咨询等多种领导力发展工具和方法，以小组的形式聚焦武汉公司真实管理运营难题，通过质疑、反思与行动的不断循环，实现武汉公司、团队及后备干部个人的学习与成长。

这其中就涉及如何将行动学习与导师制融合使用的问题。在行动学习环节的设计中，我们也遭遇了这样的难题。航空业比较特殊，很难找到外部专家指导学员的课题研究。而在领导力发展线，针对学员的领导力发展计划（IDP），又需要配备导师进行指导与监督。那么，能否将导师与内容专家相结合，**巧用“导师制”提高行动学习课题的质量呢？**

一方面需要具体选定导师制的基本模式。企业导师制主要有两种类型：针对新员工的导师（buddy）和针对骨干员工的导师（mentor）。他们的对象、匹配方法与实施形式都是不同的，具体详见表 3. 2。此次项目显然应当选择第二种导师制模式。

另一方面要确定行动学习课题导师的角色。在“以行动学习为主线的领导力发展体系”中，课题导师是帮助学员提升能力的重要手段。课题导师应当是所研究课题的内容专家。

表 3.2　导师制的两种模式

导师模式	新员工导师（buddy）	骨干员工职业导师（mentor）
目标	帮助新员工迅速融入公司的业务环境/文化；帮助现有员工发展基本的领导能力	开发和保留高绩效群体；为高绩效员工的工作提供有效指导；帮助中高层管理者在这群高绩效员工中选择接班人
被辅导对象	新员工	高潜力、高绩效员工
导师人选	在公司有超过 2 年的工作经验并且表现优异的	中高层管理者：拥有丰富的内部工作经验，良好的沟通能力、教练技能，以及愿意参加该项目
周期	6 个月	1—2 年
结伴方式	部门领导为新员工指定指导者	人力资源部组织会议匹配学员和导师
形式	1 对 1	1 对 1 或 1 对多

图 3.5　行动学习课题导师的角色

既然 DW 航空公司高管既是导师的合适角色，又是行动学习的课题的内容专家，那么，为什么不将领导力导师与行动学习课题导师相结合呢？

思路有了，具体如何落地呢？

首先召开项目动员大会。由人力资源部牵头，DW 航空公司领导班子成员、二级部门负责人、行动学习课题导师、实施方参与。在项目动员会上，进行 DW 航空公司人才培养项目宣贯，明确人才培养计划的目标及意义；公布 2015 年后备干部培训项目内部课题导师人选，明确内部课题导师责任。

此次项目每班学员共集中 4 次，每次 2 天。主要通过行动学习、领导力课程学习、团队教练、导师制、课下实践等形式，实现“学习与实践相结合、个人提升与组织提升相结合”的培训目标。

在课上，以 DW 航空公司当前面临的真实运营、管理议题作为载体，应用行动学习引导技术，由学员自主研讨、自主制订解决方案。在这一过程中，内外部专家及时给予学员相关专业知识和技能的补缺，引导师会引导和控制整个研讨过程，提高研讨的效率。

在课下，学员以行动学习小组的形式，根据议题要求，实施课题调研、问题分析、方案设计、试点执行等学习和实践活动。在这一过程中，由行动学习课题导师给予指导和帮助。

表 3.3　DW 航空公司导师的职责

项目阶段	项目启动	课上 （行动学习课题研讨）	课下 （课题深化研讨与实践）	结项 （行动学习课题汇报）
职责	• 明确行动学习课题导师人选、职责 • 建立行动学习课题导师管理机制	• 参与行动学习课题分享	• 定期指导行动学习课题研究，讨论进展和目标 • 为课题研究、试点提供内部资源支持 • 定期跟踪学员领导力发展计划	• 参与行动学习课题答辩 • 参与学员培训过程中的领导力提升情况总结

哪里来的导师？

本项目导师由公司各部门领导和专家组成，公司 8 名领导班子成员作为中层后备干部培训班学员的导师团，公司 3 名二级部门中层干部代表作为基层后备干部的导师团。这些导师不仅对公司内部发展情况更为熟悉，而且自身也是值得学员学习的优秀楷模，在项目中担任了领导力发展和课题指导的双重角色。

中层后备干部培训班导师分为不同小组，分别为“安全运行”课题导师、“服务营销”课题导师、“幸福东航”课题导师。基层管理后备培训班的导师团主要是办公室主任、人力资源部总经理、党委工作部部长等。这些导师通过课上课题分享、课下定期面对面辅导的形式，为行动学习小组的议题研究提供指导和帮助。

对导师的要求

在匹配导师的时候，应当对导师有明确的要求。主要包括以下几个方面。

主观能动性：具有开放的心态，善于交流，愿意发展与帮助他人成长。

课题相关性：与行动学习课题所需要的知识经验相关联，能够为课题研讨提供智力支持。

时间承诺：投入必要的精力参与人才培养项目。课上分享不少于 2 小时；课下指导不少于 4 次，每次不少于 2 小时；参与行动学习课题开题和行动学习汇报。

本次项目的创新之处就在于**领导力发展线**和**课题线**的创新结合，将导师制融入行动学习当中。项目中，这些内部导师不仅仅给学员提供行动学习课题指导、课题分享，对课题研讨提供智力、资源支持，还对学员的领导力发展跟踪辅导，追踪反馈领导力发展计划中的行为改变。这些高管通过导师制的实践，不仅成为学员的楷模，也变成了互相学习的事业伙伴。此外，高层领导的卷入极大地扩大了项目的影响力，使它从一般的领导力发展项目提升为组织学习项目，并在激发组织活力、促进组织学习方面发挥了很大的作用。

八、如何撬开高管身上的壳?

发展高管领导力是公认的难题。领导力发展的关键在于改变。而企业高管往往经验丰富，价值观成熟，身上覆盖着厚厚的壳，如果没有办法撬开这个壳，让他们打开内心，真诚地审视与反省自身，就很难谈及所谓领导力的发展。

究竟该如何撬开高管身上的壳呢？

我认为可以从身体、头脑与心灵三个层面想办法。

身体

挑战高管的身体极限，是打破舒适区的有效方法。挑战高管身体极限的方法有很多，如设置超高难度的挑战难题，让高管在极端困难的环境下达成目标，挑战身体的极限。例如，近年来风靡中国商学院 EMBA 的“玄奘之路”戈壁挑战赛，之所以能够获得这么多商学院 EMBA 学员的追捧，就是源自对人的触动与改变。当商业精英们踏上戈壁滩，在漫天的黄沙之中，顶着 8 级以上的狂风，脚下是崎岖不平的戈壁滩，身处白天 30 多摄氏度和晚上 0 摄氏度的环境，还要在 4 天之内每天赶 30 多公里的路程。这样的艰难历程会瞬间打破人原本的自我保护圈，面对茫茫无际的大自然，傲慢与自我会消融，谦卑与宽容会形成。在相互搀扶共同行进的过程中，团队意识得到增强。我的一位 EMBA 学员参加完“玄奘之路”后说：“我本来是铁石心肠的人，只关心做事，不关心事背后的人。公司在裁员的时候，总是让我来操刀。走过戈壁之后，我发生了很大的变化。开始走戈壁还是为自己，显示自己多厉害。然而，艰苦的旅程让我产生了无数次放弃的念头，但是如果我放弃了，我们的团队怎么办？我必须考虑团队的荣誉。在团队信念支撑与队员帮助下我走完了全程。这给我很大的触动，我开始关注公司团队中那些活生生的人，我认为自己对他们有责任。”许多公司在高管领导力发展项目中就应用了类似的方法。如复地集团许多高管来自不同的公司，需要建立相互之间的信任，于是复地学院组织高管去戈壁进行团队熔炼。在一个战壕里扛过枪了，相互之间的感情自然就不同了。

此外，人是有惰性的，一旦形成了某种习惯，就很难改变。改变的发生往往是特殊的人生际遇，或是一个陌生的环境。当过去的经验完全无法发挥作用的时候，人就不得不走出舒适区，学习与接受新事物，迎接挑战。因此，将高管放到一个陌生的环境中，让他们依靠自身的力量求生存，就是另一条好的思路与方法。如荒岛求生，将高管团队带到荒岛之上，只留下有限的水和食物，要求学员生存一周的时间。这种情况下，高管学员开始往往会抱怨，然而，在环境的逼迫下，学员很快就在求生的本能下激发出最大的潜能。这样的过程会给高管学员最大的触动，让他们对变化保持敏锐与洞察，积累高能量水平来应对变革。

头脑

挑战人的头脑极限，是撬开高管身上的壳的另一个有效办法。人通常是以自我为中心的，于是产生了信念固着、自我服务偏见等心理误区，傲慢、偏见、自我保护就成为变革的障碍。如何促使一个人自我反思呢？这就需要将他逼入死角，当他面对问题真的束手无策之时，就不得不将过去的经验放下，就会以更加开放的态度接纳新的事物与他人的观点。

阿里巴巴在创业过程中，就摸索出“过山车”式的战略反思会，这样的会议并不是表面的工作汇报，而是强调“一竿子戳到底”、“打深、打透”、深入反思，因此很难轻易过关。当人耗到最后的时候，原来所有的道与术完全用不上，这时大家开始真正坐下来，共创未来的3到6个月里可以做成哪些事情，需要做出什么改变。2010年年初，支付宝的体验并不好，马云在内部会议上痛批支付宝服务烂到极点。在这样的背景下，支付宝P8级别以上的干部召开了名为“骆驼大会”的战略反思会。“骆驼大会”持续了4天，在进行到大半时间时，支付宝CEO彭蕾嫌大家的问题谈得不够透彻，提议将会议室桌椅撤掉，所有人坐在地上讨论。这样的形式打破了人与人之间心灵的隔阂，大家开始畅所欲言，真正认识到客户体验是组织生存的根本。这次战略反思会为蚂蚁金服的腾飞打下了坚实的基础。

心灵

身体与头脑还只是涉及浅层次，撬开高管身上的壳的关键还在心灵层面。这就涉及世界观、价值观、人生观，上升到形而上的哲学与信仰层面。对于领导力发展来说，这是绕不过去的东西。

前文提到，领导力理论体系与方法论是来自西方的东西，剥开它的表皮，一定会发现圣经就在那里。如果各种宗教与哲学是接引人类走向至善的不同法门，那么中国人显然拥有自己的法门。中国儒释道文化是中国人头脑中的集体潜意识。在领导力的道的层面，显然孔子、老子、释迦牟尼比耶稣更有号召力。

然而，自五四运动以降，中国传统文化遭受了破坏，在中国人的集体意识中出现了断层。中国企业高管能否重新找寻到属于自己的信仰与精神，并将这样的精神注入企业组织之中去，这对中国全新商业文明的塑造实在是意义重大。

事实上，星星之火正在燎原。

自 2012 年开始，白立新老师开始组织一批企业家学习阳明心学。起初的规模很小，只有几组企业家，学习的方式也并不复杂，主要是两种形式。一个就是读经典。强调阅读原文，与圣贤阳明直接对话。这就包括阳明先生的书信、公文以及传习录等著作。另一个就是小组分享。每个小组 10 个人，每天每个小组里有一个人要来分享他的学习心得。这样，平均每个人 10 天写一篇心得，篇幅在三五百字。看似简单的学习形式，持之以恒，却发生了奇迹。《商业评论》出版人曹阳参加了第一批致良知四合院的学习，据他观察，包括他自己在内，大部分参与学习的企业家都发生了巨大的改变。

阳明心学是促人觉醒之学。阳明心学的修炼，让人祛除人欲，抵达内心的良知；阳明心学又是经世致用之学，阳明先生提出知行合一，在从事利他的事业中修炼与提升心性。因此，阳明心学非常适合企业家的心灵修炼。企业家在阳明心学的学习与修炼中，可以寻找到人生与经营的意义与价值。

曹阳分享了他在致良知四合院学习的体悟："这个过程对我自己，对我人生有一个很大的改变。当然这个改变的过程是非常漫长、极其艰难的。我差不多在前面三年时间里面完全没感觉。然而，三年后突然发生了改变，我可以说它改变了我的人生观和世界观。这个改变是非常巨大的。读书或者读经典，我现在理解是每天的功课，你要在这个过程当中来净化自己。阳明研究院在做证明题，证明心性是可以提升的，随着心性的提升，心灵是可以拓展的。验证那句话，心有多大世界就有多大。这句话叫真实不虚，我们要来验证它，通过自己的实践，把它验证出来。我们要用生命影响生命。它是一个用生命打开生命的过程。人的改变，非常困难，太难了。我自己在这里面有切身的体悟，但是它是可以的，是有方法的。"

致良知四合院所激发出的心能量是巨大的，它像是澎湃的海洋，只是被暂时冰封在中国人集体潜意识的深处。一旦它被解冻与唤醒，就会释放出巨大的力量。三年后，致良知四合院的影响力迅速扩大，随着正和岛等机构的加入与推广，学习阳明心学已经成为中国企业家的一个潮流。许多企业家不仅自己学习，还带领企业高管共同学习与修炼。如康恩贝集团胡季强、金蝶集团徐少春，他们将阳明学习引入企业，将更高等级的精神能量注入组织，唤起组织的使命感与崇高精神。如果更多的企业家能够觉醒，将创造价值、奉献社会、成就员工作为企业经营的真正目的，将中国文化信仰与商业经营有机融合，那么全新商业文明的曙光将照耀在中国大地上。

九、创造一个人人都有使命感的世界

在 2017 年哈佛大学毕业典礼的演讲中，扎克伯格提出创造一个人人都有使命感世界的梦想。这的确是一个伟大的洞见。在可以想见的未来，在互联网、人工智能、基因技术的推动下，人类会彻底摆脱物质与经济的束缚，如果人没有使命感，就会无所事事，丧失生存的意义与勇气。

许多创业者总是想，要忍受现在的艰苦工作，一旦未来获得财务自由，就可以到海边晒太阳，享受生活了。然而，具有讽刺意味的是，当这一刻真正来临，让他们长期待在海滩上度假，他们却会陷入茫然与无聊。真相是人来到世上不仅是为了自我享受，而是获得尊重与价值。只有每个人能够寻找到生命的意义与价值，才能获得真正的幸福，人类理想社会才得以建立。对这一简单但深刻的道理，大部分人却懵懵懂懂。

在中国商业界，大部分人在为了功利而拼搏。过度利润导向导致突破商业道德底线的事件频发，而企业经营者自身也很难获得幸福与快乐。中国企业经营者抑郁与焦虑的现象非常普遍，归根结底是企业经营者的人生境界过低，缺乏使命感所致。事实上，人的内心对人生意义与价值的追寻是人人都具备的天性。

能否通过一门课程来唤醒与激发这一天性，帮助企业经营者突破格局，获得充满意义与价值的人生呢？只有找寻到意义与价值，才能爆发出最大的能量，我想这是企业经营者领导力的终极来源。

这是我自 2015 年开始，在华东理工大学商学院 EMBA 开发与实施“走出洞穴——企业家的心性修炼工作坊”的设想。然而，在构思创作这门课程的时候，我却遭遇了困难与问题。一是学员个性化的问题。每个学员的人生经历都是不同的，他们都是独特的个体，如何通过一门课程来帮助每一个学员找寻到人生的意义呢？如何在有限的时间内，达成这一目标呢？二是课程的非宗教性质。课程不是宗教属性的，因此，不能用断言与绝对的信仰原则教育学员。然而，这门课程涉及人的心灵与信仰，如何把握尺度与平衡，将信仰主导权交还给学员自身呢？三是有关人生信仰是基于个人经验的问题，知识教条效果有限，如何创新课程形式达成课程目标呢？

构建课程的逻辑

如何帮助企业家学员找到企业经营的意义，明晰个人的使命呢？这就需要在企业家做事与做人之间搭建桥梁。事实上，这个桥梁不需要搭建，它就在那里。每个人只有觉醒自己为什么活着，才能激发做事业的最大精力与勇气。这正是儒家的思想。如《大学》所言："古之欲明明德于天下者，先治其国。欲治其国者，先齐其家。欲齐其家者，先修其身。欲修其身者，先正其心。欲正其心者，先诚其意。欲诚其意者，先致其知。致知在格物。"

从企业家的具体情境来看，应对商业环境，进行经营创新，创造客户价值，获得商业成功是最外在的目标。这就是大学中所言的治国平天下。为了获取经营的成功，企业家需要企业内部机制打造、文化建设、管理提升，这是修身齐家的层面。而所有外在的一切都是企业家内心的投射，企业家最终要面对自我，处理好与自我的关系。这就需要心性的修炼与提升，应当"格物致知、正心诚意"。企业家只有超越了功利的境界，寻找到人生的使命，才能激发出最大的心能量，做到内圣外王，获得事业的成就与心灵的安静从容。

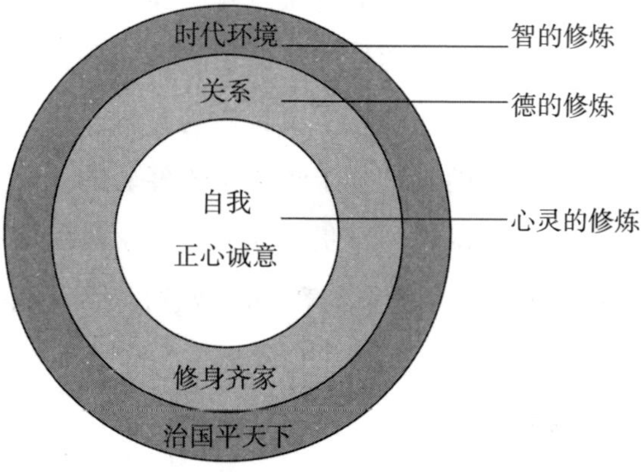

图 3.6　企业家心性修炼工作坊的设计逻辑

根据这个逻辑，工作坊从时代环境、关系、自我三个方面层层深入，促使企业家反思企业经营（治国平天下）、关系处理（修身齐家）与自我心性（正心诚意）的关系，深刻理解要取得外部企业经营的成功与家庭生活的幸福，必须先回到内心、修炼心性的道理，从而树立信仰，走上心性修炼之路。

苏格拉底教学法

为了解决工作坊设计实施的困难与问题，必须找寻合适的教学模式与方法。在搜寻的过程中，我想到了苏格拉底的教学法。苏格拉底是古希腊著名的哲学家和教育家，他在教学中主要采用对话式、讨论式、启发式的教育方法。在课程现场，他通过向学生提问，不断揭露对方回答问题中的矛盾，引导学生总结出一般性的结论。事实上，中国人对这样的教学方式并不陌生。儒家圣贤孔子的教学方式就是对话与研讨式的，整部《论语》就是一部孔子与学生的问答录。为什么这样的教学方式有效呢？这是因为真理与规律是抽象的，是难以通过语言来描述与把握的。它是暗含于具体的人生情境之中的，只有从具体的情境出发，才能探索与掌握其背后的大道。

具体到这门课程来说，只有当学员从自身的经验出发，反思与提出自己的问题，在教师的引导下，针对学员的具体情境的问题进行研讨，并通过准确的回应击中问题的核心，才能促使学员顿悟与觉醒。这门课程定位在苏格拉底教学法上，它是个性化的，是基于学员个人经验的，而不是基于普遍原则的；它是探索式的，放弃说教与宣贯，充分发挥学员的主动性；它是基于提问的，是研讨式的，充分运用学员与教师的智慧，达到探索真知的目标。

层层深入的问题

苏格拉底教学法的关键是提问。为了达到帮助学员深入反思，获得启示的目标，提问的问题应当自成体系，并逐层深入。在心灵的修炼环节，工作坊设计了觉察自我、探索自我与提升自我三个层面。每一个层面都准备了系列化的问题，触动与引发学员的思考。

觉察自我教学环节的目的是从学员的经验出发，让学员认识到以自我为中心是痛苦与自我限制的来源。这个教学环节开始时，“先让学员用5分钟的时间考虑一次战胜困难的人生经历。回想这个经历的细节，回顾心路历程，思考是什么在限制自己，总结自己最大的收获是什么”。

这个问题的触动是很大的，一位企业家学员反思时说，“我的企业就像是一头奶牛，每年的利润从来不做长远投入，都拿出来买房，房子就像是我的壳，我其实是背着沉重的壳生活的人。”进而他发现了限制自我的因素，小时候在单亲家庭长大，求学及成长过程遭遇挫折，极度缺乏安全感。事实上，他早已实现经济自由，而这样的自我限制在心灵上紧紧地禁锢了他，让他陷入痛苦与茫然之中。

在探索自我的环节中，希望每一名学员能够倾听内心的声音，探索独特的自己。学员能够描绘出自身的心灵地图，理解自我的行为、能力、信念、使命之间应当相互协调，这是幸福快乐的来源。在这一部分相应的问题是，“关于能力：你童年最喜欢与擅长的游戏是什么？扮演什么角色？有什么感受？长大以后什么活动能够让你活力四射？关于信念：哪些是你为人处世的基本信念？对于你来说人生最重要的三件事是什么？关于事业的反思：你适合从事哪一类工作？你现在所从事的事业与自己能力特长与兴趣吻合吗？符合自己的信念吗？它对你的意义在哪里？”。

事实上，大部分人都生活在他人期望的生活之中，被父母家庭的期待、社会的舆论所左右，而违心做出决策，导致内心的割裂与痛苦。许多学员通过这一环节的自我反思，能够更加清楚地了解自己，审视自己的工作与生活状态，做出明智的决策。

在提升自我的教学环节中，希望学员能够立大志，走上修炼之路。一方面，能够明心见性，找到内心的良知，意识到利他心、爱是天地法则，力争天人合一，进入天地的境界；另一方面，找到自己特定的人生使命，知行合一，在自己的公司经营中将良知体现出来，创造价值、成就他人，活出人生的意义与价值。在这个环节，设计的问题是人生反思——向死而生，发现自己真正的人生使命。"想象自己坐在电影院，看到屏幕上你的葬礼，亲朋好友来送行，你希望他们对你的评价是什么？回顾一生，你对家人的责任尽到了吗？你对公司同事与伙伴的价值？你对社会的价值与贡献？你的使命？如果人生还有一段时间，你最想做的是什么？"

这个反思引发了许多学员对死亡的恐惧，进而促使他们反思什么是对自己最重要与最有价值的事情，人生的意义与价值是什么。有学员当场立志，将自己的企业做成行业最受尊敬的企业，为社会创造价值。有一位学员身处行业充满虚假欺骗的陈规陋习，他认识到这样的经营不可持续，打算摆脱潜规则，从客户长远利益出发经营企业。

过程四段论

如何将个人反思与集体研讨有机结合，让每一名学员都能得到启发呢？工作坊的过程主要设计了四段模式：正念反思、相互教练、全体研讨、总结提炼。

正念反思

前文提到，正念是抽提了佛教思想含义的修炼技术。通过做正念禅修，人能够沉静下来，觉知当下。因此，在每一个问题提出之前，先引导学员做5分钟左右的正念练习。正念练习不需要很复杂，采用观呼吸等基本方法即可。禅坐的方式也未必如传统七支做法那么严格，保持舒适放松就行。正念不是目的，只是帮助学员静心专注的手段。习练正念5分钟左右，提出上节的问题，让每一名学员进行反思，将反思的体悟自己记录下来。

相互教练

在这个环节，两名学员组成一个小组进行交流分享。由一名学员介绍个人的情境，分享自己的反思与困惑。另一名学员用心倾听，并对这名学员的问题进行反馈。之后，两名学员交换角色，完成这个阶段的任务。这其实是一个相互教练（Peer Coach）的过程。EMBA 学员都是企业家与公司高管，自身都具有丰富的管理与人生经验。再加上旁观者清，自身不在利益格局中，往往能够给在局中的学员有价值的建议与反馈。

全体研讨

在全体研讨环节，由学员分享自身的经历与感悟，提出具体的问题，大家发表观点，展开深入的讨论。这是一个非常重要的教学环节。教师应当保持敏感，通过提问的方式引导这个过程的有效开展。讨论过程要避免跑题，导致讨论过散。还要引导学员深度挖掘问题的根本，促使他们的觉醒与领悟。这个过程往往会有争论，如：商业应当以利润为导向，还是以创造顾客价值为导向？自利与利他哪个是人性的根本，它们相互矛盾吗？这些问题往往引起激烈辩论。教师在这个过程中要尽量避免使用断言的方式，而应当借力打力，让真理在辩论中呈现出来。

总结提炼

全体研讨环节之后，教师应当进行总结提炼，讲述相关的宗教、哲学、心理学的思想观点，帮助学员建立一个全景式的认知。例如，在自我探索教学环节的时候，引述了荣格的潜意识、自性等思想观点，说明人格应当保持完整与协调的道理。让学员自我觉察所从事的事业与自身能力、信念的匹配性。在提升自我的教学环节，在阐释自我修炼的方向时，引述了大乘佛教人人皆具佛性的观点。在讲述如何修炼的时候，引用了儒家修性与修命的观点，王阳明知行合一的思想。在阐释修炼所追求的人生境界的时候，引用了庄子“天地与我并生，万物与我为一”的天人合一的思想。

工作坊主要的思想体系来自儒释道，也采纳了西方心理学、哲学的思想。

工作坊的思想来源看似庞杂，但却是有意为之。一是工作坊主要学员是中国企业家，儒释道为代表的中国文化是中国人的集体潜意识，容易被唤醒与激发；二是从接引人类走向至善的视角看，儒释道为一，它们在中国思想史上长期的发展进化中已经开始相互融合与互补；三是这门课不是宗教课，不引导学员信仰哪一门宗教，而是将不同的思想观点呈现在学员面前，鼓励学员独立思考、自主抉择。

营造场域

除了提问，教学现场营造清静与真诚的场域是另一个关键。

清静

这是一门走心的课程，需要调动学员的直觉，深入反思自己。因此，清静是场域营建的第一要素。

教学地点的选择非常重要。最好是异地上课，地点选择在具有禅意的酒店或是名山寺院。“走出洞穴——企业家的心性修炼工作坊”这些年在敦煌、无锡、大连等许多地方开课，我认为最佳的地点是无锡灵山大佛下的波罗蜜多酒店。这个酒店依山傍水，古朴典雅，我们选择的会议室有大落地窗，与自然融合。这样的环境让人放松、安静，更容易进入禅定与反思的状态。

在工作坊起始，我会引用《大学》中的一句话，“知止而后有定，定而后能静，静而后能安，安而后能虑，虑而后能得”，让学员进入安静的状态与意识。

真诚

这个课程是打开心扉的课程，一定会涉及许多私密甚至是痛苦的人生心路历程。人都有自我防卫的本能，只要感到一点虚伪与嘲笑的氛围，刚刚打开的心扉就会迅速关闭。因此，学员之间真诚以待，相互关爱是这门课程的基础。过于冷漠与过于亲昵都是不恰当的。教师应当对现场的气氛保持敏感，通过语言与规则进行干预，确保真诚关爱的氛围能够营建起来。

现场的布置与物料等细节也很重要。整个课程不用 PPT，撤掉桌椅，将禅修垫围成一圈，大家席地而坐。这样的方式更能够让大家放松下来，吐露心声。学员与老师统一穿着禅修服，抹去身份的差异，回归人性的本质。前文提到，尽管这不是一门宗教课程，但是统一的着装可以唤起谦卑心，压制倨傲、自我等人性的弱点。

我们有意识将这门课程安排到 EMBA 的最后一门课。在上这门课时，同学们已经相处两年就要毕业了，大多数班级凝聚力强，同学之间建立了很深的友谊。同时，在毕业前夕，断舍离的情绪让大家更加珍惜最后一门课。这是非常有利的条件。许多同学在倾吐内心的时候情不自禁潸然泪下。

人人都有使命感的世界并不是梦想，而是一个真实的可实现的目标。对于一家企业来说，建设一个人人都有使命感的公司是具有时代意义的追求。传统洗脑式的企业文化宣贯已经过时，为员工提供实现自我的平台，让员工获得成就感，是新时代企业管理模式的题中之意。企业家心性提升的修炼这门课程给我最大的启示就是，只要激发每个人自身的经验，唤醒他们的利他心与责任感，将个人使命与企业使命紧密连接，就能创造一个拥有灵魂的企业组织。

第四章

企业绩效型问题解决新范式

——GPS-A 模式

在本书第一章提出的培训学习新矩阵图中，从知识能力到战略绩效问题解决是培训学习升维的一个重要方向。然而，培训学习与培训却缺乏解决问题的方法论。

在传统思想里，培训是帮助企业人才发展的，而咨询则是解决问题的。然而，与培训类似，管理咨询的传统模式已经难以适应新形势的要求。2012年，战略大师迈克尔·波特联合创立的管理顾问公司 Monitor Group 申请破产。这家顾问公司鼎盛时期在全球有 27 家分公司、1500 位顾问，在咨询业排名第四。这是一个标志性的事件，为整个管理咨询行业敲响了警钟。2015 年，咨询业巨头合益集团（Hay Group）被主营高管搜寻业务的公司光辉国际（Korn/Ferry International）收购，收购金额仅为 4.25 亿美元！咨询业的丧钟正被敲响，管理咨询行业面临前所未有的危机。

那么，导致管理咨询行业出现危机的根源在哪里呢？

一、传统管理咨询的痛点

在新的形势下，管理咨询原有的方法论已经无法帮助企业解决问题，这主要体现在以下几个方面。

产品化与个性化的矛盾

传统管理咨询公司本质上是一家标准化的产品公司，它的产品就是管理工具箱与案例数据库。事实上，管理咨询公司就是售卖这些管理工具与案例的公司。在经营环境相对稳定的历史阶段，对于一个发展期的中国企业来说，对标全球同行业的领军企业，掌握这些工具方法系统分析自身情况，还是有一定作用的。然而，在商业环境愈加动荡的当下，管理的情景是复杂的与个性化的，每一个企业的情况都不相同。因此，试图将适合大公司的管理模式僵化地照搬到发展期的企业，这就如同刻舟求剑，一定不会有好的结果。2010 年，实达集团接受了麦肯锡公司所做的市场营销方案，进行“千人大换岗”，但是项目的实施只进行了 5 个星期就被迫终止，实达集团又撤回旧体制。这个项目半途而废伴随着实达集团长达半年的经营和效益大滑坡。

人员经验不足

咨询公司会辩解说每个项目都是个性化定制的。然而，如果咨询公司需要针对客户企业的实际情况拿出个性化的解决方案，就需要真正的专家操盘项目。这样的专家首先应当是问题专家：如果解决的是战略问题，那就应当是战略专家；如果是运营问题，那就应当是运营专家。其次，这样的专家还应当是行业专家，他应当对客户所在行业的发展情况非常了解，对标杆企业的做法非常精通。最后，他还应当是实务专家，能够迅速理解与洞察客户企业组织与生态，帮助企业找寻最切合企业实际的方案。很显然，这样的专家几乎不存在。传统咨询公司的实际做法是让少数资深的合伙人做客户的猎取工作，而真正的项目实施者是项目经理及项目顾问，而这一层级的经理顾问大多刚刚离开校门，普遍缺乏企业实务经验，又不是行业与问题专家。他们唯一能做的就是套 PPT 模板，不认真的地方甚至连客户名称都忘记改了。怎么能够指望他们制订真正符合客户实际的方案呢？这是传统咨询公司无法超越的问题。

知识工具贬值

于是，传统咨询公司只能靠所掌握的知识工具箱打天下。然而，不幸的是互联网时代来了，知识更新速度加快，全新的管理模式与方法层出不穷。在这一轮管理模式的变革潮流中，是企业界而不是管理咨询公司走在前列。例如，海尔的张瑞敏提出了人单合一、企业平台化+员工创客化的全新管理模式，韩都衣舍成功尝试了小组制的实践。谷歌、全食超市尝试了管理组织网络化与去中心化的模式。正如任正非所言，许多中国企业已经进入无人区，处于领先地位，已经没有标杆可以学习，结构化的管理工具与知识的价值自然大打折扣。

落地难题

咨询公司为客户创造的真正价值是什么？是给一套花里胡哨的 PPT，还是真正为企业解决问题？相信任何业内的从业者都会毫不犹豫地选择后者。然而，在现实中，咨询公司给客户最终的交付成果是咨询方案与报告。至于这个报告能否真正落地实施，咨询公司是不负责的。当客户拿到这份报告，如何将它落地，真正解决自己的问题，又会面临多重困境。首先，方案是否符合企业的实际？仅从表面上看是很难做出判断的，而一旦落地实施就面临失败的风险。如上文提到的实达集团的案例就是典型。其次，即使方案好，但是在实际落地的时候也会出现各种各样的问题，需要对方案进行调整与修正，这个事由谁来做？最后，企业内部执行者对方案能否理解？理解了是否认同？经常出现的情形是企业内部执行层与咨询公司是对立的，他们认为自己拥有丰富的行业经验，咨询公司的方案华而不实。以这样的心态去实施项目必败无疑。

作业模式拖沓冗长

管理顾问公司的作业模式拖沓冗长，这与企业需要迅速解决问题之间产生矛盾。在接到客户委托之后，管理顾问公司一般会组织一个项目组进驻客户公司。从调研、访谈到制作方案项目结题，往往需要 3 个月到半年的时间。这样冗长的作业模式与企业解决问题的迫切性产生了明显的矛盾。经常出现的情况是咨询药方还没有开好，企业的问题已经转变了，又出现了其他的症状。此外，这样的作业模式耗费大量的人工，项目小组动辄 3 到 5 人，在项目结束之前不得不常驻客户公司。客户看到有人驻场，就安心了。可事实上，工作效率很难真正提升，造成员工工时的浪费。在人工成本越来越昂贵的今天，咨询项目的投入会虚高，性价比下降。

传统咨询业的危机是否说明当下的企业不存在问题了呢？显然不是！在 VUCA 时代，企业存在大量的问题。而受制于组织体制以及人才局限，仅靠自身的能力无法解决。如何真正帮助企业解决问题，升级管理咨询方法论，成为有意义的研究主题。

二、行动学习+管理咨询的整合创新

能否将管理咨询与行动学习相互融合，进行整合创新，发展出一个全新的企业问题解决方法论呢？

我的这个想法来自多年的管理咨询的实践。在为客户做战略营销管理咨询的时候，我发现管理咨询可以提出系统化的方案，但是客户需要的却是问题的真正解决。如何跨越方案到落地的鸿沟一直是困扰我的问题。自 2010 年起，我开始研究行动学习，并将行动学习运用到商学院的 MBA、EMBA 教育变革中。在这个过程中，我发现行动学习本质是动员与激发问题所有者自身的智慧与热情来解决问题的方法论。企业的问题一定要靠自己去解决，而咨询者在这个过程中应当扮演引导者与协助者的角色。

这个整合创新的核心是将行动学习作为企业问题解决过程设计的方法，在过程中将管理咨询的知识、工具与案例植入，帮助打开学员的思维，找到创新性的解决方案。具体来说，通过对客户企业的问题诊断，组织客户企业内部的项目小组，负责整个项目的研究策划与落地实施。项目的过程不仅包括方案的策划，还包括试点实施与反思优化，甚至包括最终绩效的达成。咨询公司负责设计研究及落地的过程，并引导与协助组织这个过程，在过程中提供咨询、调研、报告整理与撰写等服务。

这个方法论是传统管理咨询范式的升维，主要体现在以下方面。

智慧共创

前文提到管理咨询的一个痛点就是专家顾问对客户行业及企业的不熟悉，导致最终的方案出现水土不服的问题。新的方法强调企业的项目小组是研究策划方案的成员，自然他们的行业经验就会纳入方案中来。更加重要的是项目小组对自己的企业非常了解，能够直觉判断方案在企业中的适用性。从另一个视角看，项目小组成员均来自企业，也就不可避免地陷入同一思维框架之中，单靠他们的能力很难取得创新性的突破。于是，管理咨询专家顾问就起到重要的作用，他们需要提供问题相关领域的知识与工具，通过标杆企业的案例打开项目小组成员的思维。而这个任务恰恰是管理咨询公司所长。将管理咨询公司与客户企业的智慧充分交融共创，才能取得最佳的智慧共创成果。此外，在项目中根据具体情况，还可以引入外部专家、客户、供应商等各方代表，融入各方智慧取得更高境界的共创成果。

打通方案与落地执行的界限

传统咨询公司的最终成果就是方案与报告，不管企业的落地执行。这就人为地割裂了知与行的关系。事实上，知与行是一不是二。认知需要不断在实践落地中进行优化完善，而实践需要新的理论认知的指导才有意义。从知到行，又从行回到知，它们无始无终，是一个永续的循环。正是在这样一个螺旋上升的过程中，人类的认知与实践得到升华。透彻地理解了这一规律，就会明白在企业问题的解决中，必须将研究策划环节与落地执行环节打通，设计成为一个过程。从实用主义哲学的眼光看，方案是人们头脑中的主观假设，它需要在复杂的现实黑箱中进行验证，根据反馈调整认知假设并修正方案。因此，再好的方案也不能盲目执行，而应当通过低成本试错的方法，进行迭代开发与优化。成熟之后，在组织内部进行推广，取得最终成效。这样一个过程本质就是知行合一的过程，它解决了传统咨询知行割裂的难题。

重构角色与关系

传统咨询模式下，咨询公司是企业决策层聘请来策划方案的，企业执行层只是方案的被动执行者。这样的关系势必造成咨询公司与企业执行层的矛盾与对立。企业执行层会想：老板请你们来，说明对我们的工作不满意。我们在企业打拼这么多年都未能解决的问题，你们怎么可能在几个月内就能解决？咨询公司一旦面临方案实施效果不佳的情况，就会将责任推到执行层身上。我们的方案非常好，只不过你们的管理层执行力有问题。造成这样扯皮的原因在于方案的策划者与执行者是两批人，策划者对执行的过程不了解，而执行者则心有怨言：他们对一线情况不懂，凭什么对我们指手画脚？可想而知，这样的状况不可能有好的结果。新的方法论下，咨询公司与企业决策层、执行层的关系被重新定义。企业问题是由企业执行层组成的项目小组解决，项目小组承担从方案策划到执行落地的所有责任，咨询公司是企业决策层聘请来协助项目小组工作的。这样一来，咨询公司与企业执行层就成为一个战壕里的战友。责任在项目小组肩上，项目的成效就是咨询公司与项目小组共同的目标。项目小组需要咨询公司在方法论上的支持，需要咨询公司帮助争取公司资源。咨询公司需要项目小组的行业企业经验，需要他们的落地实践来取得实效。此外，全新的关系下，方案的策划者与执行者是同一批人——项目小组。由于执行者执行的是自己策划的方案，因此在执行的过程中更加坚决。在执行过程中出现的情况，也能及时掌握并做出调整。

敏捷高效的作业过程

前文提到，传统咨询的一大痛点就是作业过程的拖沓冗长。这主要是源于作业过程的时间与资源的浪费。新的模式下，作业过程应当以客户价值的创造为基准，对整个作业过程进行精益化再造，去除那些造成浪费的环节，使得整个过程更加敏捷高效。在咨询方案的研究产出方面，传统咨询模式是通过漫长的调查研究争取一次性拿出完美的方案。这样的方案一旦遭遇冰冷的现实，就会漏洞百出。新模式下，方案不求一次成形，而是逐步打造成熟的。方案是共创出来的，具体的形式是咨询共创工作坊。在此之前，咨询方负责定制设计咨询共创工作坊，工作坊现场邀请公司内外各路专家围绕课题共同研讨创造，形成方案的框架。第一次的方案不求完美精致，关键强调试点验证。方案在行动与试点之后，进行反思与优化，不断完善，最终形成的方案往往是最能够解决企业问题的。从这个方案产出的过程可以了解，方案与执行合二为一，企业不需要长期等待方案产出后再行动，而是一面思考一面行动，在解决问题的行动中找寻解决问题的根本方法。方法找到了，问题也就随之解决了。这样的敏捷节奏更加符合企业 VUCA 时代的现实要求。此外，新模式下，主要作业模式是在不同时间节点上的一系列咨询共创工作坊。咨询公司的项目小组只需要在调研访谈与工作坊执行时出现场，不需要像传统模式那样驻场，这样就极大提升了咨询顾问的工作效率，降低了单个项目的成本。

三、企业绩效问题解决的 GPS-A 模型

那么，究竟如何将行动学习与管理咨询融合起来呢？显然，仅仅将两者

在一个项目中进行简单拼接是很难奏效的，它们本来属于不同的方法论体系，相互之间必然存在逻辑上的矛盾与冲突。因此，整合创新并非将它们进行简单的拼接，而是形成化学反应，产生全新的方法论。经过长期实践与探索，我提出了GPS-A模型（图4.1），作为企业解决问题的全新方法论。这个模型由问题、引导、自主、行动4个元素所构成。

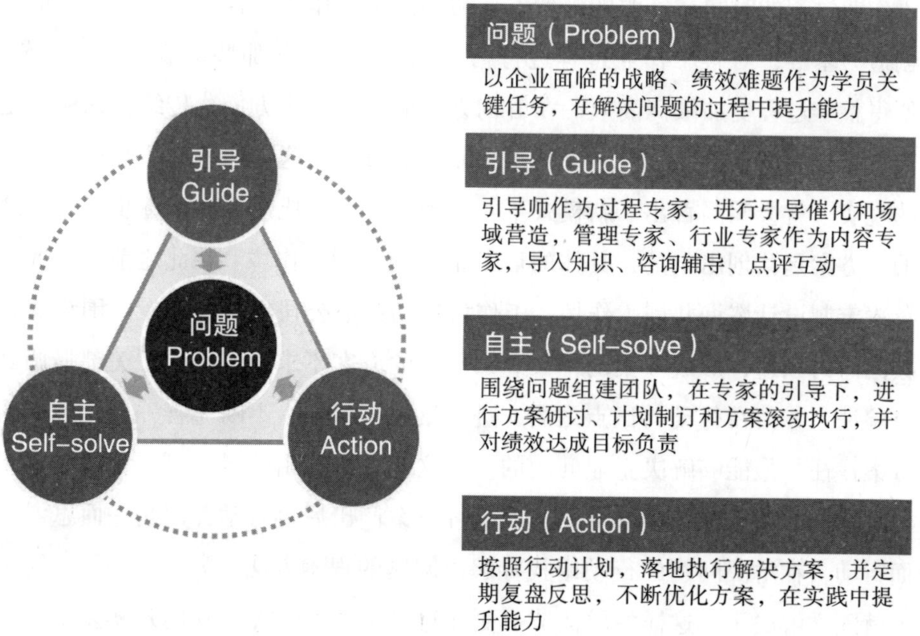

图4.1　企业问题解决的GPS-A模型

问题

GPS-A模型的核心是企业的问题，目标是通过解决企业的问题，实现企业系统的整体提升。什么是问题呢？问题是企业想要达到的状态与实际状态的差距，是企业系统中矛盾与冲突的表征。它说明企业某个方面的政策与制度已经不能适应现实的环境了。因此，通过发现与解决问题，就可以优化与改善企业的整体系统，实现企业的学习与进化。

这个思路与管理咨询不同。管理咨询通常不是针对企业一个具体问题的，而是强调系统的设计与整体的提升。例如，战略咨询是对企业整体发展战略方案的设计，人力资源咨询试图提出企业人力资源系统整体提升的方案。从理想的角度出发，这样的目标符合企业的期望。然而，系统方案的提出非常复杂，很难考虑到每个方面的细节。此外，在企业实施方案时，如果是系统提升与整体推进的话，就会遭遇预想不到的问题与阻力，很难取得好的成果。

GPS-A 问题解决方法论的目标同样是企业整体系统的提升，只不过运用的方法不同。企业经营管理是一个系统，在任何一个时点，一定会存在一个制约整个企业经营管理系统的瓶颈问题，找到并解决这个关键问题，其他问题就会迎刃而解，整个系统就会随之改善提升。依据这样的认识，GPS-A 的方法就是不断识别与发现这样的关键瓶颈问题，聚焦这个问题的解决，反思与优化问题背后的政策、制度与模式，带动企业经营系统的整体改善。这样的思路是渐进式的，是关键点突破的，是积小胜为大胜的。它更加适应动荡变革时代企业组织的精进发展。

引导

这里的引导（Guide）与行动学习中的引导（Facilitate）含义不完全相同。这个“引导”有导航、指导、组织等多层含义。咨询公司或培训学习部门应当扮演引导的角色，确保最终成效的达成。

引导的第一层含义是设计。咨询公司或培训学习部门应当负责设计问题解决的整个过程，包括问题的诊断与提炼、项目小组的组成、项目的阶段与过程、知识的补充，以及项目机制的建立等。

引导的第二层含义是指导。咨询公司需要对所解决的问题进行深入的研究，调研行业与企业的相关信息与数据，收集其他企业解决问题的相关案例，准备针对这一问题的一整套解决方法与工具。咨询公司的专业性强，可以在解决问题的过程中指导企业项目小组，帮助他们突破瓶颈，形成专业科学的解决方案。

引导的第三层含义是就是引导（Facilitate）。咨询公司应当激发与动员项目小组自身的力量与热情解决问题，需要在指导与引导之间建立平衡。一方面，应当尊重小组成员自身的意见，注意不要越俎代庖，以专家身份强制小组成员接受观点。另一方面，还需要提供必要的知识、工具与方法，在小组陷入困境时，打开他们解决问题的思路。

自主

企业问题一定要依靠企业自身去解决，咨询公司只能起到协助的作用。这是 GPS-A 模型的基本信念。这里又有几层含义：只有企业自己才真正了解自己，才能制订出适合自己的方案；方案的落地与执行还是要靠企业自身的力量；解决问题的过程也是锻炼团队发展能力的过程，企业组织的学习与进步得以实现。

要激发企业自身的力量自主解决问题，就需要建立完善的机制，将整个项目有机地嵌入企业组织自身的运营管理之中。GPS-A 项目应当在企业原来的组织管理条线中运行，而不能另起炉灶。项目的领导责任应当放在相关业务领导人肩上，项目小组的组成也应该是面对这个问题的相关责任人。项目的组织方如培训学习部门应当隐身幕后，扮演编剧与导演的角色，在大戏正式开演的时候，应将舞台让给项目小组与业务部门。项目还需要建立考核评价与激励机制，激发项目小组自身的主动性与积极性。

行动

企业问题的真正解决不能只停留在书面上与方案中，需要落地行动。行动一方面可以验证方案的可行性，另一方面也是最终达成目标的途径与手段。因此，GPS-A 方法论的落脚点是行动，目标是通过行动取得最终的业绩成效。

这样的行动就有两层含义。一个是关于试点的行动。前文提到，知与行是一不是二。认知与行动的不断循环，正是企业管理者对问题认识的不断升华的过程。针对问题的解决方案背后一定会有假设与认知，这个假设与认知是主观的，需要在客观环境中得到验证。这个验证的方法就是方案的试点行动。由于方案尚不成熟，因此试点的范畴要小，试点的成本应当控制。其目的是主观与客观的统一，方案的优化成熟。行动的另外一层含义是推广行动。当方案得到验证，优化成熟之后，就需要推广到全公司的范围，取得最终的成效。推广行动的目标是最终业绩的达成，因此，推广行动的范围要宽，需要做组织动员，让上下达成共识。

四、如何设计一个绩效型学习项目

针对 GPS-A 模型的思想，企业的绩效问题解决可以通过绩效型学习项目的设计（图 4.2）与实施来达成。这是一个全新的方法论，它不同于传统管理咨询的思路，也不仅仅停留在行动学习的方法上。绩效型学习项目的设计要把握以下几个关键点。

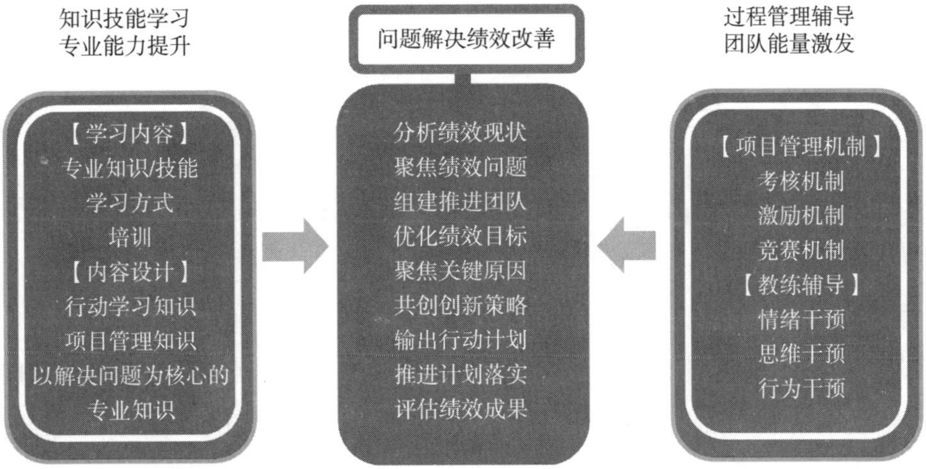

图 4.2　绩效型学习项目设计

问题从哪里来

绩效型培训是当今培训学习的潮流。培训学习部门越来越清楚地认识到，只有帮助解决企业的绩效问题，才能为企业创造更大的价值，学习部门的地位才能够重新评估。然而，绩效型问题从哪里来呢？培训学习部门如何做才能抓住企业当前的关键问题，做到帮忙而不添乱呢？

前文提到，绩效型问题来自企业经营管理的系统之中。因此，找到问题的关键在于对企业经营系统的理解。企业经营系统可以分为四个层面，它们分别是战略定位、运营模式、管理体系及文化基础。战略定位是整个企业经营系统的龙头与核心，决定了企业经营系统与商业经营环境之间的协调关系；运营模式由战略定位决定，它是企业采购、研发、生产、交付、营销的价值链的组织方法；管理体系由战略定位与运营模式决定，它把企业的人、财、物等各项资源和活动组织起来，保障企业运营的高效运转，它包括组织、管控、激励、授权、用人、信息化等一系列具体工作；文化基础源自企业的发展历史，是企业内部主流的价值观与精神，它影响着内部员工之间的交往互动行为，与战略、运营及管理相匹配，是企业最深层次的东西，难以扭转与改变。

站在企业家的高度

企业经营管理是一个系统，这个系统之内的各个层面与部分之间存在着紧密的联系，需要从整体上对它进行把握。战略定位层面回答的是有关企业生存的问题。企业为什么能够生存，关键是能够为客户创造价值。那么，顾客是谁，他们的需要是什么，我们能够为他们提供什么样的差异化价值，以及为什么竞争对手难以提供这样的价值，这些是战略定位层面需要回答的问题。企业的战略定位一旦确立，就应当设计与战略定位相匹配的企业运营价值链条，这条运营链根据成本、差异化等不同的定位，应当体现不同的特征。运营模式进一步决定了企业的管理组织方式，最终形成了企业文化价值观。

例如，在纯净水这个行业里，农夫山泉与娃哈哈尽管同样是做水的企业，表面上看经营模式类似，但实际却是两个完全不同的系统。农夫山泉定位山泉水，依靠健康差异化战略获取市场，这就决定了它不得不在水源地建厂，物流成本居高不下。依靠品牌营销活动策划产生市场“拉动”效应，从而形成了它特有的运营模式。在组织管理上它必须注重市场部建设，形成统一管理组织体系。在文化上就要强调开放、创新。娃哈哈销售的是纯净水，依靠性价比取胜，由于纯净水的工艺是过滤或蒸馏，因此可以就近销售，以节省物流成本，以此形成了娃哈哈全国区域公司组织体系。在营销上娃哈哈实行“推动”的策略，注重渠道建设，发明了经销联合体制，激发经销商积极性，从而拥有强大的网络能力。娃哈哈在企业文化上强调务实与执行。

通过对农夫山泉与娃哈哈的分析可以看出，决定两个系统的是整体性的战略定位，两个系统内部的经营要素各自围绕定位叠加作用，形成了完全不同的两个系统。大部分人容易割裂与片面地理解这个系统，以致做出了错误的判断与决策。

2009 年，丰田公司社长丰田章男过度追求成本下降战略，结果导致汽车质量出现隐患，从而爆发了全球性的汽车召回事件，付出了惨痛的代价。这是典型的片面化思维惹的祸，企业各项指标之间存在着紧密的相互关系，牵一发而动全身。因此，对企业问题的理解与提炼必须站在整个系统的角度思考。这就需要整体看，这个问题对企业战略定位的价值与贡献是什么；需要横向看，影响这个问题的还有哪些因素，涉及哪些部门；需要深入看，这个问题深层次的原因有哪些。只有从企业经营系统的整体理解问题，才能提出合理的解决问题的方法与手段。

系统思考并不仅仅意味着整体思考，还意味着对企业经营系统关键点的把握。根据以色列物理学家高德拉特（Eliyahu M. Goldratt）博士创立的“瓶颈理论”（TOC，Theory of constraints），在企业发展的特定时点，一定会存在制约企业系统的瓶颈问题，寻找与锁定这个瓶颈问题，聚焦于瓶颈的改善，就能够达到系统各环节同步、整体提升企业系统的目标。依据这一原理，绩效型学习项目的设计者应当诊断与识别制约企业发展的关键瓶颈问题，这是项目成功的重要基础。那么这些关键问题的提炼有哪些线索呢？

洞察与提炼公司的关键问题，应当站在最高管理层的高度思考。在当下，什么是企业面临的最大挑战？企业最关键的变革任务是什么？有哪些潜在的危机？期望组织做出什么调整？企业家应当先天下之忧而忧，后天下之乐而乐，企业家的思考折射出企业所面临的关键形势与难题。这些思考往往会在企业年终等重大会议的董事长总经理工作报告中透露出来，研究这样的报告是提炼问题的好方法。

以我们策划的 HY 化工成本下降绩效型学习项目为例：HY 化工是一家年产值超过 30 亿元的煤化工企业，主要产品是尿素等化工产品，产品的同质化强。行业竞争的关键在于成本领先。最近几年，受中国经济增幅下滑的影响，这个行业的需求下降，市场供过于求，价格不断下滑，这就对企业经营造成巨大的挑战。从自身状况看，企业地处内地，发展历史比较长，煤化工生产现场非常艰苦，企业团队务实、奋进，但是在管理上比较粗放，精益化管理的意识不强，成本下降有很大的空间。很显然，成本下降，尤其是生产成本的下降是 HY 化工新形势下生死存亡的关键问题。HY 化工董事长凡殿才敏锐地把握住了这个关键问题。

然而，解决这个问题并不容易。生产成本下降涉及方方面面的工作。包括生产工艺的调整、生产管理流程的优化完善、生产计划的协调、工人责任心的加强等。更加深层次地看，还需要改变工人与管理干部固有的生产作业习惯与生产管理思维。降本举措的落实一定会增加工作量，这就必须激发员工的热情与积极性。因此，仅仅提要求、喊口号是很难产生实际作用的。这就需要真正地组织动员，将全体员工卷入降本增效的项目之中。如何达成这一目标呢？凡总听了我的行动学习课程之后很受启发，希望我能够帮助他策划一个成本下降的学习项目。

深入业务一线

要提炼出好的问题，还需要深入业务一线发掘问题。站在高处的好处是纵观全局，但是容易见森林而不见树木。深入业务基层的好处是容易发现高层所忽视的问题，从而创造性地提出让人眼前一亮的关键问题。

2015 年 4 月，我曾经在深圳拜访中信信用卡培训中心，听总经理郑志燕介绍他们的一个学习项目，很受启发。中信信用卡培训中心深入业务部门研究发现，信用卡业务部门有两个电话团队：一个是信用卡电销团队，另一个是电话催收团队。两个团队原本各自独立运营，由于存在业务需求的季节性波动，造成忙时来不及，而闲时又人员浪费。针对这个问题，中信信用卡培训中心设计了专题学习项目，培训一批既能电销又能催收的超级电销人员。在电销忙时，这批人员就充实到电销队伍中；在催收忙时，这批人员就补充到催收团队作战。

中信信用卡培训中心之所以能够洞察业务波动导致的电销人员忙闲不均的问题，是因为他们与业务部门的紧密沟通与协作。能够站在业务部门老大的角度，发现困扰他们的核心问题，并能够创造性地发挥学习技术的优势，这是成功策划一个绩效型学习项目的关键。

关注协同

提出好的问题，还应当关注企业内部各部门之间的协同，这往往是难题所在。部门墙是企业内部的常态，不同部门的职能不同，关注的重点就不一样。由于利益与专业视角的不同，各部门都力图将自己部门的重点考核指标无限优化，而忽视了企业是一个整体系统，单一指标最优化的叠加并不能产生整体最优的结果。于是，问题就此发生。市场部门与销售部门之间，质量部门与生产部门之间，容易产生矛盾与冲突，库存问题就是一个典型的问题。为什么会造成库存积压？往往是各部门的矛盾导致的。营销部门销售预测不准确，为了供应及时而多报数字。生产部门的生产计划也容易从本部门出发，而忽视了与物流部门的协同。采购部门为了降低成本而一次性大量购入原材料。我担任顾问的一家家居企业春节期间库存大量积压，临时借了两个大仓库，可是该发的货还是发不出。这就是典型的部门协同导致的问题。

团队如何组建

在团队组建方面，绩效型学习项目与领导力发展学习项目不同。领导力发展学习项目一般是先有人，后有项目，根据要发展的经理人的领导力短板，针对性地设计行动学习项目。而绩效型学习项目则是先有项目，后有人，先有需要解决的问题，后根据问题组建团队。

团队组建的原则是问题解决的有效性。因此，进入核心团队的成员首先是直接面对问题的人。在日常工作中面对这些问题的人有切身的经验，最了解事实的真相。在前文提到的 HY 化工生产成本下降项目中，核心团队是由 13 个车间的管理层以及班组长所组成的。这些人平时就工作在生产一线，最了解造成生产成本居高不下的真实原因。此外，任何降低成本的策略与举措也必须通过他们落实下去。因此，这批人是整个项目的核心团队。此外，近 4000 人的一线工人也应当包含在这个团队之中，只有将他们发动起来，才能真正将生产成本的下降落到实处。

其次，团队应当包括相关部门的人，他们从不同的角度面对同一问题，可以产出跨部门创新性的解决方案。在 HY 化工项目中，就是与生产成本下降有关的部门，包括生产计划部门、工艺技术部门、采购部门、物流部门等。煤化工是流程工业，生产计划部门的生产计划直接影响不同车间之间的生产协调性，进而影响原材料的消耗以及设备的检修周期，对生产成本产生重大影响。生产工艺与技术的控制与调整直接影响生产效率与成本。煤炭是煤化工的主要原材料，采购部门采购煤炭的质量会直接影响生产成本指标。因此，如果仅有车间管理团队及一线工人是不够的，必须将相关部门卷入，共创成本下降策略。

最后，团队应当有掌握专业知识的人，他们的知识与经验能够帮助问题的解决。HY 化工项目中就有生产技术与工艺专家，他们的专业技术与能力能够帮助团队突破技术瓶颈，围绕成本下降进行工艺改进。

项目阶段如何划分

阶段的划分是指将项目周期分解为不同的阶段，确立不同的目标，实施不同的内容，通过分解动作确保项目的高质量完成。绩效型学习项目在阶段的划分方面与领导力发展项目也不同。领导力发展项目一般根据领导力的发展内容与过程来划分，而绩效型学习项目则根据问题解决的过程来划分。

通常来说，问题解决一般可以分为这样六个阶段：目标与调研、策略与计划、落地执行、反思优化、完善推广和总结传承（表 4.1）。

表 4.1 HY 化工“拧毛巾”行动的 6 个阶段

阶段	主题	内容	目标
第 1 次集中	目标与调研	项目启动大会；行动学习方法导入；造气车间行动学习研讨会；激励考核与宣传推广机制	项目正式启动明确成本下降目标，划定范围，抓住关键指标，出台关键举措建立激励考核与宣传推广机制
第 2 次集中	策略与计划	造气车间降本关键举措专题研讨会；供应行动学习研讨会	形成造气车间降本关键举措；供应部门行动学习议题聚焦
第 3 次集中	落地执行	生产：压缩、锅炉车间行动学习研讨会，营销行动学习研讨会	形成压缩、锅炉车间降本关键策略，营销行动学习方案确定目标、形成关键举措
第 4 次集中	反思优化	所有生产车间推广与启动三个先期部门推进工作的反思及优化方案	项目推广与启动方案反思与优化
第 5 次集中	完善推广	13 个生产车间问题跟进及调整推进、优化；供应、营销系统的跟进组织	13 个生产车间问题跟进及调整推进、优化；供应、营销系统的跟进组织
第 6 次集中	总结传承	方案汇报；总结大会；表彰先进；成果推广	方案总结与表彰先进

目标与调研阶段是整个项目的龙头，开头顺利对整个项目极其重要。在这个阶段，项目组应当明确项目达成的目标，并对相关问题进行初步的探索，锁定需要进一步深入调查研究的主要信息与数据，并实施调研工作，通过访谈与问卷的形式收集相关信息。这个阶段通常也是非常重要的项目动员阶段，应当通过项目启动大会、企业文化宣传等手段进行造势，在组织内部形成紧迫意识。

在 HY 化工成本下降项目中，目标与调研阶段是两周左右的时间。在此阶段之前，我们已经与凡总做了多次沟通，并专题访谈了公司高管以及主要车间的管理层，走访了生产现场，在此基础上做出了整体项目的设计。在目标调研阶段，我们是通过一个项目动员大会开启的。这个会议由 HY 化工所有中高层管理干部及班组长参加。为了形象地说明项目的意义，我们将这个成本下降学习项目命名为“拧毛巾”行动。以拧掉毛巾中最后一滴水为比喻，号召全体员工参与到这个活动中来。会上，董事长凡殿才讲话强调形势的严峻性与紧迫性。项目经理介绍整个项目的阶段、激励机制与领导责任。专家通过一堂行动学习课导入了项目需要的重要方法论。

在半天的动员大会之后，开启了第一次工作坊。在这个工作坊中，明确了生产成本下降的考核指标，如吨氨煤耗、吨氨电耗等，以及项目具体达成的目标。对生产成本高的原因进行了初步的分析，并在此基础上提出了进一步调研的信息与数据。这次工作坊之后，要求各车间落实两项任务：一是组织本车间的成本下降行动学习活动，这次活动要深入每一个生产班组，运用所学的方法动员一线工人进行行动学习成本下降活动，明确本车间及班组的目标；二是各车间根据调研计划的要求进行调研，锁定那些影响成本目标的关键因素与相关的数据。

策略与计划阶段是项目的第二个阶段，这个阶段的目标是共创主要策略与计划。在调研的基础上，项目团队需要进行原因的分析，找寻影响问题的关键因素，并规划针对性的改善举措，评估这些举措，最终形成下一阶段成本下降的具体计划，确定子目标以及负责人。这个阶段的关键点在于关键原因与策略的提出，以及计划的可执行性。

在 HY 化工项目中，第二次集中的目标是在第一次研讨成果的基础上，应用精益六西格玛的工具和方法，对成本下降策略进行层层细化，形成可落地、可执行的具体工作任务；对工作任务进行量化定标，形成可量化、可监控的 KPI 指标，最终形成项目推进计划。这次行动学习的参与主体是车间管理层与班组长。在研讨中，车间管理团队出现的最大问题是对原因的分析不够深入，急于下结论、出策略，导致策略与方法浮于表面，仅仅是常识的堆积，创新性与有效性不足。另一个问题是定性分析多，定量分析少，这也暴露出日常生产管理工作的不足，这就对精益管理方法的导入造成障碍。这些问题需要在整个项目中逐步引导解决。这次集中之后的任务是让各个车间分头组织行动学习，将行动计划细化，考核指标量化，并按照项目甘特图开始落地执行。整个策略与计划阶段是两周左右。

第三个阶段是**落地执行阶段**。在这个阶段，项目团队执行前期所规划的策略计划。这个阶段的关键在于过程控制。这一点也是领导力发展项目与绩效型项目的重大区别。领导力发展项目的重点在于学员领导力提升，而绩效型项目的重点在于绩效达成，因此，绩效型项目成败的关键是执行落地过程的精细化控制。这就要求执行过程中要有抓手，对执行团队的状态与执行效果要及时掌握，反应要灵敏迅速。

在 HY 化工项目中就充分体现了过程控制的重要性。落地执行阶段总共用了一个月的时间。在这个阶段，项目的绝对主角是车间管理层及班组长。然而，这个项目涉及 13 个车间 4000 名工人，组织动员是否足够，执行过程是否坚决，是决定项目成败的关键所在。为此，我们将控制点放在车间管理层，要求他们定期做工作简报汇报到项目领导小组，及时召开专题会议，解决执行过程中出现的问题。

第四个阶段是**反思优化阶段**。这是一个非常重要的阶段。在上一个阶段落地执行过程中，主观的策略方案一定会在客观实际的复杂情境中得到验证，获得反馈。在反思优化阶段，就需要对制定的策略计划进行反思，哪些策略是符合现实的，哪些策略是不符合实际的，根据反思调整与优化策略与方案，进一步推进落地实施。反思优化的关键在于深度，不能停留在表面，而是应当深入探索公司与团队的固化思维，打破这些原有的认知与假设，才能获得真正创新的突破，项目团队自身也能得到学习与成长。

HY 化工项目的反思优化阶段放在项目开始之后的两个月左右。在这次集中期间，通过一次复盘反思工作坊，引导车间管理层系统反思执行的过程。工作坊应用了复盘的工具方法，通过回顾目标、评估结果、分析原因、反思方案、改进计划等步骤，系统复盘了前期成本下降计划的执行过程，反思了策略计划的有效性，保留有效的策略，去除无效的方法，创造新的策略，并形成下一阶段的行动计划。在反思复盘工作坊上，暴露出前期方案的创新性不够，这时需要引导团队深入反思束缚自己的思维，解放思想，大胆假设。这个思维突破对创新方案的获取以及团队的学习进步均非常重要。另外，执行团队反映许多决策与方法不在车间的权限范围之内，必须通过生产管理及采购部门才能解决，这就为生产成本下降的深入开展迎来契机。

第五个阶段是**完善推广阶段**。这个阶段的重点任务是尽可能推广与扩大措施执行的范围，取得最终绩效。绩效型项目的最终目标一定是绩效目标的达成。前期的工作重点在于策略的发展与试点优化，而绩效结果的获取则是这一阶段的重心。因此，在这一阶段，应当投入所有可以投入的资源，动员所有能够动员的员工，以取得最终的成果。

HY 化工项目中，这个阶段我们将范围扩大到生产管理部门以及生产采购部门，举行了跨部门的生产成本下降策略共创工作坊，新增了煤炭原材料质量控制、生产计划协调降本等议题与措施。这些议题与举措对生产成本下降非常重要。这个阶段的另一个重点是以班组为抓手，通过评选优秀班组等措施，动员车间一线班组参与到成本下降的活动中来，增加项目实施的深度与范围。

最后一个阶段是**总结传承阶段**。顾名思义，这个阶段是整个项目的收尾阶段。收尾与起始阶段是项目最重要的两个阶段。收尾收好，就能够充分发挥整个项目的效能。绩效型学习项目的作用并不仅仅是绩效目标的达成，它还应当提升组织经营管理系统，塑造组织文化。这个阶段的主要内容是回顾与总结项目的整个过程，评选最佳团队与员工，兑现奖励机制。为了避免项目结束后一切又回到老路的不利结果，这个阶段非常重要的一个任务是提炼项目过程中产生的得力举措，并将这些举措制度化、规范化，变成为日常的工作标准。另一个重要的任务是选拔与表彰一批在过程中表现优秀的干部。此外，还应当借此机会激发组织活力，树立积极进取的企业文化。

在 HY 化工项目中，我们以总结表彰大会作为标志性的收尾活动。在此之前，对项目执行的过程进行了总结，根据新的策略与作业标准形成制度文件，并要求各个车间及部门拿出本部门的项目总结报告。此外，还对各车间成本下降的实际成果进行核算，根据奖励机制制订出各车间的奖金分配方案。总结大会既是项目的总结又是新的一年成本下降工作的动员大会，除了表彰总结等内容之外，重点放在新一年继续开展成本下降活动的动员与启动上，安排了提升效率下降成本的专题课程。绩效型项目需要在组织内持续推动与开展，项目结束之后如果草草收场，很容易造成一阵风过后恢复原状，项目的意义就丧失了。持续精进是经营秘诀，经营高手都会理解这个道理。一位企业家朋友是做制造业的，他在公司内部推行运营改善项目，每年都提出更高的目标，组织团队推进落实。他坚持了 10 年时间，结果是地处上海的制造业企业却获得了全行业最低的成本优势。

绩效型项目六个阶段的划分只是通用设计的参考。不同的项目目标不同，方法不同，自然阶段的设计也应当根据项目实际情况有针对性地调整。

绩效型项目成败的关键在于过程控制。这需要考虑三个方面的问题：一是项目执行的组织与责任如何设置；二是项目的考核与激励机制；三是执行过程的关键点把控。

明确四个角色

绩效型学习项目通常有四个角色，分别是项目的发起人、召集人、项目团队以及外部专家。项目的发起人通常是问题的所有人，负责项目的发起与执行，并为项目结果承担主要领导责任。项目的召集人负责项目的组织协调，为项目团队的工作提供公司内外资源的支持。项目团队具体承担项目的研究与执行，达成最终业绩。外部专家负责项目设计、知识案例补充、跟踪辅导等工作。在组织内部明确四个角色的责任，在过程中分工协作，这是保证绩效型学习项目成功的关键环节。

在这个问题上，最容易混淆的就是发起人与召集人角色。培训学习部门组织最多的是领导力发展项目。前文提到，在领导力发展项目中，是先有人后有事，根据人的领导力发展要求来设计项目。因此，在这类项目中，项目的发起人往往是公司人力资源副总裁，而召集人则是培训学习部门。学员所在的业务部门是配合部门，业务部门领导最多扮演内部导师与专家的角色。带着这样的思维做绩效型项目，就会犯关键性错误。在绩效型项目中，是先有事再召集人，主要目标不是发展人而是解决事。解决的事是业务部门的工作，项目团队的主要成员也来自业务部门。如果人力资源条线领导做发起人，就会打破公司原有的组织分工，出现越俎代庖的问题，这是公司的大忌。此外，如果问题所在的业务部门领导不做发起人，并承担项目成败的主要领导责任，他们就缺乏真正的动力推进项目，项目的执行就得不到真正贯彻与落实。

因此，在绩效型项目中，项目的发起人应当由问题所在的业务部门分管领导担当，学习部门应当扮演召集人的角色。学习部门应当定位为公司内部专业服务提供者的角色，成为内部专家，运用所掌握的最新学习工具与方法论，帮助业务部门解决难题。如果能够成功地扮演这样的角色，并通过几个成功的案例树立组织内部的专家形象，将极大地提升培训学习部门的地位。

在 HY 化工生产成本下降项目中，实际发起这个项目的是公司的董事长凡殿才，但是董事长不适合做项目的发起人，他很难承担项目具体落地的领导责任。这个发起人应当由分管生产条线的副总担任。人力资源部门是召集人没有疑问。项目团队主要由生产车间管理层及班组长、生产管理部门以及采购部门组成，涵盖了公司生产条线的所有员工。

项目考核与激励

在绩效型项目中，大部分需要落地实施并达成具体绩效，因此项目的考核与激励机制的建立非常重要。对项目团队的考核是基于项目目标的，应根据项目团队完成项目目标的情况，进行奖励与处罚。因此，项目目标的合理化设置就是考核方案的关键。一是目标高低的问题。如果项目目标设定过高，就会打击团队积极性；如果设定过低，则丧失了挑战性。目标设定要在深入调研的基础上慎重提出。目标的设定也可以由项目团队在第一次工作坊中自己提出，由公司认定。二是目标所涵盖的范围要适当。目标应当既包括定量指标，也包含定性指标，既明确短期目标，也兼顾长远发展。

在设定目标之后，就是对团队的激励方案。绩效型项目可以采用奖金激励的方式。这就需要设计奖金考核办法。难点在于奖金分配如何体现团队中每名员工的贡献。这就需要尽量将团队中成员的贡献定量化，才能在奖金分配中做到尽可能的合理化。除了奖励基金之外，还可以采用竞赛的形式，选拔表彰与奖励在项目中表现突出的团队与个人，激发员工潜能，弘扬进取精神。

在 HY 化工项目中，生产成本下降举措的落地，需要强大的组织动员。一线生产工人的工作量势必大量增加，如果没有相应的物质奖励，很难克服组织惯性，将项目推动落地。董事长凡殿才拍板决定，将生产成本下降的40%作为奖励基金。在生产成本指标的选取上，选择了吨氨煤耗、吨氨电耗等影响生产成本比较大的指标。针对不同车间的具体情况，选择了不同的成本指标。此外，由于煤化工是流程工业，多个车间对吨氨煤耗这个关键指标的下降均有贡献，这就需要根据实际情况将这个指标的下降按照比例分解到各个车间，作为奖金分配的依据。此外，HY 化工项目以班组为单位，开展了生产成本下降竞赛活动，评选了优秀班组与优秀个人，进行了表彰与奖励。

双线控制模式

领导力发展项目的重点通常放在策略与方案的研究与规划上，因而项目组织方控制的重点往往也放在策略的研究规划上，控制的节点通常放在学员集中学习的时间段。然而，绩效型项目既有策略方案的研究规划，又有方案的执行落地。方案的执行与落地是重点，而且执行方案落地的团队范围通常更大。在这种情况下，如果仅仅将控制重点放在策略规划层面，而忽视了集中学习之后执行过程的控制，就会丧失对项目成果的把控力。

因此，绩效型项目组织方应当采取双线控制模式（图 4. 3）。

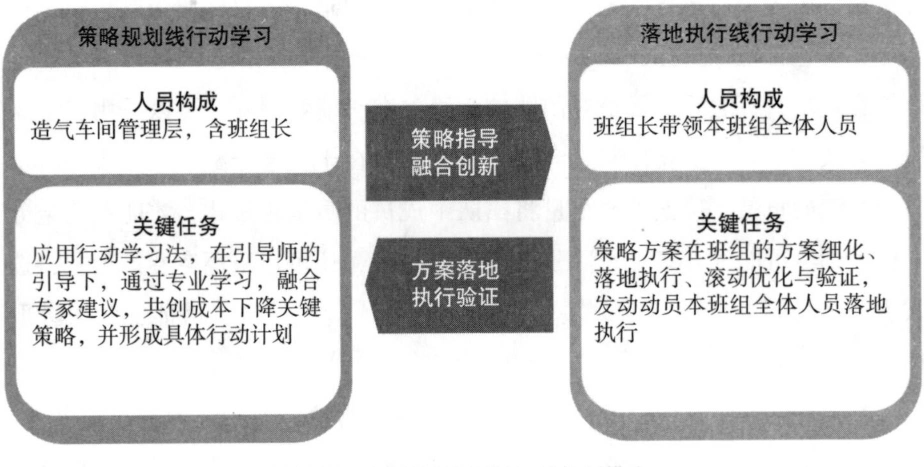

图 4. 3 “拧毛巾”行动双线控制模式

针对策略研究规划线，辅导控制的重点放在集中学习阶段，根据前文提到的项目推进阶段，在每一次集中学习节点，将辅导控制的重点放在调研、策略共创、反思优化、策略创新等方面。在过程中可以教授团队行动学习方法工具、项目管理的知识、与课题相关的专业知识与案例等。这些方法可以参考前一章相关小节，这里就不赘述了。

针对执行落地线的辅导与控制是重点。需要对执行的过程进行监控，并根据一线反馈信息及时调整策略。这就要建立信息反馈制度与辅导跟进机制。

信息反馈需要决策的重点在于反馈周期与内容颗粒度的大小。从反馈周期看，为了及时掌握执行过程中的情况及问题，反馈时间间隔越短越好。然而，时间过短会造成汇报工作量加大，汇报信息质量不高等问题。因此，需要找到恰当的反馈周期。在 HY 化工项目中，我们认为这个反馈周期在一周比较合适。从汇报内容的颗粒度来看，颗粒度过粗与过细都不好，过粗无法掌握细节情况，过细则容易纠缠在细节中无法统观全貌。在 HY 化工项目中，我们要求各执行部门定期做工作简报，简报的主要内容有本阶段的主要工作内容、取得的成果、存在的问题、下一阶段的实施计划，以及希望得到的支持等。工作简报的汇报部门要下沉到班组。

在信息反馈上来之后，根据执行过程中发生的情况，就需要做出及时的反应，进行策略调整及跟进辅导。跟进辅导可以采用两种方式。一是项目领导例行会议。在执行阶段，定期召开项目领导会议，会议由项目发起人主持，由项目召集人、项目团队骨干及外部专家共同参加，针对项目执行过程中发现的主要问题，进行及时的讨论，提出调整与追加策略，确保执行落地工作顺利开展。二是项目专家对执行团队执行情况的定期与不定期跟进辅导。当项目专家通过信息反馈发现执行过程中的问题的时候，应当及时跟进执行团队深入了解，并针对性地辅导与解决问题。

五、如何运用 GPS-A 模型推进品牌战略规划与落地

2016 年下半年，全球最大的光伏组件制造商天合光能董事长高纪凡提出了实施品牌战略的构想。实施品牌战略的背景是国内光伏组件企业的低价白刃战，导致全行业陷入红海。天合光能一直将科技和品牌作为公司的发展战

略，公司内部建设了光伏科学与技术国家重点实验室，在光电转换率等关键技术指标上屡破世界纪录。天合光能期望通过实施品牌差异化竞争战略摆脱低价竞争泥潭，用品牌引领公司战略转型。

品牌共识与执行落地是两大难题

品牌战略的制订与推行责任就落在了首席品牌官杨晓忠和品牌管理总监吴红燕肩上。然而，这是一个不容易达成的任务，主要有两个难题。第一个难题是如何制订公司的品牌战略，并让管理层达成共识。公司曾经委托一家国际著名的品牌咨询机构策划品牌战略。然而，由于前文所提到的传统咨询方法论的缺陷，品牌战略报告的逻辑很清晰，但是相关工作只是开了头。摆在吴红燕面前的另一个难题是，在品牌战略达成共识的前提下，如何在公司落地与推进这一战略。集团下属有多个事业部，每个事业部还需要制订本事业部的产品品牌战略，并落地实施具体的举措。作为集团的一个职能部门，需要各事业部领导买账，认识到这是一个非常重要的任务，并坚决贯彻下去达到成效。无疑，这是一个艰巨的任务，需要组织动员手段。

天合光能的首席人力资源官邵阳敏锐地捕捉到了集团品牌管理部门遇到的挑战并认识到绩效型学习项目可以帮助推进公司品牌战略落地工作。

根据天合光能的需求分析，我们认为这个学习项目的目标是品牌战略的创建与分解落地。这个项目是直接帮助企业推进品牌战略的绩效型项目，但是它并不强调品牌战略分解计划之后的落地实施，而是重点帮助企业在品牌战略上达成共识，并分解落实到每个事业部的具体计划举措上去。根据这个目标，我们将整个项目设计为两个阶段：一个是品牌战略的创建与共识达成阶段，另一个是品牌战略的分解与形成计划阶段。分别以两个一天一夜的敏捷共创工作坊为主体。

央视品牌口号诞生记

2016 年 12 月，学习项目的第一个阶段开始。在访谈与资料研究的基础上，我们定制开发了天合光能品牌战略创建工作坊。在这一天一夜的工作坊中，主要运用了敏捷共创五步法设计整个教学环节。第一步是问题聚焦与提炼。此次工作坊期望解决的问题是天合光能战略共识的达成，确定品牌战略。从完整的品牌结构来看，又要分解为公司品牌战略与下属事业部品牌战略。第二步是知识建构，天合光能的高管素质与能力很强，随着公司的发展，天合光能计划对高管进行品牌知识的专业培训。因此，我们通过讲解品牌生态检测、品牌定位方法、品牌价值体系、品牌创意体系等知识工具与相关案例，打开他们的思维，教授品牌共创所需的理论工具。第三步是团队共创。参加工作坊的学员是天合光能品牌委员会的成员，他们是天合光能的中高层管理者，现场分组共创。公司品牌分两个小组，每个事业部一个小组。他们分别就本小组的公司品牌或事业部品牌战略进行共创。第四步是教师引导点评。受制于对理论工具的理解与固化思维，各小组首次共创的结果往往质量不高，这就需要教师对各小组的回报进行犀利的点评，促使他们反思与提升。第五步是新知共创。在各个要素齐备的情况下，此次工作坊最终成果丰厚，天合光能公司品牌以及事业部品牌的品牌定位、价值体系以及创意体系的基本框架成功构建起来。

当天工作坊的现场气氛非常火爆。董事长高纪凡亲临现场。当原定结束时间 21:00 到来时，绝大多数共创环节圆满结束，只是大家对天合光能品牌宣传语还在争论不休。高总提议，既然所有高管都在现场，今晚不共创成功誓不收场。于是，品牌专家对前期品牌宣传语的创意进行了点评与提示，要求所有在场高管每人思考并提出自己满意的品牌宣传语。引导师将这些品牌宣传语写在白板上，请所有人围绕白板站在一起，通过民主选举选出了排名前三的品牌宣传语——“天人合一，成就梦想”“天合光能，与光同行”“与光同行，诚就梦想”。考虑到前期共创的天合光能品牌定位：“天合光能是一家真诚可靠，通过太阳能整体解决方案与利益相关方实现利益共赢共享的全球化领军企业。”其中，真诚、速度、创新都是关键特征。据此，“与光同行，诚就梦想”最终被确认下来。这时，时针已过24:00。工作坊结束一周后，天合光能的“与光同行，诚就梦想”电视广告在中央电视台华丽亮相。

在品牌战略创建工作坊结束后，我们对工作坊的产出进行了梳理与总结，并提供了专家修改意见。集团公司品牌部门及各个事业部进一步深入讨论，完善形成了公司及事业部品牌战略架构。

图 4.4　天合光能品牌口号释义

共同描绘品牌战略地图

品牌战略创建工作坊解决的是此次学习项目的第一个问题，品牌战略创建与共识达成。在此基础上，还需要将品牌战略分解落实到集团及各个事业部的具体工作计划之中。显然，这个事很难完全由集团品牌管理部门包办，而应当由各事业部自发完成，自己做出的品牌计划自己更有主动性去贯彻执行。

第二个阶段是在第一次工作坊之后的一个月开始的，它的主体是另一个一天一夜的工作坊，它的名称是品牌战略分解落地工作坊。在这个工作坊中，我们对战略平衡计分卡工具做了改进，设计了品牌战略的平衡计分卡工具，并以这个工具为引导共创基础，引导集团及各个事业部将上期制定的品牌战略进行策略分解及计划的制订。将品牌忠诚度、品牌认知度与品牌知名度作为品牌的主要评估指标，并明确品牌的核心定位。在此基础上，发展具体的策略，具体包括品牌传播策略、客户沟通策略、员工发展策略、客户产品体验、员工满意度、政府公关、研发等。此外，还包括更深层次的品牌管理组织与绩效考核工作。工作坊的产出成果是各事业部 2017 年品牌战略分解落地的方案，包括考核指标、责任部门与推进计划。

这次工作坊在开始的部分再次对品牌战略进行了一轮反思，大家达成了深度共识。共识达成后，各事业部的分解讨论非常顺利。工作坊后要求各事业部专题讨论并完善这一计划，提交品牌管理部门批准后落地实施。

在天合光能品牌学习项目中，项目发起人是公司首席品牌官杨晓忠，项目的召集人是学习发展部门，项目团队则是集团及事业部的中高层，中国行动学习研究中心扮演外部专家顾问的角色。项目结束之后，集团召开了品牌管理委员会会议，正式发布了公司的品牌战略与执行政策。公司品牌管理部门对学习与发展部门表示感谢，学习发展团队因包括这个项目在内的培训工作获得公司年度优秀团队的表彰。

六、如何设计一个营销业绩突破学习项目

2016 年 5 月 22 日下午，当 BXN“挑战者联盟”训练营项目汇报落下帷幕的那一刻，会场响起了热烈的掌声，所有的学员、高管与老师都为所取得的成就欢欣鼓舞。“挑战者联盟”是 BXN 商学院为营销中层经理开设的学习项目，在为期 8 个月的项目周期内，5 个小组 50 多名学员一共为 BXN 创造了 7366 万元的营销业绩，比预计目标超额完成 1572 万元（表 4. 2）。BXN 商学

院原执行院长黄艳丽专门对项目策划执行方表示了感谢。

这样的业绩是如何达成的呢？

表 4.2　“挑战者联盟”小组业绩达成情况

小组	计划目标（万元）	实际达成（万元）	新增业绩（万元）	达成率（%）
太阳队	229	291	62.6	127.34
G7 队	1700	2300	600	135
必胜队	210	520	310	247
钱隆队	2655	2955	300	111
挑战者队	1000	1300	300	130

能否做一个真正落地的学习项目？

事实上，这是我们第二次为 BXN 规划学习项目。第一次是针对 BXN 中层的高干三班项目，项目的重点是领导力发展。我们运用了以行动学习为主线的领导力发展（ALL）方法论进行设计，其中行动学习采用了课题研究的模式，不强调落地执行与绩效产生。第一次项目获得了一定成功，学员的事业部领导参与了行动学习汇报，并给予了充分肯定。在进行项目复盘的时候，BXN 商学院执行院长黄艳丽提出：能否进一步改进，做一个以绩效为导向的真正落地的行动学习项目？这正是“挑战者联盟”诞生的缘由。

根据这个想法，经过深入研究与思考，我们选择了营销业绩突破作为此次学习项目的核心问题。选择这个课题的主要原因是服装行业面临变局，在互联网电子商务崛起的背景下，线下门店销售模式遭受考验，如美特斯邦威等线下服装企业业绩大幅下滑。BXN 也受到很大影响，公司亟须探索一条营销转型的创新道路。这个问题既是重要的，又是面向未来的探索性议题，非常适合选作学习项目的主题。

意见达成一致后，BXN 商学院专门选拔了一批营销中层经理参加此次培训。学员主要由两部分人组成：一部分是 BXN 集团下属各品牌的营销区域经理，另一部分是宝鸟职业装定制事业部的大区经理。在项目设计阶段，我们专访了学员的主管领导，分别是直营事业部的方总、电子商务的胡总与宝鸟的骆总。与他们的交流非常顺畅，主要取得了两项成果。

一是对课题的方向与学习项目的目标达成了共识。当我们问到当年事业部最重要的营销任务是什么，在营销转型中面临哪些困难，在转型中对这批营销经理的最大期望是什么时，方总重点提到了异业联盟、量体定制是直营事业部的关键转型任务；胡总认为如何运用社交媒体转播手段提升公司业绩是公司短板；骆总则认为职业装定制业务是传统的 B2B 业务，关键问题是抓执行与落地，提出了团队、客户、运营三大管理是他们的抓手。出人意料的是三位业务部门的领导在一个问题上不约而同，他们不仅在意学习项目中营销业绩目标的达成，还特别提出这批学员是他们的营销核心力量，期望学习项目能够提升这批营销骨干经理的能力。好的领导者不仅关注事儿，更应关注人与团队。与我们对业务领导者仅重视业绩的偏见不同，杰出的业务领导者往往是团队建设的高手。这给我很大触动，也直接影响到“挑战者联盟”学习项目的设计。我们在以绩效推进落地为主体的基础上，还是加上了领导力发展条线，使“挑战者联盟”成为一个绩效型为主的综合学习项目。

访谈取得的第二项成果是业务部门领导对学习项目的支持承诺。在这个环节，我解释了“挑战者联盟”学习项目的目标、内容、方法与过程，特别强调学习项目中的课题是要执行落地的。在学员执行落地的过程中，希望他们授权并提供资源支持，亲自关心执行过程并给予指导，出席学习项目的汇报环节，对达成目标的小组进行奖励。三位领导都迅速领悟到学习项目的实战性，一致表态全力支持学员，共同配合做好学习项目。

根据访谈与研究，我们做了项目规划。整个项目分四期，主要内容分别是议题聚焦、策略共创、绩效推进与总结评估。每期三天两夜的时间，项目周期共计 8 个月，具体见表 4. 3。

表 4. 3　BXN“挑战者联盟”项目规划

板块	集中训练营一期	集中训练营二期	集中训练营三期	集中训练营四期
培训主题	议题聚焦	策略共创	绩效推进	总结评估
行动学习	团队建设 行动学习导入 绩效回顾与分析 议题确定	问题分析 方案共创 制订计划	方案推进回顾 方案优化创新	方案辅导 方案汇报
知识补充	行动学习知识 项目管理知识	项目管理知识 营销专业知识	项目管理知识 营销专业知识	
教练辅导	自我管理	团队管理	任务管理	项目回顾与反思
总课时	3 天 2 夜	3 天 2 夜	3 天 2 夜	3 天 2 夜

在第一次议题聚焦环节，我们为学员提供了选题方向，并引导学员在大的议题方向下产出五个小组自身的议题，分别是“异业联盟业务拓展”“百万级订单业务拓展策略”“零售门店客户体验模式转型”“利用新媒体打造百万级店铺”“如何打造人均百万销售团队”。

在引导师的引导下，每个小组都确定了课题的目标、内容、方法与路径，并在议题聚焦环节最后一天的城镇会议上，正式提出了业绩目标，与参加汇报的三位事业部领导达成了业绩对赌机制。

三类工作坊组合解决落地难题

项目启动之后，遭遇的最大挑战就是如何帮助学员真正落地项目。事实上，行动学习作为解决问题的方法论，能够给学员提供在课题过程中群策群力的方法与工具，如 GROW 模型、解决问题六步法等。但是，由于行动学习是一个通用的方法论，不是针对特定问题的，因此这样的工具方法存在缺陷。此外，在推动项目的落地上，行动学习缺乏一整套的方法。为弥补行动学习的不足，我们设计了三类工作坊，在项目全过程中通过三类工作坊的组合解决落地难题，见表 4.4。

表 4.4 “挑战者联盟”的三类工作坊组合

工作坊名称	行动学习 策略共创工作坊	行动学习 项目推进工作坊	市场营销 引导共创工作坊
内容简介	行动学习 GROW 模型 明确目标 分析差距 共创策略	项目管理认知升级 项目推进计划 项目阶段复盘 项目执行优化	市场细分 目标市场选择 市场定位 产品策略 价格策略 渠道策略 促销策略
工具方法	鱼骨刺图 因果分析网络图 紧迫性矩阵	ARR WBS 任务分解 CPM 关键路径法	STP 市场吸引力矩阵 三元素定位法

第一类是行动学习工作坊。行动学习工作坊贯穿整个项目，从议题聚焦、策略共创、绩效推进到总结评估，每个阶段都会安排行动学习工作坊，它是整个项目的主线。

第二类是项目推进工作坊。这个工作坊的目的是帮助学员在公司内部推进落地项目。“挑战者联盟”采用了前文提到的双线行动学习模式。班级学员组成小组完成第一个层面的行动学习，小组内每名学员带领下属团队完成第二层面的行动学习。五个行动学习小组的背后，是 50 多个行动学习小组在行动。在第二层行动学习中，学员带领团队推进项目具体落地的过程中是缺乏经验的，如项目的时间如何掌控、项目的质量如何保障、项目的成本如何控制、项目的范围及组织方法设计等。这些需要专业的项目管理的方法与工具进行指导。为此，我们规划设计了项目推进工作坊，放在前三期的教学环节中，与行动学习工作坊互补合作，帮助学员以项目思维推进行动学习，并在推进的过程中复盘优化。这是此次项目最大的创新点之一，也是我们首次在绩效推进学习项目中尝试，取得了出人意料的良好效果。

第三类是营销引导工作坊。做营销工作坊的目的很清晰，解决行动学习方法工具针对性不强问题。“挑战者联盟”的课题是营销业绩突破，需要专业的营销工具方法的输入，如 STP、市场吸引力矩阵、三元素定位法等。营销引导工作坊主要放在前两次的教学环节，帮助学员拓宽视野，掌握营销专业工具方法，将之运用到自己的课题推进中去。

在具体落实三个工作坊方面，还需要建立一整套的过程辅导机制。辅导的内容包括行动学习、项目管理与推进以及引导过程三个方面，如图 4.5 所示。行动学习辅导重点放在行动学习绩效问题的推进工作上，提供顾问咨询，帮助学员突破瓶颈。项目管理辅导重点放在项目的推进落地上，补充项目管理的工具方法。引导式辅导放在领导力发展方面，帮助小组与个人进行反思，提升能力。在辅导的形式方面，既安排了现场辅导，也安排了远程辅导及专家热线辅导。尤其是后两者，在学员课后推进落地行动学习项目中发挥了重大作用。

	行动学习辅导	项目管理辅导	引导式辅导	
辅导内容	为学员提供开展行动学习课题的答疑，帮助项目成员开展跨部门的协作	帮助学员解决在推动项目时遇到的项目时间管理、成本管理、质量管理等问题	帮助学员在领导力方面得以提升，帮助学员解决项目推进中遇到的个人困扰和克服能力短板	引导师团队
	现场辅导	远程辅导	专家热线辅导	
辅导形式	按项目小组划分，每个月辅导员一次	以邮件、视频、微信群等形式与顾问沟通	以即时通信工具与引导师沟通	咨询顾问团队

图 4.5　“挑战者联盟”的过程辅导机制

能否设立复活机制？

为了最大限度地激发团队能量，BXN“挑战者联盟”训练营建立了淘汰机制。训练营共分四季，每季均采取强制末位淘汰制。每季对各小组的课堂表现、出勤率、课题汇报、课后行动学习成果等方面做综合评估，评估打分最低的小组，需要小组内部投票，淘汰一名得分最低的学员。

实施下来，我们发现这是一个拥有巨大影响力的机制。第一次的淘汰是在第二季发生的，当季排名最低的小组是 G7 队。G7 队是由 7 名宝鸟事业部大区经理组成的小组，他们的课题是“百万级订单业务拓展策略”。由于他们平时工作繁忙，训练营开始时大部分人的态度是应付的。这样的态度立即反映到学习的成绩上。当残酷的现实摆在他们面前的时候，他们的表现是震惊、拒绝、不肯接受现实。这尽管只是学习项目，但是被淘汰会遭受荣誉与现实的双重损失。于是，他们集体找到班主任与项目经理，提出能否设立复活机制。在下一季如果他们的评分达到了第一名，就可以让他们这些被淘汰的学员复活，回归团队。综合平衡之后，项目组给予了肯定的答复。结果是令人惊诧的，从第二季开始，G7 队就像是换了一个团队，原本就是有经验与战斗力的营销骨干，他们要为荣誉而战！第三季他们的综合评估跃升为第一名！在最后一季的答辩中，他们也表现优异，小组长马玲玲非常感慨地说，很感恩所有 7 个人在项目结束的时候都在，他们团队最大的改变就发生在第二季面临淘汰的那一刻。

绩效型学习项目的关键要点是让学员当真，“这次是玩真的，需要全力以赴”。而一般学员刚参与到学习项目中时，通常将学习与工作分开，认为学习项目是玩虚的，做个样子就行了。这个观念必须扭转，否则会直接影响项目的成败。淘汰机制就是一个让学员迅速扭转态度的强刺激手段，在合适的项目与合适的企业内部实施，会取得意想不到的效果。

淘汰机制的目的是激发出学员的内驱力。团队荣誉感、追求胜利、自我提升的渴望、成就感、从属感，当这些内部驱动因素被最大限度地激发出来之后，学习项目的组织者只需要顺势而为地进行引导就成了，从而摆脱疲于奔命的说教与推动的烦劳。

淘汰机制是一种负向激励方式。除此之外，我们在“挑战者联盟”项目中还设计了正向激励方式。如团队竞赛，在项目最终将产生最佳团队进行奖

竞赛机制	学员PK机制：过程中通过加入观察团、学员之间发言PK等，激发个人热情 团队PK机制：优胜团队、行动学习最佳实践奖
奖励机制	学员与导师之间形成对赌机制，完成项目目标，给予学员奖励 优秀学员评选
淘汰机制	每期开展团队方案评选活动，小组排名倒数第一的，将从该小组中由本小组人员投票淘汰一名学员
监督机制	跟踪项目推进过程，定期上交项目管理文件 定期与导师沟通，汇报项目推进计划

图 4.6　BXN“挑战者联盟”的激励监督机制

励，对表现突出的个人进行最佳学员奖励。引入对赌机制，由学员小组与分管高管就业绩达成目标进行对赌，目的是引入学员领导关心与监督项目的推进。“挑战者联盟”所有的五个小组都达成了目标，获得了领导的奖励。

在激发学员内驱力的基础上，还需要建立监督机制，跟踪项目推进过程，收取项目文件，落实导师跟进辅导机制。

15 万字的读书分享

前文提到，BXN“挑战者联盟”训练营是以绩效推进为主的学习项目，但是考虑到做事与成就人是不可分割的，在 BXN 高管的支持下，我们设计了领导力发展环节，与绩效达成相辅相成。

在项目中，我们首次尝试了全新的读书学习方法，取得了意想不到的良好效果。过去的项目我们大多采用读书会或拆书会等方式，具体做法是规定阅读书籍任务，在集训的时候安排一个晚上，运用引导的方式让大家结合工作研讨分享。这样的方式取得了一定的效果，但我总觉得还是太肤浅，学员更多的是以学习知识的角度阅读，很难真正触动学员的心灵，做出切实的改变。

领导力发展的本质是帮助学员提升人格，找寻工作与生活的意义。这就需要将正能量的思想注入他们的心灵深处。经典研读就是一个非常好的手段。经典研读不同于一般的读书。首先，应当选择经典著作。书籍应当是经典著作，能够切合职业经理人情境，还聚焦人的领导力发展。我们为 BXN“挑战者联盟”选择的著作是稻盛和夫的《活法》与《干法》两本书。这两本书是稻盛和夫以至诚与生命写就的两本书，书中充满智慧又通俗易懂，具有很强的感染力。其次，读书的方式。不是一次读完，也不是分工拆书，而是在一个较长的周期内，每周一节，精心研读，并结合自己工作与生活进行反思。最后，要做读书分享，要求学员以小组为单位组成微信群，明确分工，每周有导读人，有主分享人，将读书所得分享交流。

这是我们第一次尝试这个全新的读书方法。原本担心读书量太大，会引起学员的抵触。没想到在长达 35 周时间内，五个小组均完成了读书分享任务。有一个小组自己统计了一下，微信群累计发表读书分享 15 万字。许多学员表示受到很大触动，学员们更加积极、感恩与包容。感受到个人与团队的收益，必胜队在学习项目结束之后，自发继续坚持在微信群进行读书分享。这就是习惯与思想的伟大力量。这个读书环节给我最大的启发是团队的作用。通过激发团队的力量，让学员在团队中相互督促、相互支持、相互关爱，就能实现学员的自主学习与良好习惯。这样的自主学习才能获得最佳的学习效果。

除了读书分享环节之外，我们在项目的整个过程，安排了领导力觉察、正念反思与精进、相互教练等教学环节，促使学员就个人、团队、组织、经营等多个维度进行思考。领导力发展环节与行动学习环节紧密融合。以各小组的行动学习过程为真实的反思情景，安排各行动学习小组进行团队反思及个人反思，取得了良好的效果。如太阳队在项目初期内部矛盾重重，面临分裂的危险。通过团队领导力反思，小组长改变了自己的领导风格，更愿意授权与分享领导力责任，开放地接受组员意见。小组成员也更加愿意倾听与换位思考。在最终答辩环节，太阳队反超，获得最佳团队称号。

为组织蹚出一条路

高水平的绩效型学习项目的成果绝不能仅仅停留在具体绩效指标上。更高层次的目标应当是帮助组织探索未知，寻求创新性的解决方案与模式。用一句通俗的话说，就是在黑暗迷茫的环境中，为组织蹚出一条路。

面对 VUCA 商业环境，BXN 集团面临变革。“挑战者联盟” 各个小组的议题均是组织面临的前沿议题，各小组在具体达成绩效的行动过程中，取得了大量的一手经验，并在此基础上提炼总结，形成可在组织内复制推广的营销模式，包括一批操作手册、管理制度，如“员工全工作生命周期的管理策略”“提升百万级订单的葵花宝典”“客户档案卡”“核心客户跟进追踪表”“单品活动推广方案”“婚博会执行方案”“异业联盟执行方案”“新媒体营销案例手册”等（表 4.5）。这些成果对组织而言是弥足珍贵的。在最终汇报会上，三位事业部领导高度评价了这些成果，并现场提出要求，希望各小组迅速在组织内部推广实施这些成果。

表 4.5 “挑战者联盟”形成的方案成果

序号	小组名称	议题	方案
1	挑战者队	如何打造人均百万销售团队	“员工全工作生命周期的管理策略”
2	G7 队	如何提高百万订单赢取率	“提升百万级订单的葵花宝典” “客户档案卡” “核心客户跟进追踪表”
3	太阳队	门店销售模式向体验模式转型	“单品活动推广方案”
4	必胜队	如何有效开展异业联盟	“婚博会执行方案” “异业联盟执行方案”
5	钱隆队	利用新媒体营销打造百万级店铺	“新媒体营销案例手册”

第五章

基于敏捷共创的组织学习（ACOL）

自从赫伯特·西蒙提出组织学习的概念之后，组织学习已经成为越来越热的研究领域。彼得·圣吉提出了学习型组织的理想，这个理想激起了整个企业界的学习浪潮。理想很丰满，但是现实中却缺乏实现的具体路径。因此，很难发现企业界中非常成功的组织学习案例。

然而，组织学习是培训学习最重要的研究领域。组织学习是培训学习的最高表现形式，它是培训学习自我实现的最高目标。如果我们把敏捷共创工作坊比喻为砖块，将敏捷人才开发与绩效问题解决比喻为房间，那么组织学习一定是那幢巍峨的大厦。根据本书第一章提出的培训学习新矩阵，组织学习是培训学习由个人向组织升维的重要方向。

我们说到组织学习的时候，究竟指的是什么？

一、组织学习之体

提到组织学习，大部分人的理解是浅层次的，于是组织学习通常被认为是企业组织的培训活动，是培训学习与培训部门的事，是读书与在线课程，是去上 MBA 班。

要理解什么是组织学习，需要站在系统的思维视角审视组织的生存状态，需要在思维的更高层次去理解与把握组织学习的本体。

事实上，组织是生存在环境母系统中的一个子系统，企业组织的生存与发展取决于它与环境母系统相互适应的程度，如图 5.1 所示。

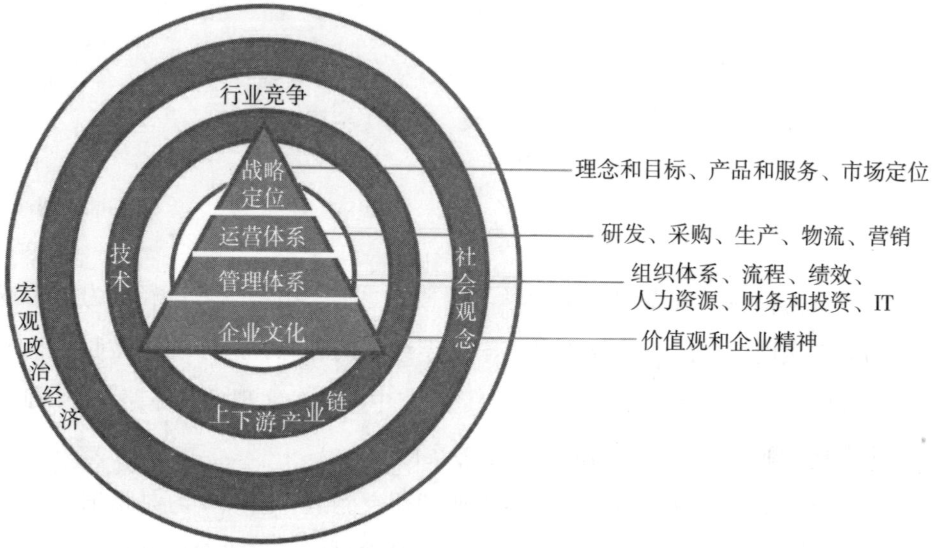

图 5.1　企业动态经营模型

前文提到，企业组织子系统主要包括战略定位、运营体系、管理体系与企业文化等部分。这些要素之间相互关联与影响，共同构成了企业的系统属性。企业子系统并不是孤立存在的，其与环境母系统之间存在着密切的联系，不断发生包括人、财、物在内的各种交换与作用。在这个相互作用的过程中，企业组织汲取了生存的养料，实现了自身存在的价值。可以这样说，企业组织是环境的产物，是环境母系统的一部分，因而企业子系统就必须不断与环境相互适应，达成最佳的平衡状态。这时，企业找寻到了最适合的商业模式，成为一个成功的企业。

然而，古希腊哲学家赫拉克里特说得好，“唯一不变的是变化，只有变化是永恒的”，世界万物无不处于不断变化之中。从系统论的视角看，任何系统都处于生、住、坏、空的循环之中，老的系统在不断地崩溃与死亡，而新的系统不断地产生与壮大。这是事物发展的根本大道。既然如此，环境母系统与企业组织子系统也不会例外。随着时间的推移，环境母系统与企业子系统都会发生变化，于是原先建立的最佳平衡被打破，企业原有的战略与组织无法适应全新的环境，企业要么会陷入危机与死亡，要么变革自身，重新建立新的系统，与环境达成全新的平衡。

这里所描绘的图景，正是企业组织生存的真实状态。这也是张瑞敏提出“没有成功的企业，只有时代的企业”的真实含义。任何企业的成功只不过是在特定时间与空间条件下，企业商业模式适应环境母系统的结果。一旦时间与空间条件变化了，这样的成功就会消亡。

在智能手机新时代，过去手机行业全球霸主诺基亚轰然倒地；在中国人口红利吃尽、工资上涨的背景下，富士康出现工人跳楼自杀现象，并开始巨亏；在消费者形成网络购买电器的习惯后，昔日家电连锁巨头国美陷入危机。吉姆·柯林斯在《基业长青》与《从优秀到卓越》中，对那些卓越的标杆企业进行研究，提取出共性要素作为管理圣经。可没过几年，那些本该卓越的样板企业纷纷面临失败结局。这样的研究方法无异于刻舟求剑。

在这样的图景之下，企业组织的生存与发展取决于外部而不是内部。绝大多数企业无法适应外部的变化而衰亡，仅有极少数的企业幸存下来。这些极少数的企业在环境母系统永续变化的过程中，不断进行变革以适应环境的变化，达成与环境母系统之间新的平衡。在这个不断达成动态平衡的过程中，企业组织系统也完成了自我的更新，实现了自身的进化。用另一句话来说，企业组织已经实现了一轮生、住、坏、空的循环，旧系统已经崩溃，企业组织已经进化成为另一个新系统了。如GE这样历经百年基业长青的企业，已经经历了许多轮进化循环，现如今它们的产品、业务、战略、组织与企业创立之初已经天差地别，它们的公司名字未变，但是它们的本质系统却早已改变。

如何成为这极少数的基业长青的企业？显然不能用吉姆·柯林斯刻舟求剑的法子，简单模仿这些公司的一般做法，而应当站在形而上的高度，探寻永续经营的大道。

这个企业组织持续生存发展的大道正是组织学习研究与实践的根本，它具有如下特征。

组织学习是组织变革的方法论

如前所述，在组织与环境之间不断适应互动的过程中，组织并不是全然被动的。环境的变化是客观的，不以组织的意志为转移，而组织自身的政策、方针、制度是主观的，是能够主动性的调整与改变的。因此，企业组织根据客观环境的变化而进行主动性的自我调整，这正是组织变革的过程。这个过程是否有效，能否奏效，直接决定了企业组织的生存与死亡。组织学习是组织变革的方法论，组织学习是主动性地管理组织变革与进化的过程。组织学习是进取的，是积极的，具有革命性的特质。

在这一点上，组织学习专家有共识。克里斯·阿吉利斯认为："组织学习是为了促进长期效能和生存发展，而在回应环境变化的实践过程中，对其根本信念、态度行为、结构安排所做的各个调整活动，这些活动借由正式与非正式的人际互动实现。"道奇森也指出，"所谓学习型组织就是那些为了提高和最大化组织学习，而有目的地进行学习框架构建和战略设计的组织。学习是一个动态概念，它强调的是组织的一种持续变革的特征"。

组织适应环境的变革过程是非常复杂的，也是充满艰辛的。环境的变化越来越剧烈与模糊，对环境做出准确的判断本身就非常困难，还需要结合企业组织自身情况找寻变革方向，并克服组织惰性，达成变革共识，推进变革的落地。所有这些都需要动员组织资源，克服不可预测的困难与障碍。因此，组织学习的重要任务就是研究如何最大限度地提高组织变革过程的效率，降低成本与浪费，实现组织的自我更新。

组织学习的生死时速

组织学习解决的是组织的生存发展问题，而能否达成组织与环境之间的动态平衡是组织生存发展的关键所在。为了在动态发展中达成这样的平衡，组织学习就应当面向未来，观察与检测环境的变化趋势，形成创新的策略与方案，并做出自我的调整与转型。瑞文斯教授曾形象地将这种情形用一个公式表达：$L>C$，L 是指学习，C 是指变化。这个公式揭示了这样一个原理：组织的学习速度只有超越环境的变化速度，才能保障组织的健康发展。事实上，这是一个生死时速。

组织学习要超越这个生死时速，它的重点显然必须放在当下与未来，而不是过去。这一点与一般意义上的个人学习存在着根本性的区别。一般意义上的个人学习通常是指知识的习得，并能够运用知识解决问题。这个知识是结构化的已知的知识，结构化的已知的知识是建立在对过去经验的总结之上的，而过去的经验又是基于过去的环境条件下的。组织学习如果将重点放在过去知识的储存与传播上，就会迷失它的真正使命。组织学习只有面向未来，才能及时捕捉那些微弱的预示性信号，做出准确的判断，进行提前的布局，超越决定组织生存的生死时速。如果从知识的视角看组织学习，那么组织学习一定将重点放在知识的更新创造上，而非知识的储存与教授。

组织学习是一个螺旋式上升的过程

组织学习指向的是组织与环境互动中前进的过程。而组织学习自身同样是一个过程，它是组织认知不断循环与螺旋式上升的过程。库伯提出的学习圈理论不仅适用于个人学习，同样适用于组织学习。

这个过程是一个知行合一的过程。首先是行的层面。任何学习都需要基于企业组织的实践，在实践的基础上，就会获得体验与反馈信息，这些正是组织对环境变化体察的重要材料。从对这些信息材料的反思开始，进入知的层面。通过反思获取对环境变化的洞察，获取全新的认知，并上升到普遍性的指导原则，形成新的策略、产品与方案，进行新一轮实践。组织学习中的知与行是一个有机的整体，不能绝对分割。组织的实践是在全新认知指导下的实践，组织的认知是建立在实践反思上的认知。实践是主动性的与环境发生作用的过程，只有通过主动性的实践，才能检测环境的变化，对组织的认知进行验证。这正是杜威实验主义哲学的核心思想，即一切认知都是假设，必须在环境的黑箱中进行验证。在认知与实践的不断循环之中，它们螺旋式上升，这正是组织学习的过程。从这个意义上看，组织学习强调知与行的统一，绝不能将知与行割裂。大多数人认为工作是工作，学习是学习，它们是分开的。如果仅仅将组织学习理解为上课、读书，或者将经营管理单纯理解为商业行动，那就会阴阳失衡，丧失组织学习的本质。

组织学习是组织维度的学习

学习是存在多个维度的，个人学习、团队学习、组织学习，组织学习显然是组织维度的学习。个人与团队均是构成组织的子系统，因此，个人学习与团队学习当然是与组织学习有关联的。然而，正如系统的整体并非系统组成要素的简单叠加，团队学习并不等同于个人学习的叠加，组织学习也并不是个人学习与团队学习的简单组合。组织学习是一个更为广大与复杂的系统，它的系统属性取决于组织视角上的整体化设计与安排。这个整体化的设计必须基于组织学习的根本使命，那就是确保组织的生存与健康发展。

因此，组织学习并不仅仅关心组织中某个人的领导力提升，因为铁打的营盘流水的兵，人才流动是必然的，它必须关心组织整体是否出现老化衰弱问题，干部队伍的结构是否合理，组织能力是否提升；组织学习也不能仅仅专注于某个部门绩效问题的解决，而应当看清组织内部门之间的关联，更多地关注如何发挥部门之间的协同作用；组织学习甚至不能仅将眼光向内关注自身，而是应当眼光向外，将市场、顾客、供应商、政府等要素纳入视野，促进组织与环境的互动效率，提升组织对环境反应的敏锐度。

组织学习要推动组织集体心智的升级

组织是由人构成的，组织学习就不可避免地涉及人的思维与心智。作为成人，每个人在人生的过程中，都会逐步形成自己的价值观、信念与假设，这些观念隐藏在潜意识的大海之中，却支配着我们的行为与情绪。它们被称为思维惯性或心智模式。我们是带着主观思维框架去看待世界的，因此我们看到的世界并不是真实的客观世界，而是经过我们主观思维的有色眼镜过滤过的主观世界。于是，我们的决策与行动就受到我们主观思维框架的深刻影响。

问题在于，主观思维框架是我们过去的人生经历所形成的，我们的认知是基于过去的环境的，许多认知的前提假设在当前的环境中已经消逝了，僵化过时的思维框架就会在新的时代束缚与误导我们。我们的思维就像是没有更新的导航仪，记录的还是过去的道路地图，按照它的指令开车，就会在现实中跑错道路。因此，人的学习与进步一定要深入思维的深层，反思那些过去想当然的信念、认知的环境前提是否还在，思维框架更新了，行为与观点就会随之而变化，学习与进步就发生了。

组织是人的集体。与人类似，组织同样存在自己的主观思维框架。组织的思维框架的形成是基于组织过去的经营历程的。在这样的经营历程中，逐步形成了组织的经验、行业认识以及经营惯例。在这样的思维框架基础上，形成了企业组织的战略、管理、文化方面的策略、制度与流程。组织的思维框架同样会过时，相比个人来说，它更难改变。每个人仅仅是组织内的一个分子，个别人的觉醒很快就会被群体思维所压制。这样的固化思维就像是一张大网，将组织成员紧紧地束缚起来，许多组织正是在这张网中不断挣扎着死去。组织学习要实现组织健康发展的目标，就必须打破组织固化思维的大网。组织学习不仅应当帮助组织改革现有的政策与制度，还应当深入反思这些政策与制度背后的组织认知与假设，进而推动组织集体认知的升级。彼得·圣吉认为："学习型组织是这样的组织，在其中大家可以不断突破自己的能力上限，创造真心向往的结果，培养全新、前瞻而开阔的思考模式，全力实现共同的抱负。”

组织学习是研究组织生存发展这一根本课题的。因此，组织生态环境的变化必将推动组织学习自身的进化与发展。

二、VUCA 时代组织学习的新课题

近年来，企业组织的生存环境发生了极大的改变，其最突出的特征就是变化。VUCA 时代环境变化的剧烈程度与不确定程度远远超过过去。如果过去的企业经营像是坐旋转木马的话，那么现在的企业经营就像是坐过山车。高峰、低谷加拐弯瞬间完成，让人晕头转向。这样的环境下，企业组织的变革成为常态，并呈现出与以往完全不同的新特点。

过去组织变革的目标是明确的，而现在组织变革的目标却是模糊的。过去的商业环境的变化是相对平缓的，对环境变化趋势的预测是相对容易的。因此，企业家都追求诸葛孔明式的成功，借东风与草船借箭的成功正是建立在对环境准确预见的基础之上的。“提前预测，等在那里”，成为企业战略与组织变革屡试不爽的法门。农夫山泉之所以获得今天的成功，是因为钟睒睒 20 年前就预见到消费者对健康的关注必将成为饮用水市场的潮流，他将农夫山泉定位为天然矿泉水，并在全国买下多处矿泉水源地，最终等到今天的市场形势。

VUCA 时代，这样的成功很难复制。环境就像是一个黑箱，再有经验的人也很难完全洞察环境的变化，并做出精准的判断。因此，当前的组织变革就像是在危机四伏的黑夜中高速行军，留在当地肯定灭亡，突围的目标又看不清楚，只有一边走一边探索。**如何在目标与路径不清楚的情况下，实现组织的持续变革与进化**，这是 VUCA 时代组织学习需要解答的最大难题。

VUCA 时代组织变革的上述特点决定了组织变革的主体也发生了改变。

过去企业变革的发起人与主导者一定是企业高层管理者，或者是企业家自己。企业家的个人心智就是整个企业的组织心智，在组织变革的过程中，贯彻落实的就是企业家的思想与观点。这样的做法在当今的时代是非常危险的。这是因为再伟大的个人也是有限的个人，人生而有涯而知也无涯。伟大的企业家可以在特定的时点带领组织走向成功。然而，在快速变化的形势面前，任何人都不可能带领组织获取永恒的成功。如果将组织命运维系在个人心智上，这样的组织在当今时代就太过危险了。

在环境巨变的今天，决定变革方向与行动的人不应是站得高的人，而应是离客户与市场最近的人。大企业的责、权、利下放是大势所趋。海尔集团在企业平台化、员工创客化变革中，真正的企业决策主体是创客与小微组织，企业变身成为提供金融、财务、人力资源服务的公共平台。韩都衣舍小组制的思想与之极其类似。小组是整个组织结构中的核心，每一个小组是自主经营的主体，面对自己的消费者，运营自己的品牌，拥有款式、价格、数量、打折等运营决策权。而韩都衣舍所做的就是搭建规划、摄影、生产、营销、客服、物流等公共服务平台，为小组提供资源支持。

在这样的趋势下，传统组织的金字塔倒了过来，组织变革的推动主体由少数组织高层管理者扩展到组织中更大的一个群体。新加入的这个群体处在经营一线，原先只是承担了执行的工作，现在却要被赋予经营的自主决策权与执行权。组织高层管理者与这些一线经营者之间的关系并不是相互替代的关系，而是形成全新的分工与协作关系，共同承担起组织变革的重任。在民主化、网络化、扁平化的组织趋势下，在更多的组织成员加入组织变革的主体的情况下，组织学习**如何激发组织变革群体的智慧与积极性**，是组织学习面临的另一个重要课题。

在 VUCA 时代，组织变革的过程也发生了明显的变化。过去变革是特定历史时期的事件，而现在组织变革成为企业的常态，企业组织无时无刻不进行变革。在过去的商业环境中，由于变化是缓慢、渐进的，因此企业子系统能够与环境母系统保持长时期的平衡状态，只有当环境变化进入质变时期，大规模的组织变革才成为必要。因此，过去的组织变革往往是阵发性的，发生在企业出现危机的历史时期，并且是规模宏大的。我们熟悉的变革成功案例，无论是由杰克·韦尔奇领导的 GE 的世纪变革，还是路易斯·郭士纳让 IBM 这头大象跳舞的变革行动，都具有这样明显的特征。

这样的阵发性的变革形态已经无法适应当下 VUCA 时代的商业环境了。在变化速度剧烈，变化方向模糊与不确定的条件下，环境母系统与企业子系统之间的平衡不断被打破，企业组织必须在动态过程中不断寻找与建立新的平衡。如果企业不进行持续的组织变革，而是等到企业发生危机的时候再进行变革行动，就会错过变革的时机。2013 年，诺基亚在遭遇危机之时，聘请艾洛普担任公司的总裁，艾洛普发表了著名的“燃烧的钻井平台”的演讲，动员全体员工投入冰冷的海水中，进行一场义无反顾的变革行动。言辞很煽情，结果却现实而冰冷，这场变革最终以失败而告终，诺基亚这个巨人轰然倒地。

在组织变革常态化的新形势下，组织学习如何建立变革的持续推进机制，这又是组织学习面临的新课题。

在 VUCA 环境下，企业战略与组织的变化成为常态，在组织的变化与动荡中，组织能力必将遭受挑战。在移动互联网行业，典型的场景是企业组织抓住市场机会，在短期内迅速成长。组织规模扩张过快会造成内部协同能力差、文化冲突、员工流失率高等诸多问题，组织罹患骨质疏松症，战斗力与执行力下降。在传统行业，典型场景是战略与组织的转型与变革，组织内部的裁减与重整。这就容易导致人心浮动、军心涣散，同样对组织能力造成挑战。

在组织迅速成长膨胀的情形下，组织的骨密度如何增加？组织变革涉及人的利益调整以及僵化思维的打破，如何破解？这些都是组织学习有价值的研究议题。

此外，互联网时代是自由人崛起的时代，人的尊严、自由与价值比以往任何时代都重要。企业组织一个重要的任务就是成就人，通过人的成就达成组织的使命与目标。这样的新形势下，在不断动荡的组织生态中，如果要保持充满活力的组织氛围，强有力的组织执行力，就应当激发员工内心的使命感，让员工主动积极地投入工作之中。妄想通过洗脑得到员工忠诚的组织必将失败。过去管理中通行的是 X 理论，将人视为需要严格监管的自利的人，激励人的通常手段就是“胡萝卜加大棒”。在当今个人意识不断觉醒的时代，大棒只会将大批优秀的人才赶走，而胡萝卜也只会激发人的贪欲。贪欲是无限的，而胡萝卜是有限的，一旦得不到满足，组织就会处于危险之中。新时代需要寻找激发员工的全新驱动力。

在新的时代，**如何唤醒员工内心的利他奉献之心，促使员工通过完成组织的使命愿景来实现自我的人生价值，**这是组织学习的重大课题。

三、基于敏捷共创的组织学习（ACOL）

面对急剧变化的商业环境，组织学习也需要自我更新与进化，赋予新的内涵，解决企业面临的新问题。

我认为，新时代组织学习的最大特征是发挥组织成员的主观能动性，积极探索与洞察环境，并对环境做出敏捷反应，在这个过程中共创组织的未来。我将它命名为**“基于敏捷共创的组织学习”**。

基于敏捷共创的组织学习能够帮助组织在 VUCA 时代健康生存与发展，它具备以下特征。

敏捷试错

面对变化与错综复杂的环境，人的预测能力是有限的。西蒙曾经提出有限理性理论，认为任何人都是有局限性的个体，不可能完全掌握环境变化的全景。那么，在无法预测环境变化的前提下，如何知不知而行？很显然，过去长期精心筹划变革举措，在特定时点一次性推进的做法很难奏效了。新的做法是敏捷试错，迅速迭代。如果无法预测，我们就应放弃预测，而是通过试点来获取反馈信息，并根据实际反馈情况进行优化调整。这就需要快速验证、快速失败、快速迭代。微信第一个版本非常简单，它于2011年1月21日上线，在此之后平均每10天小更新一次，每40天大更新一次，至今已经进化发展成为一个功能强大的黑洞式产品。

预见环境变化趋势，提前布局是困难的，而根据实践的结果敏锐地发现环境的变化，并迅速调整优化决策，做到拥抱变化、紧跟变化则是相对容易的。前后两者是完全不同的解决问题的方法论。后者正是新时期组织学习的方法论。敏捷化的试错与迭代是新时期组织学习最重要的特征。

知识共创

知识管理是组织学习的重要内容，它涵盖知识的获取与创造、知识的萃取沉淀、知识的储存与传播等项内容。过去组织学习的重点放在旧知的储存与传播方面。然而，动荡变化的时代，过去结构化知识的保鲜期变短，许多旧知甚至变成组织固化思维，是必须被打破的束缚与障碍。因此，VUCA时代组织学习的重点应当放在新知的创造与萃取上。在不确定性的时代，商业的未知对企业更有价值。组织学习成为组织面向未知进行探索的主要方法与工具。

共创的组织学习有两层含义。组织学习的范畴更大，一定会涵盖组织所有的员工，甚至跨越组织边界，是基于群体智慧的。过去组织变革的规划是少数人构思，大多数人执行。这样把整个组织的命运系于少数个体心智的一念之差，在变化的商业环境中是极其危险的。为更准确地检测环境的最新变化，就必须增加组织与环境的触点，将每一名一线员工的认知与思考卷入组织学习之中。这就需要尊重组织内每一个人的智慧与经验，让组织群体共同反思环境的变化，创造并执行规划的策略与方案。此外，共创的范畴还应当包括客户、外部专家等组织外部成员，他们的视角与观点能够突破组织的固化思维，实现创新突破。

共创，除了规划还有执行的含义在里面。组织的变革与进化不是想出来的，而是做出来的。组织学习是一个从知到行，又从行到知的永续循环过程，因此，组织成员不仅要发挥众智规划方案，还要滚动试点，落地执行。这样才能真正创造组织的未来。

飞行中加油

在过去，学习的目的是通过提升员工的知识与能力，来提高组织的工作质量，进而帮助组织应对变局。这个逻辑非常清晰，但是链条太长。学习的转化应用质量很难保障，难以适应当下企业变革的节奏。当下企业的状态是在高速奔跑中系鞋带，在飞行中加油，组织学习也必须适应这样的经营节奏。

这个方向就是将工作与学习合二为一。在工作中学习，在实践中提升组织与个人的能力。组织学习重要的任务是发现环境变化的趋势，帮助组织进行自我改进，不断适应环境的新变化。前文提到，组织学习的过程应当是知行合一的过程，工作与学习是一体两面，无法割裂的。工作与学习是一不是二。学习就是工作，学习一定是解决组织问题的针对性学习；而工作也是学习，应当带着学习的思维，运用学习的方法去工作，才能在工作实践中不断提高。组织学习的关键举措就是工作场学习，将工作学习化，帮助组织与员工在日常经营管理工作中实现学习与提高。

穿越湍急之流的文化之篙

变化是永恒的，组织要生存与发展，就必须不断根据环境的变化而自我改变。然而，组织在这个过程中又不是全然被动的。随波逐流的企业注定成不了大器。组织需要改变，更需要坚持。不变的是组织生存的文化与哲学层面，它包括组织的目的与意义、组织的使命、信念与价值观。组织因此而拥有了自身的灵魂，具备了主动性与前进方向。如果将 VUCA 时代比作一条湍急的河流，企业就像是顺流而下的一叶小舟，那么组织文化就是船老大手中的长篙，它提供了穿越湍急之流的支点，帮助企业渡过急流险滩，完成组织的转型与变革。

因此，文化炼造是组织学习的重要任务。组织学习并非组织成员的个体学习，需要构建组织成员相互对话的场合，组织成员之间通过对组织根本问题的交流、沟通，碰撞和交互，达到同频共振，将个体的意识交融起来，产生组织的共同的使命与愿景、共同的信念、共同的语言，以及共享的价值观和行为准则。只有通过组织学习炼造出坚固的、不变的文化支点，才能帮助组织穿越变化的湍流。

员工成长的修炼场

互联网时代，人的个体意识在觉醒，人的才华与能力通过网络效应可以不断放大，创造社会影响力与市场价值。因此，真正有才华的员工对组织的依赖性减弱。而对组织而言，知识经济时代，人已经成为成就事业的关键资源。组织中个体的话语权在上升，组织必须通过成就员工来成就组织，而不能要求员工为了组织的使命而牺牲自我。尊重员工个体的价值与意愿，帮助员工成长，实现自己的梦想与价值，在这个过程中，组织的使命与愿景会自然达成。这样的思维对组织学习提出了新的要求。人都是有缺点与惰性的，如何激发员工的内驱力，唤醒员工的使命感与进取心，帮助员工快速成长，这是组织学习非常重要的责任。

正如马克斯·韦伯所说，人是悬挂在自己编织的意义之网上的动物。组织学习应当帮助员工找寻工作与人生的意义与价值，提升员工的生命境界。德鲁克认为，“确保工作富有生产力，使员工有所成就，产生效益”是管理的三大任务之一。企业组织的根本目的并不是赚钱与利润，而是创造价值与成就他人。稻盛和夫认为工作是一个人灵魂的修炼场，是人们获取尊严与实现自我价值的地方，企业组织有责任为员工创造这样一个理想的修炼场。

企业家的经营利器

提到组织学习，大多数人会认为这是人力资源部门职能的一部分，是企业培训中心或是企业大学所关注的工作。然而，在 VUCA 时代，面向组织变革与进化的组织学习已经成为企业战略性的任务与极其重要的方法论。组织学习所涉及问题是影响企业生存发展的重大问题，所涵盖的范围是企业的系统整体。将这样的战略性职能定位过低，会导致组织学习很难有所作为。事实上，目前绝大多数企业组织学习的实际状况正是如此。

新时期，组织学习作为战略性的职能，应当由企业最高管理层，甚至企业家自己直接负责。组织学习是企业家极其重要的经营与变革利器，掌握这样的方法能够帮助企业实现变革与转型，持续健康经营。杰克·韦尔奇就是此道中的高手。为了实现 GE 的世纪变革，韦尔奇充分发挥了 GE 克劳顿维尔领导力发展中心的作用。在他担任公司总裁的 20 年里，克劳顿维尔共举办了 280 次这样的高级管理课程，韦尔奇除了一次因心脏搭桥手术住院外，每次都亲临克劳顿维尔讲课，每次授课 2 至 6 小时。克劳顿维尔是 GE 的创举，它的定位极其独特。GE 克劳顿维尔领导力发展中心全球客户培训总监冯晓晋曾经形象地将克劳顿维尔比作“四个中心一个部”。四个中心是 GE 的培训中心、领导力发展中心、企业文化发展中心与管理创新中心，一个部就是组织部。GE 已经发展成为一个领导力驱动型的公司，不断地变革与进化能力已经成为 GE 的基因与核心能力，它的秘诀其实就是对组织学习的娴熟运用，而克劳顿维尔正是 GE 发动组织学习的指挥部。在 VUCA 时代，GE 的做法值得借鉴。

四、敏捷共创组织学习之用

企业组织如何能在变动的环境中保持基业长青？这本质上是一个哲学问题，必须向上寻求道之体，还要向下寻求道之用。

易经恒卦“彖传”说：“恒，久也。恒亨无咎利贞，久于其道也。天地之道，恒久而不已也。利有攸往，终则有始也。日月得天而能久照，四时变化而能久成，圣人久于其道而天下化成。”事实上，追求企业组织的基业长青，就是追求恒久之道。

追求恒久之道，首先就应当有恒，应当长期坚持与坚守，才能成就事业，有所作为。然而，追求恒久之道并不意味着一成不变，如果事物自身一成不变，反而无法恒久。事务穷则变，变则通，通则久，随时变易，才是恒久之道。因此，追求企业组织的基业长青，就应当在恒中有变，变中有恒。动为阳，静为阴，变为阳，不变为阴，变与不变的对立统一，正是组织生生不息的阴阳之道。这是敏捷共创组织学习应当秉持的基本思想。

没有传承就没有根基，没有破坏就没有进步。在变与不变两个方面，组织学习都需要承担相应的任务。

那么在环境的动荡与变化之中，为什么企业组织需要坚守？组织学习需要承担的任务是什么？

它们是**注入组织灵魂**，**激活成就个体**，**知识连接共享**。

注入组织灵魂

企业是环境的子系统，但是企业并不是被动地随着环境的变化而随波逐流的。如果没有任何坚持与传承，企业就会堕落成一个投机性的个体，随生意机会而生生灭灭，这样的企业是不可能长久的。真正有大成的企业，无不是有远大理想的组织，在长期的困苦环境中坚持前行，不为短期的诱惑而动摇放弃，最终等到时机到来一飞冲天，成就大业。这样的组织是有灵魂的组织，是被赋予特定使命的组织，是有着正向的文化价值观的组织。这样组织才能在环境变化的时候，不断进行自我更新与变革，实现新一轮的发展。

企业组织在客观环境的变化面前并不是被动适应的，而应当是主动定义自我，实现自我存在的价值。这个自我的价值正是企业应当坚守的东西。企业组织的存在一定有特定的意义，这个特定的意义就是组织的特定属性，是由外部环境所决定的。换句话说，组织对社会与顾客的贡献与价值，正是组织存在的使命与意义。

Facebook 的使命是“践行一种社会使命，让世界更加开放，更加紧密相连”。特斯拉 CEO 马斯克说：“当我离开 PayPal 时，我在想：现在我们人类的未来会遇到其他什么样的问题呢？而不是什么是最好的赚钱方式？”于是“太阳能城市”（SolarCity）、太空探索技术公司（SpaceX）及特斯拉（Tesla Motors）诞生了。

企业的使命与愿景就像是一面旗帜，将组织成员紧密地团结在一起。这面旗帜不仅是企业家的，更是全体组织成员共同举起的。在围绕企业的使命与愿景共同奋斗的过程中，组织成员逐步形成了特定的价值观，以及相互交往与协作的基本规范。企业的使命与文化是企业组织的灵魂，如何在实践中炼造组织的使命与文化，并不断坚持与传承，这是组织学习的重要任务。

激发成就个体

当组织形成了自我的使命与文化之后，激发个体、成就员工就成为企业组织需要坚持的原则。这不仅是形势的要求，还应当是企业的自觉。互联网时代是个体崛起的时代，人在组织经营中的权重越来越大。过去是先有事后有人，现在是先有人后做事，将对的人聚在一起，在成就人之后，事业自然随之达成。这就需要赋予组织成员更多的责任与权利，为他们搭建自我成就的舞台，激发他们的最大能量。这就需要从心出发，激活每一名员工实现自我的渴望。这个过程的本质是企业为员工搭建一个修炼的道场，帮助员工在这个道场里不断自我成长，最大限度地实现自我。谁能够做到这一点，谁在这个时代就能够获得无可比拟的竞争力。

星巴克创始人霍华德·舒尔茨说："在星巴克金字塔顶部的不是股东，而是我们的员工，中间是我们的顾客，底部才是我们的股东。"正是看似不合商业逻辑的做法，才成就了星巴克的伟业。舒尔茨出身美国蓝领家庭，少儿时期的艰辛坚定了他帮助与成就普通劳工的信念，"我们做出的许多关键决策，都不是从经济利益出发的，甚至经常反其道而行之，但恰恰就是这些决策最后让我们获得了巨大的商业回报"。

知识连接共享

组织需要传承与坚守的不仅是使命文化、员工成就，还有企业经营过程中所积累的经验、知识与智慧。在这个问题上，应当应用辩证的思维。在环境假设变化的前提下，企业历史上所积累的经验与知识，既有有效的部分，也有失效的部分。组织学习应当分清两者：一方面，打破固化思维，去除失效的知识与经验；另一方面，要萃取、储存与传播那些有效的知识与智慧。

2008 年苹果公司在成立企业大学时，乔布斯说："我们苹果之前很成功，但我们未来如果需要持续成功的话，就需要放下一些原来成功但现在会阻碍我们的做法；而另外一点同样重要，我们苹果以前有一些宝贵的成功经验，对于未来的成功很重要，我们不能轻易丢掉。"

让我们再来看看组织发展中阳的一面，哪些方面是组织必须变的呢？组织学习在帮助组织改变方面的关键任务与情境有哪些？

它们是**未知探索共创，集体心智反思，商业价值学习。**

未知探索共创

企业组织当下所掌握的知识是过去的，而企业的问题却是面向未来的。

如果用过去的知识与思维解决当下与未来的问题，必然会陷入困境。因此，组织学习最重要的任务就是未知的探索。如何探索未知？在组织与环境的交互中总结与提炼。在 VUCA 时代，环境是模糊与难以预测的，如何在未知中前行，如何探索式学习，如何将面向未来的经营性工作学习化，在解决问题的过程中积累与创造新知，这是敏捷共创组织学习的重大命题。

集体心智反思

前文提到，组织的知识与经验是历史上累积起来的，在环境变化之后，这些知识与经验的前提假设已经改变了，有些知识与经验必然会过时。然而，主导企业组织当下运营的政策、制度、流程是过去的知识与经验所形成的。因此，大多数企业组织被束缚在过去的知识经验与思维框架之中。组织要变革与走向未来，就必须解脱过去的绳索。这是一个极其困难的过程，主要原因在于许多知识与经验是组织在长期发展历史中形成的，已经植根于组织集体心智的深处。那些促使组织成功的经验，正是导致组织在新时期失败的根源，这几乎是组织的宿命。无论是柯达还是诺基亚，那些倒下的企业无不如此。要打破组织的这一宿命，就需要在工作中持续反思，发现那些过时的知识与经验，调整不合理的策略、制度与流程，潜入组织集体潜意识的深处，更新陈旧的观点与假设。集体心智更新了，组织学习就发生了。这个过程的复杂性在于，个体心智的提升尚且不易，组织集体心智的反思就更难了。

商业价值学习

对于企业组织来说，互联网时代是用户主权的时代，围绕客户、创造价值比任何时代都重要。对于企业来说，最重要的使命就是创造客户价值。企业生存的依据永远在外部，而不是内部。德鲁克关于公司的宗旨与使命提出了几个著名问题：我们的顾客是谁？他们重视什么？我们能创造的成果是什么？我们的业务是什么？这些问题是企业组织需要回答的永恒的问题。在动荡变化的经营环境中，变化的关键环节是顾客需求的改变，市场全新的趋势，这些变化会直接导致企业战略定位的改变，进而牵引运营、管理及文化的变革。因此，新时期组织学习非常重要的任务就是市场与用户导向的学习，学习直接创造商业价值。

图 5.2　敏捷共创组织学习的方法体系

五、注入组织灵魂——方太因爱伟大

在动荡不安的商业环境中，企业需要有定海神针才能屹立不倒，这个定海神针就是组织的使命与文化，它是企业组织的灵魂。敏捷共创组织学习的重要任务就是帮助组织寻找它的使命，炼造它的文化，为组织注入灵魂。

然而，这项工作是极其复杂的。企业的使命是怎样形成的，如何获得组织成员及相关方的认同？企业文化的本质是什么，如何炼造？这些是组织学习需要解决的问题。带着这样一些问题，2016 年 5 月 23 日，我与几位专家共同访问了方太，与方太董事长茅忠群开了一天的闭门研讨会，又花了半天时间对方太管理层进行了访谈，取得了很大的收获。

使命就是旗帜

传统观点认为企业使命是企业家的事情，与组织其他成员无关。然而，这个看法的视野是狭窄的。企业组织的使命或许是企业家及最高领导层最先提出来的，但是必须获得组织全体成员发自内心的认同，甚至得到包括客户、供应商、银行、公众等所有利益相关方的拥护。

企业使命的本质就是一面大旗，它看似无形，却对相关人群的心理具有重大影响，从而产生了极大的场力，为组织集聚发展的能量。三国时期，曹操挟天子以令诸侯，打出了正宗朝廷的大旗，这对中国传统士大夫阶层的吸引力是巨大的。在官渡之战中，许攸叛逃曹操正是出于这面大旗的魔力，这也是曹操能够以弱胜强击败袁绍的关键。

如何树立企业组织的旗帜，形成对组织成员与公众的影响力与号召力？

这样的旗帜必须高远，有极强的感召力；又必须亲近，让人们产生共鸣。

方太提出的企业使命是：“**让家的感觉更好**。”这其中有两方面的含义。一是用户层面：打造健康环保有品位、有文化的生活方式；二是员工层面：成就员工物质、精神两方面幸福。“让家的感觉更好”与方太厨电产品属性有直接的关联，同时对家的情感是人们最浓厚的情感之一。帮助用户与成就员工两方面的结合，定义了方太是一个为社会创造价值的企业。

根据这个企业使命，方太提出了一个超凡脱俗的企业愿景，那就是“**成为一家伟大的企业**”。什么是伟大的企业，伟大的企业是规模最大的企业吗？不是。方太认为，一般的企业是“满足需求，刺激人欲，令心不安”的。而一个伟大的企业是“创造需求，导人向善，以安人心”的。方太提出了伟大企业的四大特征，分别是经营可持续，顾客得安心，员工得幸福，社会得正气。那么伟大的企业与一般的企业之间的核心差别究竟是什么呢？

利己与利他。

一般的企业的出发点是利己，以股东的盈利为根本目的，追求企业利润的最大化。为此，它可以过度营销与刺激消费者的欲望，利用与满足人性的弱点。这样的企业尽管获得了利润，但这样的利润却是建立在损害社会与他人的手段上的。

而伟大的企业的出发点是利他。为顾客创造价值，成就员工，奉献社会是它的使命与生存的目的与意义。企业使命达成了，利润回报是自然而然的事。当然，既然是企业就应当讲绩效，利润是衡量商业绩效的方法，也是证明企业健康的指标。

简而言之，伟大的企业是以利他之心服务顾客、成就员工、奉献社会的高绩效企业。方太进一步将它提炼为“**因爱伟大**”这一口号，作为方太前进的精神旗帜。

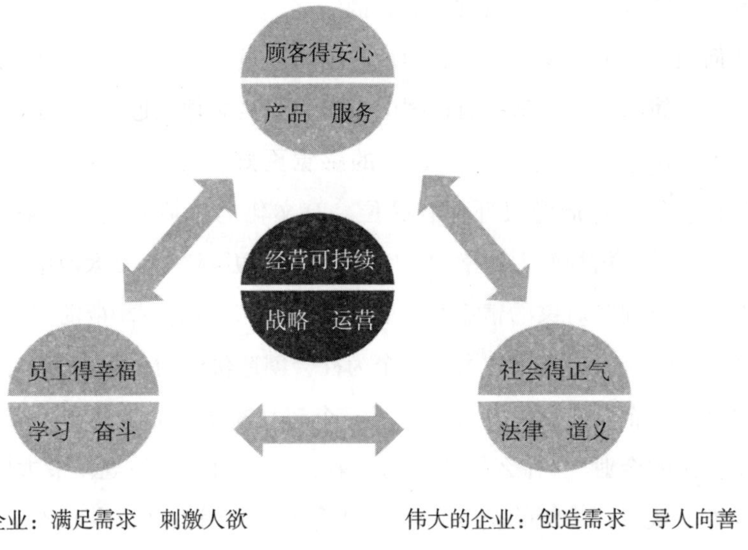

图 5.3　方太儒道——伟大企业四特征

“因爱伟大”这个口号非常特殊，为什么会诞生在方太，并产生了巨大的影响力？

接引中国文化的精神能量

方太自1996年创建以来，前十年都是学习西方管理为主。自2003年起，茅忠群开始研究与学习中国传统文化，2008年起尝试将儒家传统文化运用到方太的管理之中，逐步形成了系统化的**“方太儒道”**。

这其中就会面临许多问题：为什么将诞生于两千年前的儒家文化作为方太的企业文化根基？儒家文化与现代企业经营管理能够相互融合吗？

前文提到，企业文化是企业组织内部成员相互交往的基本价值观念、思维方式与行为习惯。企业并不是孤立的，而是植根在现实的土壤之中，不可避免地受到现实环境的影响。企业文化要获得员工发自内心的认同，就必须在更高层级的文化中寻找根源。中国传统文化影响中国社会几千年，尽管在五四以降受到批判与破坏，但还是存留在中国人的集体潜意识之中。它就像是潜藏在中国人心智中的星星之火，稍加发掘必将成燎原之势。因此，方太以儒道治企，将儒家文化作为企业文化的核心，就接引了中国文化精神层面的最高能量，是非常有智慧的做法。

传统儒家文化如何与现代企业经营管理相互融合呢？方太提出了“中学明道，西学优术，中西合璧，以道御术”。何为道，何为术？道是做事的意义，术为做事的方法。现代公司诞生于西方，西方经营管理的技术与方法当然要学习。事实上，方太主要高管层是从可口可乐等国际公司挖过来的，方太构建起一整套的西方管理制度体系，包括战略规划、部署、执行体系，产品创新体系，精工品质体系，市场营销体系，至诚服务体系，人才培养体系，绩效管理体系，流程化组织，项目化管理，信息化系统等。西方的术是方太成功的基石。

然而，为什么要经营企业？组织成员为什么要在一起努力奋斗？除了养家糊口以外，总是要找到一些意义的。这就必然要涉及信仰、信念、世界观等观念层面。本书前文提到，在道的层面，西方企业的精神源泉是基督教，马克斯·韦伯在《新教伦理与资本主义精神》一书中，精辟地分析了西方企业家为什么拼命赚钱、拼命捐钱的深层精神根源。基督教是西方人的道，却难以成为东方人的道。中国企业应当有中国之魂，找寻东方文化作为立企之道，以中学之道御西学之术，是中国企业应走的正道。

此外，儒家文化是过去的，如何让它适应当下呢？这就必须理解什么是儒家文化之体。事实上，真正的“道”是不可言说的，是永恒不变的，这个根本大道就是儒家文化之体。儒家圣贤以文字的方式揭示这个道，并将之运用到古代社会的真实情境之中，形成了系列的思想方法。在社会巨变的当下，针对古代社会情境的言语与思想方法过时了，但儒家文化的道永恒不变。本质是儒家文化之用过时了，它的体仍然发挥作用。

因此，要想将儒家文化运用到企业经营的情境之中，就不能拘泥于圣贤之言，而要体味把握圣贤之言背后之意，把握儒家文化之体，并在当下企业经营的情境中表达出来。

方太在这方面做出了一些尝试。方太将儒家的仁、义、礼、智、信，廉、耻、勤、勇、严，放到了企业的核心价值观中。但与此同时，也强调“人品、企品、产品三品合一，尽心尽责，齐心协力，专注极致，创新突破”。在这个价值观中，能够明显地看出，方太试图将儒家的精神与现代企业的情境相结合。

例如，在阐释儒家的五伦君臣、父子、夫妇、兄弟、朋友时，方太进一步将之发展为现代企业中的伦理关系，企员道、上下道、同事道。企员道是指：“企爱员忠。企业行‘爱道’，员工行‘忠道’。企业要提供“五感”环境，成就员工，关爱员工，严爱结合；员工应尽心尽责，成就企业，热爱顾客，合作共赢。”上下道是指：“上爱下忠。上级行‘爱道’，下级行‘忠道’。上级要用心关爱，五感落实，以身作则，修己安人，严爱结合。下级应尽心尽责，竭尽心力，全力以赴，诚实守信，自主自发。”同事道是指：“同事信和。同事之间行‘信道’‘和道’。同事之间应信守承诺，互相信任；团结和谐，齐心协力。”

再如，方太从儒家的仁爱之心出发，提出了企业的五大文化——创新文化、品质文化、工匠文化、服务文化与品牌文化。通过五大文化的落地来让顾客安心。

尽管方太做出了许多努力，但其中还有诸多矛盾未能彻底解决。比如，儒家核心价值中的礼，是出自周礼，周文王以德治天下，就必须建立一整套的身份体系与礼制规范。这就是古代社会的封建宗法制度。将人群分为天子、诸侯、大夫、家臣、庶人，强调社会中的尊卑秩序与行为规范，并以礼乐制度来固化这一秩序，从而形成古代社会的超稳定结构。然而，这个强调尊卑关系与上下秩序的礼与互联网个体崛起的时代是格格不入的。如果在企业内部过度推行礼乐制度，强调身份区别，就会形成集权专制的企业文化，从而压抑企业的创新能力。创新从来不是通过秩序产生的，创新往往是藐视权威打破秩序破土而出的。从全球视角来看，为什么中国企业在创新上乏善可陈，并非中国人不聪明，而是与中国文化强调秩序尊卑有极大的关系。

要解决这一矛盾，就需要把握礼之体。礼的本质是制度规范，它的核心是为取得群体结构的维护，而恰当地处理人与人之间的关系。如果从这个含义去理解，礼是永远被需要的，只不过它的表现发生了改变。上下尊卑秩序是礼，为什么民主平等与自组织不能成为礼？哈默在《管理的未来》一书中提出了未来企业组织管理的全新范式，并以谷歌、全食超市等公司为案例说明了管理社区化、民主化的具体做法。在管理未来的新范式中，公司被重新定义，然而，如果企业还是一个组织，那么组织作为一个群体就必须进行协作，组织成员之间的协作规范就必须用礼来规范，只不过这个礼需要重新定义，从尊卑秩序的礼变为平等共创的礼。

尽管还存在诸多矛盾未能完全解决，但是方太在提出企业使命愿景的时候，还是成功地把握住了儒家精神的根本。这个根本就是仁，是利他，是爱。而且这个根本是具有普世意义的，是东西方宗教与文化共同的。在我看来，无论是基督教、犹太教，还是伊斯兰教、佛教、儒家、道教，它们是接引不同人群的法门，但其接引的方向是一致的。普世意义的价值观更容易得到公众的拥护，这正是方太高明之处。方太提出了做一个“伟大的企业”的愿景，并以“因爱伟大”定义了这个目标，成功地为组织注入了灵魂，将方太塑造成一个真正的生生不息的生命体。

理想很远大，但是如果没有落实到组织内每个人的心中，那么这个理想就只是口号而已，是企业家的自嗨。那么，如何让组织的使命与文化真正进入每个人的心中呢？

共修家园

共同修炼。

如果让组织成员发自内心地相信组织的使命与文化，在工作中找寻到人生的价值与意义，实现与成就自我，就需要促使人不断反省，破除人性中自私自我的迷障，实现觉醒，找到自我的天命。做到这一点谈何容易，这个过程必然需要艰苦的修炼。事实上，每个人的一生自觉不自觉地都走在自我修炼的道路上，作为企业组织有责任帮助员工。企业组织本身就是一个修炼的平台，它不仅是员工经济收入的来源，更是员工获得尊严、提升自我的场所。

这个修炼是组织集体的修炼，而不是个体的修炼。这是因为组织修炼的情境是共同的，使命与文化是一致的，组织成员之间需要共同协作成就事业，组织成员在工作中共同修炼，在成就事业的同时，成就更完美的自己。

那么，修炼修什么？

在方太，茅忠群提出方太员工应当**性命双修，修身心，做快乐的学习者；尽本分，做快乐的奋斗者。**

修身心是指修性、修慧、修德，修仁、义、礼、智、信五常大德。应当通过学习思，转知见，灭私欲，化情绪，去习气，做到中正圆满。人负有特殊的天命，人当活出人生的意义。通过修身心找寻到自己人生的意义与价值。

尽本分是指修命、修福、行道，人生是一场修炼，工作是修炼的平台，应当立身行道活出人生的价值。修命不修性，活不出人生意义；修性不修命，活不出人生价值。欲性命双修，欲获得幸福，就必定要成为快乐的学习者和快乐的奋斗者。

在修炼的过程中，员工应当做到“三要”：要感恩、要立志、要笃行。而企业应当为员工做到“五感”：安全感、归属感、使命感、成长感与成就感。

这样，企业得以实现使命和愿景，个人得以获得圆满幸福的人生！就将个人的修炼与进步和企业使命愿景的实现融合在一起。

如何在实际工作中修炼呢？如何落地企业文化，让员工发自内心地认同呢？

方太提出了文化落地的五个方法：

教育熏化：教以伦理道德，敬畏因果天命，唤醒自主意识；

关爱感化：施以五感环境，关爱员工成长，激发自主意识；

礼制固化：约以礼仪制度，激以奖惩机制，培养自主行为；

专业强化：培以专业技能，鼓励事上磨炼，发展自主能力；

领导垂范：先以领导垂范，本诸上行下效，引领全员自主。

方太在公司内部推行了以儒家思想为核心的传统文化的学习。公司各个部门在上班前会自发组织传统文化早课学习，研读交流《大学》《中庸》《论语》《孟子》《弟子规》《传习录》等经典著作。针对员工的层次不同，研读的内容也有区别。一线工人研读《弟子规》等基础著作，中层干部研读《大学》《中庸》《论语》《孟子》等经典著作，最高管理层研读交流《传习录》，探讨阳明心学。

除了以部门为主体的集体学习交流外，方太还在员工中推行**“五个一”修身功夫**，既立一个志、读一本经、改一个过、行一次孝、日行一善。将修身落实到自己日常的工作与生活之中。鼓励员工修身、齐家、治企、立功德。此外，方太通过文化手册、方太人报、内网、教育课、学习会、微信群等营造整体的学习氛围，创造修炼场域。

据我的访谈与观察，方太儒道深入人心，的确取得了一定的成效。我在访谈方太管理者与普通员工的时候，从他们的言语与眼神中能够强烈地感受到信念的力量。有位高管听到猎头电话接都不接直接挂掉，有的员工说到动情之处潸然泪下。一个有灵魂的组织是战无不胜的组织。茅忠群在总结方太儒道效果时提道："从2008年开始的4年间，方太每年违纪错误下降一半。很多年轻员工懂得孝敬父母，外地员工经常主动电话问候父母，员工之间也更加互帮互助。员工更爱公司，公司发展快，员工有时也需要加班，但都无怨言，而且离职率还大大下降。这几年虽然大的经济环境不太好，但方太每年都在比较快地增长，去年首次突破50亿元，纳税6个多亿，效益非常不错。所以只要把因做好了，果一定是好的。"

东施效颦很难成功

然而，必须清醒地看到，方太儒道产生于特定的企业，完全照搬很难成功。我认为，方太儒道有以下几点值得我们思考。

企业家信仰坚定

组织要有灵魂，就必须发自一颗至诚的内心，这颗心来自方太创始人茅忠群。茅忠群将儒道作为自己的信仰，每天坚持研读经典做修炼功课。他相信真正的领导力出自"为政以德，譬如北辰，居其所而众星共之"。企业家的至诚最为关键，如果企业家自己不信，只是将儒道视作统治与束缚员工的工具，注定会失败。

传统文化的推广方式是润物细无声的

许多中国企业家在学习传统文化之后，往往在自己公司内部开展轰轰烈烈的学习传统文化的运动，结果往往收效甚微。主要原因在于信仰与精神层面很敏感，不能勉强。应当采用引导与感化的方式，以润物细无声的方式展开。方太并没有一开始就强制各个部门集体学习传统经典，而是在一个较长的时间里，由各个部门自发开展起来的。方太不仅教育员工要奉献，也同时强调企业对员工的关爱与责任。外部的强制只会激起员工的逆反心理。要促使员工内心的觉醒，需要长期的过程，要有耐心。

西方管理与成功经营是基础

方太儒道是中西合璧的，在开展传统文化学习之前，方太的西方管理体系已经非常扎实了。包括品牌管理、六西格玛等管理制度与工具方法体系已经在企业落地。尤其是方太所坚持的高端品牌定位，创新与高质量的厨电产品支撑，精细化的生产运营，保证了方太的健康发展。如此，公司才有能力给员工行业内的高薪资福利，还推出身股制让员工享受利润分红。经营的成功与物质的保障，正是方太儒道成功的基础。如果企业原本经营管理的基础不好，指望传统文化成为拯救企业的救命稻草，这明显是妄想。

组织的灵魂需要共修共创

如何赋予组织灵魂？在方太，我们看到的是一个企业家的觉醒，当他通过自我修炼找寻到自己的天命，达到更高的人生境界，自然希望立身行道，将方太作为个人自利利他实现天命的平台。这个志向与愿望是真诚的。至诚无息，不断努力探寻，就能做到悠远、博厚、高明，“如此者，不见而章，不动而变，无为而成”。在这个过程中，方太采用了共修的方式，将方太视为修炼的平台，提出了明确的修炼目标，带动所有员工共同精进。组织灵魂要想渗入组织的血液与每一个细胞之中，就应当采用共修的方式，让每名员工发自内心地接受。

当然，方太所采取的一些方法手段如教育熏化、关爱感化，更多的是以自上而下的方式进行的，这与方太所从事的传统制造业有一定的关系。在互联网时代，面向未来的管理组织，能否采用自下而上的方式，共启愿景与使命，让每名员工参与到组织灵魂的塑造中来，这是组织学习非常值得研究的课题。

六、知识连接共享平台——平安知鸟的移动学习革命

随着移动互联时代的到来，技术对培训学习的影响愈发显著。幕课、E-learning 等方兴未艾，移动学习又粉墨登场。作为企业培训与学习领域的最新发展，移动学习对于管理教育和培训会产生什么样的影响？**企业组织的学习方式、学习内容，在移动互联技术环境下会有怎样的变化？这是一场对过去培训学习模式彻底的颠覆与革命，还是新一轮的融合与发展？培训学习与培训部门将如何抓住移动学习的机遇，萃取与传承组织知识与经验，搭建一个知识连接与共享的平台？**

平安知鸟在中国移动学习领域的实践无疑是开创性的。平安集团拥有员工约 110 万人，横跨保险、银行、投资等多个业务板块，人员众多，业务知识复杂，培训需求变化迅速，传统课堂面授+E-learning 的模式遭遇挑战。于是，2014 年平安集团决定研发一款移动学习平台——知鸟。知鸟于 2014 年 9 月正式上线，拥有微课学习、培训管理、案例中心、微课开发、考试等多种功能。基于知鸟移动学习平台，平安集团开始了一场移动学习的实验。

对这样一场开创性的实验，究竟应当怎样评价？我认为应当从移动学习能否解决当前企业培训的三个痛点出发来思考。

移动学习能否解决企业培训的三个痛点

是组织学习而非个人学习！

传统企业培训模式基于标准化的课程与师资，重点放在学员个人发展与

领导力的提升。然而，这样的模式忽视了企业培训的主体——企业组织的目标与要求。企业组织学习不同于个人纬度的学习。组织学习需要服务于企业组织目标的达成，需要反映组织的愿景与使命，需要将组织的整体而非个人作为学习主体。培训一定要服务于组织战略与绩效达成，这已经成为中国培训界的共识。

移动学习是否有价值？首先应当鉴定它对企业组织学习的贡献。移动学习能否提升组织学习的效率，降低学习成本，将学习与工作紧密融合，支持组织战斗任务的达成，直接服务于企业战略、业务与组织文化建设，能否将组织的智慧与知识萃取、沉淀与传承，建设一个自我驱动、敏锐应变的学习型组织。这些是评价移动学习价值的重要维度。

新新人类不高兴！

当下的企业培训对象越来越由互联网时代的新新人类构成，他们成长在与前辈们完全不同的信息环境之中，从而养成了迥然相异的学习习惯。他们更主动积极，更善独立思考，更轻松而不严肃，更以问题为导向，更尊重自己的感受，愿意寻求生活工作之意义。

新新人类是互联网的原住民，适合全新的学习环境。过去僵化的、被动的、纪律的、时间空间束缚的、单向知识灌输的、严肃的学习模式，已经无法激起这批学员的学习热情。移动学习能否提供一个全新的学习环境，充足的学习资源，专家与同伴交流的社交学习社群，灵活的学习时间与空间，个性化的学习内容，适应不同生活场景的碎片化学习形式，游戏化的有趣的学习方法，让新新人类主动性、探究性地学习，是我们对移动学习抱有的期望所在。

学习地图失效了！

商业环境的动荡对传统培训学习造成了重大挑战。组织变革动荡变成常态，以岗位胜任力模型为基础的人才梯队与领导力发展的逻辑遭受动摇。知识的保鲜期变短，组织新知的产生更多来自一线，以教师、专家为中心的知识产生与课程开发的周期长、更新慢。以现有知识体系、岗位胜任力模型为基础，构建学习地图，以此为指导进行课程体系与师资体系建设，看起来很完美，然而，一旦落到现实的坚硬地面上，就会像精美的瓷器一样被砸得粉碎。

移动学习能否打破传统的学习模式，建立起全新的知识架构与传播的机制，创建组织学习全新生态，适应组织扁平化与网络化的现实，顺应互联网时代共创、众筹的新形势，助力整个组织对变化的环境做出更为敏锐的感知与适应？

组织学习的理想是企业经营的本身就是学习，学习与组织的一切活动天然无缝对接、融合为一体，企业组织成为不断自我更新与进化的生命体。

这也正是移动学习的理想。

构建组织学习新生态——移动学习的理想

移动学习基于移动互联技术，但又明显超越于技术本身。技术只是可能的条件，如何在实践中利用新的技术条件，创造性地提升组织学习的境界，才是移动学习的理想。从平安知鸟的实践来看，塑造组织学习的全新生态，正是这场变革的核心精义所在。

从学习生态的视角看，需要有主体，即学习者与专家、教师；有内容，即知识的体系；有机制，即知识的创造与传递；有目标，即组织愿景与使命的达成，个人的发展与提升；有场景，即学习与应用的场合。

旧的企业组织学习体系很完整，但是难以适应新的环境与要求，移动学习能否承担起创建全新生态体系的重任呢，或者说能否有助于推进这样一场革命呢？平安知鸟的移动学习实践部分回答了这个问题。

从中心化到网络化

移动学习首先改变的是企业知识产生的机制。过去培训学习地图是由少数内外部专家决定与构建的，并据此外购或开发相应的课程。培训学习中知识的产生明显是以专家、教师为中心的模式，这种知识集权模式导致课程内容僵化、过时、更新慢，不能反映学习者真正的需求，造成了无效学习和学习迁移与转化不足的问题。

移动学习推动的方向是用户产生内容，是网络化、民主化的知识产生方式，将企业全员卷入知识的萃取创造与传播中来。平安知鸟平台有一个“来做课”功能，极大地降低了微课开发成本，提高了便捷性。平安集团 2015 年一年共产生 5 万多门微课，99%都是员工自动自发产生的，平安大学的课程只有几百门。技术手段极大降低了知识产生的壁垒，使得内容大量生产，而且更加贴近于业务与员工的现实。

人人是教师、人人是学习者

移动学习模糊了学习生态中各种角色的界限，重构了学习生态中的主体关系。过去教师专家高高在上，学员只能接受与吸收，学习者与教授者界限分明。移动学习构建了这样一个学习社区，在上面不论出身与层级，只看解决问题的专业度，从而在各个领域中涌现出一批专家，他们原来是业务骨干或是管理高手，在社群粉丝的追捧与鼓励下，他们不仅通过微课案例产生高质内容，还能及时解答学习粉丝的问题。在这样一个社区，大家具有多元化的身份，在这个领域是专家，在那些领域则是学习者。基于不同的学习主题，形成了不同的网络化社群，网络社会化的学习方式，将更多的员工卷入进来。

多场景学习

碎片化的学习方式扩大了学习的场景，其本质是时间与空间的超越，极大提升了学习的效率，降低了学习的成本。过去学习的主要场景是课堂。E-learning 与幕课的兴起部分改善了这一状况，然而，幕课时间长、局限在 PC

端等特性，限制了学习的场景。**移动学习基于人人拥有的手机平台，5 分钟为基础的碎片化学习产品设计，使得学习可以融入学习者生活的碎片化场景之中，尤其反映在学习与业务场景的融合之中。**例如，在业务人员见客户的路上的半小时，可以通过移动学习平台及时调用相关产品的介绍与客户的档案材料、历史数据、兴趣喜好等，提升客户成单率。据平安集团估计，知鸟的上线，每年可为平安集团减少需要讲师的培训天数 5227 天，节约成本近亿元。

轻、快、趣、准

移动学习在学习形式与体验上的创新尤为突出，这样的形式更加适应互联网新新人类，主要体现在轻、快、趣、准四个字上。

轻，是指学习最好是轻松的、容易的，甚至无须学习。移动学习通过平台提供海量的业务知识内容，以及智能搜索功能，员工在工作中可以轻松找到相关知识内容。移动学习将复杂的学习内容深入浅出地表达，如视频、PPT、音频等跨媒体等方式。

快，是指学习的速度。知识产生快、传播快、掌握快。速度正是学习能够融入业务工作流的核心要素。目标是做到随时随地，即刻学习。

趣，是指学习方式的有趣，游戏化、娱乐化、体验化，在趣味中学习。

准，是指个性化的学习，每个人根据在公司内的岗位与职级，分配不同的学习内容与主题，提出不同的学习要求。学习的内容要与学习者的实际工作紧密结合，以问题的解决为导向，应当是学习者的要义。

如何玩转移动学习？

根据移动学习的上述理想，如何解决移动学习实践中的难题，与原有的培训学习技术方法相融合，就成为玩转移动学习的关键所在。

知识内容如何生生不息?

自上而下与自下而上、专业与非专业的平衡

移动学习平台的知识内容从哪里来？如何能够确保微课的质量，还能生生不息，成为一个不断自我进化与发展的活的系统？这是移动学习实践的第一难题。

从平安知鸟的实践来看，知鸟平台微课主要采用自上而下与自下而上相结合的方式，找寻专业生产与非专业生产的平衡。

在移动学习起始阶段，应当以自上而下的专业化生产方式为主。具体来说就是以平安大学、专业条线的培训部门为主，先开发出一批基础微课。微课的来源主要有几个方面：一是**原有课程的转化**。将原有课程体系，包括线下课程、E-learning课程，按照移动学习的要求改造成3—5分钟的微课，采用动漫、视频、图文、游戏等多种方式。挑选的标准主要是那些知识信息类、制度类、流程类的课程。二是**案例课**。由培训部门组织专门的案例萃取工作坊，将业务专家与培训专家聚在一起，开发案例上平台。三是**高管课、榜样课**。由各机构领导针对中层开发课程并授课，将分支机构中具有标杆做法的负责人树为榜样，由他们将标杆做法开发成微课传播。

当移动平台具有相当数量的高质量内容之后，就可以动员群众，自下而上发动非专业人员开发微课。前文提到知鸟平台上有一个专业的做课工具“来做课”，培训部门激励所有员工制作微课。知鸟专门有一个鸟窝，员工可以将自己的案例传到平台上。这部分微课质量尽管参差不齐，却贡献了大部分的微课内容，并及时反映了员工的最新学习需求。培训部门还可以通过大数据追踪最受欢迎的学习问题与领域，组织专家进行深度开发课程。

体系化的碎片化!

受制于手机终端的屏幕与使用情境，移动学习在内容开发上势必遵循碎片化原则。如何避免碎片化误导学习者？平安集团的一条重要经验就是成体

系化的碎片化，将整个知识体系打散成知识碎片，学习者既可以直接寻找答案，又能够知道前因后果。

除知鸟之外，平安集团还有一个移动学习应用叫“知库”。知库是平安产险的产品，主要是 PC 端线上搜索引擎，是知识信息管理和学习平台。知库将平安内部所有的知识体系，条线的知识体系都放进去，形成一个碎片化的知识库，目标是让它成为保险界内近亿条信息的便利图书馆。知库内有专家在线、问答等功能，除公司外，用户自发产生很多知识经验。知库还有搜索功能，就像是保险金融专业知识的百度。众所周知，保险金融行业的产品知识与法律规定特别多，员工不可能完全掌握，当用到时，可以直接到知库上去搜。因此，平安集团内部说：“学习找知鸟，问题找知库！”

由于聚焦员工“刚需”，知库的活跃度极高，上线短短 60 天，就有 8 万多人次使用。2017 年下半年上线微信端公众号，目前每天有 1.2 万人在线上互动。

知库与知鸟对接，内容上相互覆盖，成为学习的入口。比如想了解车险有什么课程，上面就有一个知鸟二维码，一扫就上去了。

知库还可以与业务工作系统直接对接，直接助力业务问题解决。例如知库对接核保系统，员工在工作的时候，工作界面屏幕旁边有一个窗口，就是知库中与当前工作相关的内容。

如何解决信息过度问题？

当移动学习内容大量地生产出来，就会遭遇另外一个问题，那就是信息过多，噪声太大，给员工的有效学习造成障碍。这里就涉及如何将合适的内容推送给合适的学习者的问题，也就是学习的个性化如何实现的问题。专家们在这个问题上做了详细探讨。主要归纳了以下几个方法。

个性化必修课。根据公司战略的要求以及员工的岗位职级与条线，由公司统一规划，体系化建设，产生出不同员工的个性化必修课程，作为公司统一的要求。

智能搜索。设计多元化的标签体系，如专业领域（营销、人力资源、产品）、呈现形式（视频、游戏、图文）、讲师（高管、专家、业务骨干）等，为每门微课贴标签，从而支持更精准智能的搜索。

“来找碴儿”。提升微课质量还需要走群众路线，平安集团组织了“来找碴儿”活动，鼓励员工对微课进行评价，做质检员，提升课程质量与精准度。

大数据的方式。如推荐职能，可以在员工学完后，让他们推荐给其他有用的人学习；做培训白皮书，统计出不同领域最受欢迎的课程置顶；问答中被采用的高质量专业回答置顶等。

六大应用场景!

移动学习的一个非常重要的目标是服务于企业战略与业绩目标的达成，与企业工作流紧密融合无缝对接。那么移动学习有哪些应用场景呢？

第一类是知识管理。这就包含了企业组织内知识的生产、储存、传播、应用的整个过程。移动学习既可以通过做微课、问答、案例萃取等方式，动员更多员工参与到知识的生产与创造中去，又能够用移动平台对接工作系统，廉价高效地传播与应用知识，还能够像“知库”一样建立起网络知识库，分权限标准化地储存起来。类似的做法有专家黄页、问答，从而极大地提升了组织知识管理的效能。

第二类是企业战略文化宣传。公司的战略文化如何宣贯，使得上下同欲、深入人心？传统的方式是层层会议，分解落实。然而这种方法速度慢，有信息衰减、扭曲等各种现象发生。通过移动学习平台，公司董事长上午会议上的关键报告，中午就成为全体员工的议论话题。移动学习平台还有直播功能，先进员工与业务明星的海选、标杆案例分享、表彰会全都可以放到平台上，利用粉丝效应提升榜样的示范力量。利用移动平台的考试功能，公司可以整合当前最重要的战略、文化、制度等关键内容，让全员掌握、人人过关。

第三类是业务支持。移动学习可以直接助力业务发展。比如新产品推出后，将新产品推广开发成课程，内容包括产品特性、目标客户、推广方法等，定向推送给所有相关销售人员，销售人员学习后必须通过平台考试才能拿到销售资质。新品上市一段周期后，培训中心可以寻找成功的销售人员萃取标杆案例，进一步在平台上推送分享，推进新品的销售。

第四类是工作区学习。在移动学习平台可以专门开辟一个工作区，将任务分配、任务跟踪、工作日程、工作文档、工作交流等功能放在里面。公司各部门可以利用这个区域进行工作协同。新入职人员也可以使用这个平台进行入职培训。这就类似于一个工作社群，具备交互辅导、群组讨论等功能，有利于部门内部协同，尤其适用于基于项目的跨部门虚拟性组织的工作。

第五类是 APP+PC+线下混合学习模式。移动学习还能够与 E-learning、线下课程相互融合，发展 O2O 混合式学习模式。幕课课程系统完整，但是时间长，且受制于 PC 端；移动学习易于学习、方便廉价，但是碎片化不完整。幕课可以改造成微课作为导入课程，深入学习在 PC 端进行。在领导力发展项目中，训前可以通过移动学习掌握基础知识，训中可以采用行动学习在问题解决中相互学习，训后可以在移动学习平台进行跟踪，形成社群化交流互动，帮助学习的转化与绩效的达成。

第六类是培训大数据管理。公司培训部门可以依靠移动学习平台积累学习数据，优化培训管理，如学员的学习习惯、培训档案，讲师的授课档案，所有的培训大数据全部都有。而且可以基于个性化推送，无论是学员还是讲师，所有的用户都能看到自己的相关数据。比如这个岗位必修的线上线下课程是什么，学习了多少课时，作为讲师讲了多少课时。现在通过这个平台，不管是线上的数据，还是线下的数据，一样可以统计。大数据可以指导优化培训学习，例如，培训部门可以跟踪学员的学习兴趣，开发最受欢迎与务实的培训课程。

参与、参与、参与！

从技术角度看，移动学习平台的搭建并不难，难点在于如何玩转这个平台，激发员工参与到移动学习中去，否则移动学习很可能沦为培训部门自嗨的工具。员工的移动社群与平台很多，许多企业的移动学习平台都是热了一阵，随后归于寂静。自 2014 年 9 月开始，平安知鸟的功能不断进化，目前能够做到全员覆盖，月活跃率为 96%，日活跃率为 40%，并在实践中摸索了一系列创新做法。

集中化的宣传与行政要求。在知鸟起始推广阶段，主要用行政命令的方法。先进行系统化的宣传，让各级领导带头推动，然后每一个机构排名，监督人员覆盖率、人均学习课程数、自产生的经验分享等指标，并将平安文化，平安礼仪，平安黄、红、蓝管理制度等微课内容在平台上强制学习。原有培训班的通知、报道、考试、学员交流等工作全部放到移动平台上进行。人、机构、课程三者结合，完成了非常好的启动普及宣传工作。以平安产险为例，2017 年知鸟上线直播功能后，产险在重要战略传导、组织文化传播、重点项目落地、大型活动举办、团队会议组织和明星经验分享 PK 等方面广泛应用知鸟，培训部统筹运营，各条线深入使用。知鸟在平安产险的定位已经升级，不仅是移动化学习平台，更是组织变革助推器。

学习生态中的角色培养。平台内容的高质量，满足学员刚需是吸引员工的基础。为此，平安集团重点培养了两类角色：一是**微课设计师**，二是**案例萃取师**。平安集团为微课设计师的培养设计了 20 多门课程，通过行政手段与激发参与两个手段共同发展成员。例如，在高潜人才项目中，要求将案例萃取与分享作为高潜人才晋升前的必要任务。此外，分享案例与微课的人，在平台上通常都有粉丝点赞与追捧，他们获得的精神鼓励更加激发了他们的积极性与参与感。

排行榜与积分机制。员工在知鸟学课可以赚积分，签到可以赚积分，发表话题可以赚积分，做课也可以赚积分。攒了积分之后就有一些小礼品，比如说电话卡、流量卡，兑换实物，未来还会跟万里通积分对接。根据积分产生各种各样的排行榜，排行靠前的员工还可能获得名校深造等学习机会。

节奏化的主题活动。平台运营者还需要与公司战略、热点结合，策划设计有节奏的主题活动吸引眼球，保持活跃与关注，如年底业绩冲刺、新项目启动、年度变革主题、优秀员工海选等。与业务部门协作，将更多的常规工作内容搬到移动学习平台，如早会、各类论坛、员工凝聚力活动等精彩内容。精彩内容越多，应用场景越丰富多元，平台的活跃度就越会直线上升。

学习部门转型：互联网产品运营能力是前提

移动学习看起来很美，但要运营好却很不容易，对企业培训团队转型的要求很高。培训团队需要以互联网思维来运营移动学习平台，需要设计移动学习产品，策划主题活动，提升用户体验，激发员工参与。培训团队不仅需要具备企业培训学习领域专业能力，还需要具备互联网产品运营能力。这对团队能力提出了全新的要求。培训团队需要 IT 人员，需要互联网的运营推广人员、产品的设计人员。以平安产险公司为例，总部培训部门共计 14 人，专门成立了培训平台室来负责移动学习。配备了 6 人，除了经理做整体协调外，2 个人负责做知鸟，3 个人负责知库。同时，各分支机构都配有线上培训室，各条线也有培训责任人，共同运营移动学习。

移动学习的阿喀琉斯之踵

那些助力移动学习的因素，恰恰也是制约它的关键。

碎片化有利于扩大学习者的学习场景，但也会带来只见树木不见森林的问题。一个领域内的知识往往是系统化的，不同的知识点之间是有因果关系的，任何结论都是有前提假设的。如果为了碎片化而抽离这些前提假设，打破了知识点前后的因果链，那么这样的知识点就极有可能误导学习者。

学习的目标不同，有知识的掌握、能力的提升以及态度的转变。从知识与信息的掌握来看，移动学习有高效、快速与低成本的优势。然而，在能力的提升方面，学习者需要的不仅是了解做法，更重要的是现场示范、操作练习与及时纠偏，需要的是在解决问题的过程中群策群力、交锋辩论。在态度领域，学习者领导力的提升、智慧的增长、心智的提升、价值观的树立，这些更需要学习者的自省、顿悟与修炼，以及教师在现场的指导。

学习不仅意味着知识与信息的获取，而且是一个主动追寻与探索的循环过程。在学习的整个过程中，移动学习可以提高信息传递的效率、经验总结传播的及时性，但是无法替代学习者自身的经验，主动性的反思，基于反思的概念化、抽象化，以及在新的环境中的创造性应用。

由此，移动学习并非一场培训学习的颠覆与革命，而更像是培训学习领域新一轮的融合创造与进化，是向组织学习更高境界迈进的关键一步。

七、未知探索共创——GE 快速工作法 Fastwork

前文提到敏捷试错是当今时代组织学习非常重要的特征。在快速变化的环境中，企业如何在未知中探索前行，是组织学习必须提供的重要方法论。本节我们以 GE 近年推出的快速工作法（Fastwork）为例，说明组织学习如何帮助企业开展探索式学习。

GE 是一家百年企业，与 GE 同样在当年入选道琼斯成分股指的公司都已经消失了，只有 GE 还焕发勃勃生机。GE 之所以能够创造基业长青的奇迹，关键原因是它的变革基因在起作用。在外部商业环境不断变化的过程中，GE 总是能够抓住契机进行自我否定与自我更新，重塑商业模式与产品业务，适应全新的环境，进入新一轮的增长周期。这种浴火重生、凤凰涅槃的变革能力，已经深深地浸入 GE 的血液之中，成为 GE 的核心竞争力。GE 的变革能力是以独特的组织学习能力与体系为支撑的，这套独有组织学习方法论正是 GE 成功背后的秘密武器。

行动学习助力 GE 世纪变革

为更加深刻地理解这一点，让我们回到 20 世纪 80 年代，看看杰克·韦尔奇是如何通过组织学习的手段帮助 GE 实现那场著名的世纪变革的。当杰克·韦尔奇接任 GE 公司 CEO 之时，GE 正面临环境的巨大挑战。20 世纪 80 年代，美国经济陷入低谷，全球经济越来越开放，竞争性越来越强，制造业开始下滑，而服务业正在崛起。在环境的冲击下，GE 自身面临机构臃肿、产品质量不佳、利润下滑等一系列问题。面对这样的局势，杰克·韦尔奇提出了五大变革方向，分别是数一数二战略、全球化、服务业转型、六西格玛与电子商务战略。

问题在于，即使变革的方向明确了，要如何发动这个由几十万人所构成的巨轮，向既定的变革方向前行呢？韦尔奇即使每天抽时间动员说服一名干部，一年也只能影响 365 人，对 GE 这个庞大的组织来说，显然是杯水车薪。如果没有方法论支持，韦尔奇即使精力再充沛，也很难实现这么复杂的变革工程。

韦尔奇找到的一个重要的组织学习方法工具就是行动学习。GE 每年都会根据参加学习成员的不同，分成几个学习层次进行课程安排。例如，为最具潜力的高级经理开设高级管理开发课程（EDC），为中层经理开设企业管理课程（BMC），为初级管理人员开设管理开发课程（MDC）。其中行动学习都是重要的教学环节。行动学习课题来自 GE 的五大变革方向，引导行动学习的教员一般是 GE 的高管，教员和学员以团队的方式进行学习，教员指导学员团队工作的技能，评论他们起草的方案报告。行动学习成为推动变革的加速器。试想，GE 每年组成大量的行动学习小组，它们就像是一个个小型的变革发动机，这些小型发动机汇聚在一起形成一股强大的力量，推动 GE 这艘巨轮转向、变革。

行动学习让 GE 尝到了甜头。韦尔奇曾经说过："我们相信我们已经发现了最核心的实质竞争力，（这就是）蕴藏在我们每一个员工中的才华、创造力和能量。这种实质竞争力在我们使他们相信他们所讲、所做的事是很重要时，就能够释放出来。" 韦尔奇所说的实质竞争力是指行动学习过程中智慧的进发、创新突破、员工主动性与变革热情的激发，以及变革目标的达成。

然而，克劳顿维尔领导力发展中心组织的行动学习规模再大，相比于GE这个庞大的组织而言，范围还是有限的。因此，需要发明一套简易广大的工具方法，将行动学习群策群力的方式在整个组织普及，深入GE的每一个组织细胞当中发挥作用。

将行动学习转化成一套简易广大的工具，这本身就是管理创新。行动学习有自身一整套的方法论体系，要将它进行转化，就要在吃透行动学习思想精神的基础上，将它总结提炼成一套简明的操作方法。组织成员在运用这个方法的时候，不必了解它背后的思想与原理，只要严格遵守规则执行下来，就会充分发挥其背后的规律与作用，达到智慧共创的最佳结果。这样的工具应当一看就懂，一学就会，一用就灵，可以迅速在组织内推广普及。GE的这套方法就是著名的群策群力Work-out Basics。

群策群力Work-out Basics是一个典型的解决问题的方法论。它的本质是一套研讨共创的过程规则，包括启动会议，确定基本研讨规则、角色，并进行团队建设，明确与定义问题，头脑风暴造成问题的障碍因素，分类障碍因素，找出每个类别的关键因素，聚焦最关键的分类因素，头脑风暴可能的解决方案，评估这些解决方案，发展策略方案建议，分享达成建议的共识，形成行动计划并做最终汇报，如图5.4所示。

从GE群策群力Work-out Basics的过程可以看出，它并不完善，缺失了行动学习的许多重要与有效的方法。它仅仅停留在群策群力智慧共创的阶段，并没有进入行动与验证优化的阶段，形成真正的知与行的循环。因此，它并不是标准意义上的行动学习。但是，瑕不掩瑜，群策群力Work-out Basics的最大贡献在于其实用性。它所具备的简单易学的特性能够为广大的组织成员迅速掌握，并灵活高效地嵌入具体的工作变革情境中去。它是典型的工作学习化的方法，可以将工作与学习有机融合，在组织每一个工作现场，当遇到难以解决的新问题的时候，都可以运用这个方法，将新问题的解决转化为一次学习，从而极大地扩展了组织学习的广度与深度。

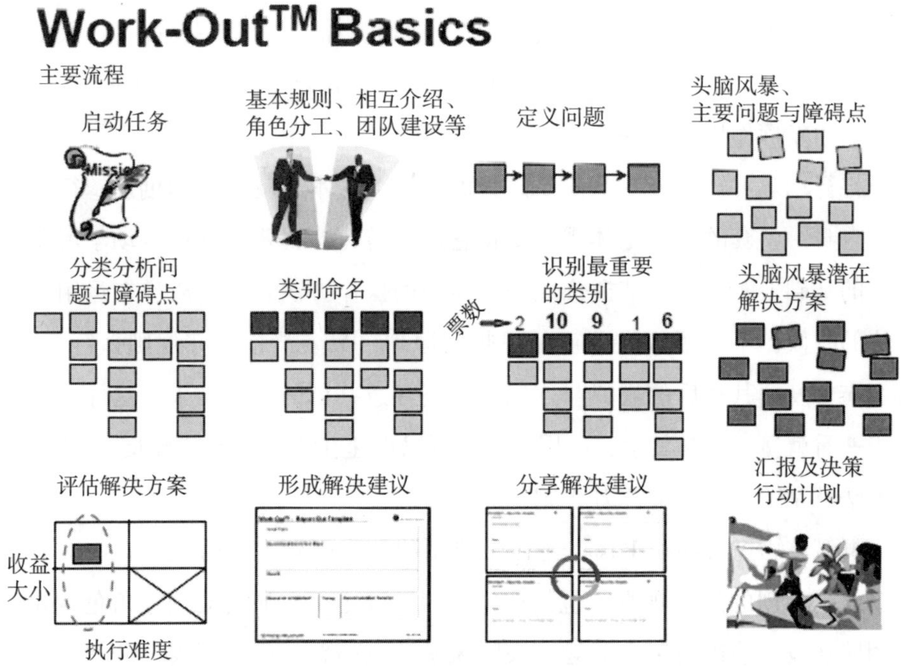

图 5.4　GE 群策群力 Work-out Basics

变革加速进程 CAP

为了进一步深化 GE 的组织变革，GE 不仅采用了行动学习的方法论，还学习了约翰·科特变革八步法理论，并将之改造成为另一个著名的工具——变革加速进程 CAP。CAP 工具的目的是引领变革，加速组织内变革的速度，它主要分成七个部分。

领导变革。变革领导者积极支持变革，组成变革团队，变革团队成员要公开宣传与推进变革。

建立共同需求。将变革的原因进行总结提炼，明确所遭遇的严峻形势，以数据、图表、论证等展示方法，在组织的各个层面传播，使其被广泛地接受，公司内部变革的需求必须超过阻碍。

建立愿景。对变革预期目标（愿景）的描述必须清晰合理，并将其具体化到行为的层面。在公司内部的各个层级进行沟通，使大家都能够理解并接受。

动员承诺。动员大家积极主动地投入变革之中，承诺改变自身的思想与行为来适应变革，争取得到高层管理者的支持与帮助，使得变革有效进行。

使变革能够持久。变革一旦开始，并持续下去，知识就会在整个公司传播开。将变革与其他的重要活动结合在一起，最初的成功是变革成功的要素。

监控进展。进展是真实的。制定并实现了评估标准。建立相应指标以实现责任到人。

改变系统与结构。确保相应的管理操作（人员分配、发展、奖励、评估、沟通、组织结构设计及信息技术等系统）被用来补充并强化变革。

GE 克劳顿维尔领导力发展中心专门将 CAP 工具开发成一门课程，名为领导有效变革工作坊，在 GE 内部推广，帮助组织内各个子细胞运用 CAP 工具推动变革发生。这个工作坊要求学员带着真实的变革项目参加课程，在整个工作坊中，以学员的变革项目为真实情境进行演练，形成推进变革的一整套方案。在这个过程中，帮助学员理解 GE 变革文化，掌握 CAP 变革加速进程模型，增强领导变革的信心与能力，将 CAP 工具运用到当下的变革中去，如图 5.5 所示。

从变革加速进程 CAP 与群策群力 Work-out Basics 的开发可以看出，GE 克劳顿维尔领导力发展中心并没有创新理论，他们只是学习与模仿了管理理论界所提出的理论方法。有趣的是，当有人质疑 GE 变革工具方法的创新性时，韦尔奇的回应是："是的，这不是什么理论上的创新，但这是实践意义上的创新。"的确如此，GE 的创新在于将理论思想创造性地转化成工具方法，并能够在企业内部运用取得成效。GE 是第一家真正将行动学习系统化地运用到变革之中，并取得重大成效的企业。科特提出的变革八步法理论同样是在 GE 得到了最切实的落实与应用，帮助 GE 推动了变革的进程。

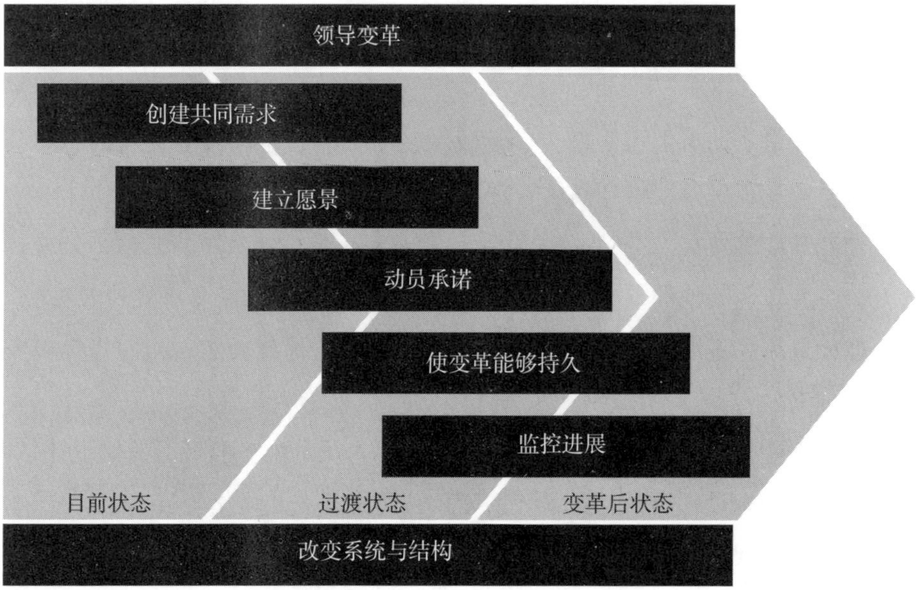

图 5.5　GE 变革加速进程 CAP

过去的组织学习工具失效了

近年来，商业环境的变化在加剧，GE 面临新的挑战。互联网行业的发展在进一步深化，随着物联网技术的成熟，运用互联网改造传统制造业成为趋势。GE 提出了工业互联网的理想，未来将智能设备、人、数据连接起来，为客户创造价值。GE 开始变革成为一家互联网公司。在商业模式上，硬件的交易只是生意的开始。硬件实时连接所导入的大数据，以及人工智能技术的发展，可以赋予 GE 进一步服务与创造客户价值的能力。以航空业为例，GE 是飞机引擎的供应商，通过物联网技术，它可以实时监控飞机引擎的工作状态，并为航空公司节省航油提供建议与技术支持。工业+服务创造了全新的商业模式。GE 为此于 2015 年宣布抛售了旗下主要的金融与房地产业务，为这场变革积蓄力量。

然而，与 20 世纪 80 年代的世纪变革不同，GE 当下所面临环境的不确定性更高，挑战更大。GE 组织学习方法论也面临进一步的变革与进化。以变革加速进程 CAP 为例，事实上，科特的变革理论是有假设前提的，其中最重要的假设是环境的可预测性。环境是变化的，但是环境的发展趋势是可预测的。准确地预测环境，才能明确企业变革的方向与目标，规划变革的路径图，并按照科特所提供的八个阶段性路标完成变革。20 世纪 80 年代，商业环境的变化是相对缓慢的，韦尔奇能够对全球化、服务业崛起等趋势做出准确判断，并据此明确 GE 的变革方向与目标，规划变革路线图，实施与推动变革实现。

这种做法在当今的商业环境中是不切实际的幻想。相比 20 世纪 80 年代，今天的商业环境就像是一个让人难以理解的黑箱，是不可预测的。互联网、人工智能技术的发展，全球保守主义的兴起，全球经济的不确定性更强，这一切给 GE 带来更大的挑战。伊梅尔特很难模仿韦尔奇的做法。工业互联网更像是一个理想，看起来是美好的，但是何时能够成为真正的市场现实？谁都无法断言。此外，即使工业互联网转型的方向是准确的，但是如何确定阶段性的目标，如何规划一条转型路线图，转型过程中出现意外情况如何应对，这些都是几乎无解的问题。

科特理论丧失应用价值的本质原因，是过度依赖企业家个人的心智与主观判断。僵化构建起来的变革过程就像是一个看似精美的艺术品，一旦砸到坚硬的现实土地上，就会摔得粉碎。这个情形非常像军事中的“一碰上敌人就失效”理论，在战争开始之前参谋部门往往根据预测制作战略战术方案与计划，但是这些精心构建的方案在第一声枪响后就会完全失效，这是因为战场形势瞬息万变，意外情况的出现往往会彻底动摇方案的根基。这种军事指挥过程的僵化与主观，束缚了一线部队，使他们丧失了对敌情反应的灵敏性。美军据此调整了做法，在战争中军官仅仅发布指挥官意图，确定整体的军事意图，授权一线作战单元在这个意图下根据一线情况自主决策与行动。

快速工作法的诞生

如果科特理论失效了，那么企业组织如何在环境的不确定性中变革前行呢？答案是敏捷试错与迭代。敏捷试错与迭代基于以下三个核心思想。

试错。在无法预测环境的情况下，就必须通过试错的方法找寻正确的道路。通过试错，可以积累失败的次数。从概率的思维看，失败也是有价值的。如果你成功的概率是1%，那么你至少要积累100次的失败才能找寻到正确的道路。爱迪生曾经说过，在发明灯泡之前，他成功地验证了近千条道路是走不通的。在不确定性的环境下，如果将企业的未来赌在一两个战略性的举措上是非常危险的。

敏捷。环境快速变化条件下，组织对环境反应的敏捷度必须增加。速度成为组织生存发展非常重要的指标。长期精心谋划，投入大量资源，期待一次性完美产出的思想已经过时了。互联网时代比拼的是速度。产品的推出，业务组织的调整，不需要一次就达到完美，而是先有一个基本模型与方案就行动起来，在实践中快速验证、快速失败、快速调整，在快速行动的过程中完善产品与方案，达成变革目标。

低成本。任何企业行动都是需要占用资源与时间的。如果要积累足够失败次数，找到成功的道路，就必须进行大量的试错行动，行动需要资源与成本。于是，企业资源的有限与试错所需的大量次数之间就会产生矛盾。想要有效解决这一矛盾，就需要将每一次的试错成本降低。具体方法包括将试点行动限定在组织的特定范畴，推出的产品及方案仅仅用于验证的模型等。

从本质上看，敏捷试错与迭代的思想正是培训学习的方法论，它将企业经营的过程视作学习的过程，通过学习的技术提升经营过程的效率与成功的概率。

商业环境的变化必将催生企业经营思想的进化。2012年硅谷创业家埃里克·莱斯（Eric Rise）在其著作中提出了精益创业（Lean Startup）的思想。在多年的创业实践中，他发现企业经营与创业过程是可以运用精益管理的思想进行提升的。如果要降低创业经营过程中的风险，提高成功的概率，就必须去除创业过程中的多余动作与浪费，提升这个过程的效率。为此，他提出了“最小可用品”“客户反馈”“快速迭代”三个主要工具，并将创业的过程视作创业团队认知与学习的循环过程。这个过程由三个环环相扣的部分组成：首先是学习（Learn），基于学习提出商业假设与观点；其次是研发与创造（Build），根据认知假设进行研发与创造，拿出最小可用产品；最后是测量（Measure），通过客户试用获得客户试用及反馈的数据。根据客户反馈调整自己的主观认知，进入新一轮的循环。埃里克·莱斯的方法论因其有效实用性而迅速在全球创业圈流行起来。

GE 克劳顿维尔领导力发展中心再次发挥了它的“管理创新”能力，或者说是理论创新应用能力，并于 2013 年根据精益创业的思想开发了新时代 GE 组织学习的工具——快速工作法（Fastwork）。

GE 的快速工作法分 5 个步骤，如图 5.6 所示。

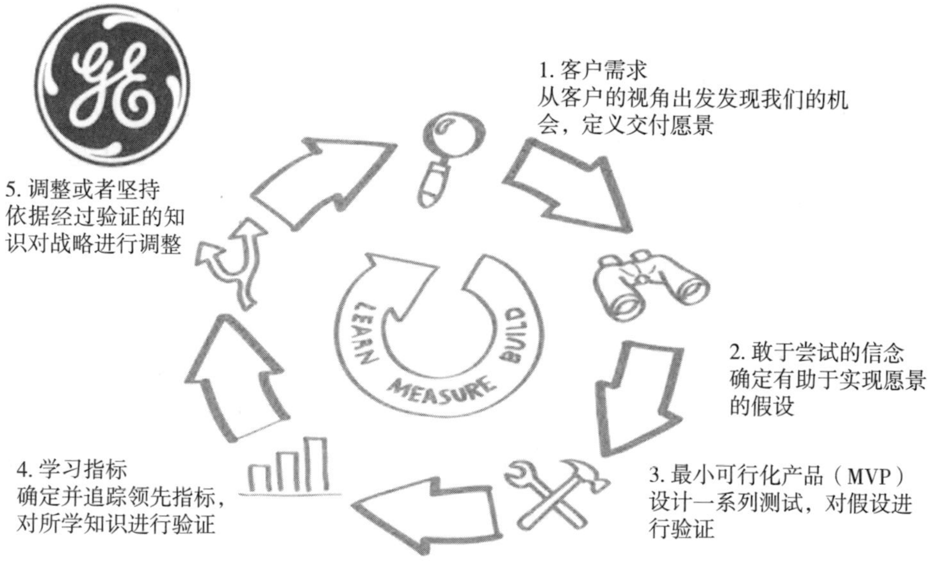

图 5.6　GE 快速工作法 Fastwork

1. **客户需求**。从客户的视角出发发现我们的机会，定义交付的愿景。
2. **敢于尝试的信念**。确定有助于实现愿景的假设。
3. **最小可行化产品（MVP）**。设计产品，并进行一系列测试。
4. **学习指标**。确定并追踪领先指标，对所学知识进行验证。
5. **调整或是坚持**。依据经过验证的知识对战略进行调整。

快速工作法并不是仅仅适用于产品的推出，还适用于一切新模式与新策略的规划调整，如新的营销推广方案、组织绩效方案、运营流程改造等。GE将快速学习法在组织内进行推广，让每个组织细胞与小团队能够掌握与运用，从而成为GE互联网变革时代的组织学习方法论。

两个世界两个规则

那么，一个问题随之而来：为什么像GE这样的庞然大物要学习创业公司的方法论？或者换一句话说，创业公司的方法论能够适应GE这个庞大组织的经营现实吗？

答案是无疑的。

伊梅尔特所面临的商业环境与韦尔奇所面对的商业环境完全不同，这几乎是两个不同的世界。不同的世界需要不同的管理工具去面对，这正是管理创新的主要原因。在韦尔奇的世界中，经营环境在变化，但是还在可预测的范畴内，因此变革的方向明确，经营管理的基本框架是不变的。企业变革的推进是从上向下的基本模式。高层负责制定长期战略，规划变革的步骤，动员中基层投入变革的落地实施中来，最终实现战略的转型变革的成果。在这个模式中，韦尔奇采用了传统的战略管理工具规划转型战略，如数一数二、全球化、服务转型、电子商务等战略目标；将行动学习作为将中基层员工卷入战略转型与落地的方法论，发明了Work-out Basics作为基本工具；以科特八步法为理论原型的变革加速过程CAP，管理变革的具体过程；运用六西格玛精益管理工具提升公司的运营质量与效率；以绩效管理的九宫格工具，激发变革过程的团队能量。可以看出，GE 20 世纪 80 年代的成功变革，来自韦尔奇对管理理论与工具的创新性应用。这本身就是一次完美的组织学习实践。

如果将韦尔奇的世界理解成牛顿的世界的话，那么伊梅尔特的世界则是量子力学的世界。世界不同，其背后的运营规律必然有根本差异。企业家所运用的管理工具与方法必然要升级。伊梅尔特的世界中，环境是不可预测的，变化速度快，信息极端丰富，个体在崛起，诸多因素都在发生改变。企业的战略转型与变革已经不能再是从上到下的逻辑了。大型组织要继续生存与发展，就必须将组织变形为大量自主经营的小团队，赋予小团队责权利，大公司作为服务平台支持小团队的变革突围。在这种情势下，传统管理工具已经丧失了它们的应用场景，大型组织需要小团队的管理方式。大型组织的目标并不是“会跳舞的大象”，而是“灵活的松鼠群落”。于是，以精益创业方法论为基础的快速工作法 Fastwork 应运而生，理所当然地成为 GE 向工业互联网时代进发的组织学习工具方法论。与此同时，著名的绩效管理九宫格等传统工具方法已经在 GE 管理中逐步废除了。

从 GE 组织学习工具的变革可以反映出基于敏捷共创的组织学习的几个特征，如工作学习的合一、敏捷试错、快速迭代、从下而上的共创等。这对于 VUCA 时代企业探索式的经营与学习过程，提供了非常好的组织学习工具。此外，GE 克劳顿维尔领导力发展中心能够由体及用，将管理理论转化为简易广大的工具方法论的做法，尤其值得借鉴。

八、集体心智反思——联想复盘

面对变局，企业组织变革的最大障碍就是组织的固化思维。如果组织集体心智不能反映环境变化的现实，那么企业就无法适应环境的变化。组织心智不仅是企业家个人心智，还是企业组织集体的心智模式。在许多时候，即使企业家能够反思与改变心智，但是如果不能让组织上下达成共识，实现组织集体心智的进步，组织变革依然无法达成。

那么，如何实现组织集体心智的与时俱进？

一个有效的方法就是反思。

爱因斯坦曾经说过："人并不能在相同的认知水平上解决原来的问题，因为这样的认知水平，正是产生问题的原因。"而组织的决策与观点的背后正是人头脑中深层次的假设、成见与价值观念。通过质疑当前的行为模式和心智模式，引发对已有经验、理论及内心假设的系统审视；通过反思重新解释经验，建构理论，修正假设，心智模式与认知变化了，行为模式自然也变化了，学习自然就发生了。

然而，反思是困难的。反思的核心是发现自己思维的不足与问题，这与以自我为中心的人性是相违背的。然而，反思与反省能力对一个组织极其重要。张瑞敏认为没有成功的企业只有时代的企业，海尔要变革与进步就应当培养组织"自以为非"的文化。

培养组织的反思文化，需要体系化的工具方法来推动。联想的复盘正是组织集体心智的反思方法论。

联想复盘的前世今生

联想创始人柳传志是联想复盘的提出者。

联想诞生于1984年，早在20世纪80年代创业的艰苦时期，柳传志就养成每逢大事闭关静坐的习惯，对过去的经验与面临的问题进行系统深入的反思。

2001年，柳传志正式提出了复盘方法论，作为联想重要的组织学习方法。复盘的概念来自围棋，复盘就是每次棋局结束以后，双方棋手把刚才的对局再重复一遍，这样做的目的是总结经验，提升水平。柳传志认为："复盘是联想最重要的一件事情。……一件事情做完了以后，做成功了，或者没做成功，尤其是没做成功的，坐下来把当时的这个事情，我们预先怎么定的、中间出了什么问题、为什么做不到，把这个要理一遍，这个理一遍以后，对下次做有帮助，自然这次的经验教训他就吸收了。”

通俗来说，复盘就是把当时“走”的过程重复多遍，并且主动思考为什么这么“走”，下一步应该如何设计，接下来的几步该怎么走。它区别于总结，需要去个人化，完全回归到实物原生状态，解剖所有与其相关联的环节，一件一件去回忆、分析，最终需要得到一个更好的可能性。总结起来，复盘的关键在于及时、迅速、有效与反复。

2006 年，联想内部启动了一个重要的文化研究项目，在这个项目的成果《联想文化作用机制研究报告》中，“复盘”被视为重要的学习机制，以此为标志，联想将复盘方法论正式列入联想的管理与文化体系中。

2011 年，联想集团将“复盘”模型化，模型化的开发可以更好地促进复盘的落地，并作为重要方法论向全球推广。“复盘”方法论正向联想控股的所有成员企业由广及深地加以推广，从领导个人行为到组织学习机制，再到文化方法论，如今更是惠及多元化发展的各家成员企业。

复盘模型

任何一个思想方法论，要想在一个组织内推广，就应当将之简易化、工具化，变成一学就会、一用就灵的方法。复盘也不例外。为了将复盘在组织内推广，联想自 2011 年起将复盘模型化与工具化，如图 5.7 所示。

复盘主要有四个步骤，见表 5.1，分别是：

回顾目标：当初的目的或期望是什么。

评估结果：和原定目标相比有哪些亮点和不足。

分析原因：事情成功和失败的根本原因，包括主观和客观两方面。

总结经验：需要实施哪些新举措，需要继续哪些措施，需要叫停哪些项目。

复盘表面上看起来很简单，但要达到组织集体心智的目标却不容易。为此，应当重点关注以下几个要点。

目标与过程的叙述要清晰

复盘是对过去事件与经验的反思，因此，这个过去事件的目标与过程必须清晰地呈现。在复盘之前，应当充分准备客观资料，包括可以量化的目标及差距、工作过程的事实与细节、产生的结果，尽量用客观数据表达。模糊的阐述会误导复盘的方向，导致错误的结论。

问题的发现要开放

复盘的关键是发现问题、总结规律。因此，在复盘过程中尽量避免根据表面证据迅速形成归因，这时深层次的问题往往被掩盖掉了。复盘时应当多问几个为什么，深层次地探索各种可能的原因，锁定关键问题，为高质量的心智反思打好基础。

图 5.7　联想复盘模型

表 5.1　复盘的模板

一、回顾目标
当初的目标
要达成的目标 & 里程碑
二、评估结果
亮点（Highlights） （与原来目标比）
不足（Lowlights） （与原来目标比）
三、分析原因
成功关键因素（主观/客观）
失败根本原因（主观/客观）
四、总结经验
经验 & 规律
举措 & 行动计划
开始：
停止：
继续：

深入到思维层面

复盘要达成组织心智的反思，就应当发现事件背后人的思维层面的问题。要做到这一点非常不容易。在职场中，人是有自我保护意识的，通常出现的情形是避重就轻，推卸责任。因此，复盘中应当坚持的文化是开放心态、坦诚表达、实事求是、反思自我，让大家认识到只有发现思维中的误区，才有改进提高的机会。

发挥集体作用

复盘是组织集体心智的反思，因此就需要通过众人的视角进行，这样可以突破个人见识的局限，探索多种可能性，突破思维边界，也能够发现集体心智中存在的共同问题与偏见。

上升到规律层面

复盘的结论应当上升到规律层面，具有普遍的指导意义。因此，复盘应当回归到事物的本质思考问题，发现表面现象背后所蕴含的根本规律。由用及体，才能由体及用。只有掌握与发现适应新环境的规律，才能指导组织变革进化的新实践。

书写菜谱

经过复盘得出的观念与规律，应当在组织内部进行知识化，方便沉淀与传播推广。柳传志形象地将这个过程比喻为书写菜谱。在 VUCA 时代，组织要与时俱进，就应持续地迭代组织的知识菜谱。

复盘的应用与价值

联想控股管理学院成立于 2011 年，复盘在全集团的推广与应用是它的一项重要任务。

如何在工作与业务中应用复盘方法呢？

联想强调小事及时复盘。公司内部小的行动结束后及时复盘，制订改进方案并落实。联想组织内每一个小的部门，都可以就工作中小的任务进行及时复盘。

大事阶段性复盘。大的项目在执行中，要进行阶段性复盘，对目标或策略及时调整。项目结束后全面复盘。

大的项目或战略结束后，要进行总复盘，全面总结经验教训和规律。这样的复盘往往由企业统一组织，由一把手和所有相关的高管团队一起来做。2015 年年初，联想控股发布了战略 2.0，联想控股总裁做战略宣讲的时候，就花了很大一段时间做战略 1.0 的复盘。

在做复盘推广的时候，联想强调层层落地。各级公司班子领导者以身作则，带头做复盘，给下级示范；中层管理者身体力行，掌握工具和方法，带领团队实践并运用；普通员工要主动运用，掌握学习方法和工具，在实践中应用并养成习惯。

例如，在联想做复盘的全球推广的时候，第一课就是柳传志和杨元庆讲，他们讲了以后要求参加的中高层管理者给自己的下属讲，这就体现了复盘作为联想文化从上至下的传承特色。

再如，联想控股成员企业时趣互动的 CEO 张锐是从联想之星 CEO 特训班上学习到复盘方法论的。作为一家年轻的创业型公司，时趣互动将复盘在公司内推广应用，并取得了良好的效果。时趣互动推广复盘主要用了以下方式：一是组织分层培训，先是核心管理团队，然后扩大到中层管理团队，再让每个部门回去培训到全体团队成员。二是培训之后，人手下发一个相关的复盘工具（一页复盘方法论的总结），然后通过复盘来解决工作中遇到的绝大部分问题和挑战。三是核心高管以身作则，重要管理事项结束后养成立刻复盘的习惯，部分复盘报告邮件抄送给更大范围的管理团队。四是公司年度大奖设立了一个“年度最佳复盘奖”，要求参选团队提交复盘报告，根据复盘的内容、质量和价值来进行评判，在公司年会上给予团队大奖。五是新员工培训中有专门的复盘培训环节，从源头开始普及复盘的方法论和文化。经过这样的推广，复盘成为时趣互动的强文化，有趣的是有一年春节晚会上，员工直接把“让我们一起摇摆，一起摇摆”的歌词，改成了“让我们一起复盘，一起复盘”。

在分析复盘的价值时，时趣互动的 CEO 张锐认为：“对于一个在不断创新和试错中成长的创业企业来说，复盘是关键的经验积累器和方向纠偏机制。对于一个以年轻人为主的组织来说，复盘是一个避免浮躁、促进沟通和培养责任感的文化培养工具。对于不断有新员工加入、既有文化可能面临不断稀释风险的快速扩张组织来说，复盘是新人融入和协同的重要机制。”

联想复盘与 GE 快速工作法的对比

联想复盘与 GE 的快速工作法 Fastwork 相似。它们都是工作学习化的工具与方法论，也都是为了在一个规模巨大的公司内推广，将深奥的思想方法变成简易广大的工具，从而让组织内的每一个细胞能够运用这个工具，达到组织学习的效果。它们不仅是一个组织学习的工具，还涉及企业文化的转型。GE 的 Fastwork 推动 GE 的工作风格从“精心准备、系统推进”向“敏捷反应、快速迭代”转型。联想的复盘推动联想从纪律严明的斯巴达方阵向自组织与变革的组织转型。联想复盘与 GE 的快速工作法都具备敏捷共创的组织学习特征，它们都是团队共创维度的学习，也都能将学习与工作有机融合。

联想复盘与 GE 的快速工作法又不同。复盘是面向过去的，而快速工作法是面向未来的。联想复盘是面向过去的总结反思式学习，它面对的是已知的事实与经验，通过对这些已知事实与经验的反思，发现经营环境与规律的改变，实现自我学习与提升。而 GE 的快速工作法是面向未来的探索式学习。当组织面向未知问题时，如新产品的研发上市、新市场的开拓等，团队运用快速工作法能够在未知中快速迭代、探索前行。

联想复盘的重点是组织知识的萃取与传播。而GE的快速工作法的重点在于组织新知的创造。联想复盘是组织心智与思维层面的改造，而GE的快速工作法则是组织策略与制度层面的学习。

九、创造商业价值的培训学习——海尔学习的变革之路

过去，培训学习与培训属于人才发展职能，是企业人力资源选、用、育、留的一个环节，是典型的后台部门。然而，近年来培训学习走上前台，直接服务于企业转型与业务绩效达成而成为一个新的潮流。为什么会产生这样一个潮流？什么是创造商业价值的培训学习？培训学习究竟如何创造商业价值？这一潮流是短暂的时尚还是未来的趋势，是对过去的培训学习地图的补充，还是一个全新的培训学习范式的重塑？这些是非常有趣的、值得探讨的问题。

海尔大学在企业变革的大背景下，被逼走向了一条培训学习创造商业价值之路。这条路崎岖漫长，但前途光明。

大学就像花瓶

为什么会形成培训学习创造商业价值的潮流？从根本上说，这是商业环境的深刻改变以及由此引发的企业和组织变革所致。

在过去，商业环境相对稳定，企业战略长期可控，企业组织稳定，岗位与能力模型明晰。在此基础上，很容易明确发展对象、创建课程体系与师资，构建起基于人才发展的培训学习发展规划和学习地图。然而，在VUCA商业环境下，企业战略不断变化，组织与岗位必然随需而变。在急速变革的情况下，企业大学负责人所熟悉的学习发展规划和学习地图就变得不合时宜了。那么，在VUCA商业环境下，企业大学如何重新定位自己，找到自身对于组织的新的价值贡献点呢？

海尔集团于2005年开始启动互联网时代的“人单合一”管理模式变革，

这是全球关注的一项重大管理实践，是对传统管理模式的颠覆，在组织模式上其本质是改变过去大企业控制型的科层管理体制，形成去边界、去中心、去中介的网络型组织，以达到敏捷、高效、用户导向，并能适应互联网时代的商业环境。目前，海尔集团主要的变革举措是“三化”——企业平台化、员工创客化、用户个性化。海尔组织变革的本质是让每一个员工都能找到自己的用户，并且把员工价值和用户价值统一起来。员工拥有相应的权利、责任与利益，让他们在服务用户、创造价值中成就自己、成就企业。海尔大学自身的变革正是起始于集团转型的大背景之下，并且在这场变革的洪流中，海尔大学本身也是虚拟的创客小微公司，必须找到自己的用户，创造商业价值，否则作为一个部门就有可能被淘汰。

2013 年之前，海尔大学的主要模式是基于人才发展的培训体系，分为新员工培养、通用能力提升、专业能力提升、梯队领导力发展四个方面，基于岗位、对象和层级设计相应的课程与学习项目，再配备相应的师资，每年根据人才发展计划实施学习项目与课程。

这个看似逻辑自洽又具系统性的模式，在 2013 年时受到了挑战。当时，海尔战略变革速度加快，岗位与能力的要求都在变化，新技术与新问题层出不穷，基于过去稳定环境开发的学习项目与课程体系显得僵化、落后，很难跟上海尔组织变革的新节奏——这些课程体系和框架甚至被业务部门比喻为“花瓶”，没有太多解决实际问题的实用价值，也不能对企业做出直接贡献。业务部门提出的典型质疑包括：八大类别的专业培训在培训后解决了多少实际问题？科层制金字塔在海尔已经消失，那领导力梯队培养还有何意义？他们质问：我们在一线搏杀，你们到底能够提供哪些直接的、实实在在的帮助？

尖刻的追问下，一切装腔作势的、表面性的学习模式必将烟消云散，变革进取的企业呼唤的是真枪实弹的支持，海尔大学由此走上了一条培训学习创造商业价值的变革之路。

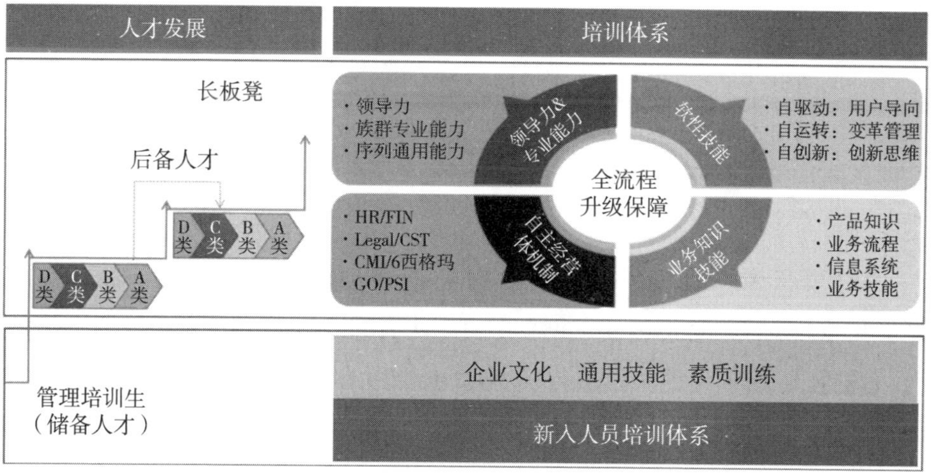

图 5.8　过去的海尔企业大学学习地图

从锦上添花到雪中送炭

我们的用户是谁？对此，海尔大学的回答是“创客小微”。在海尔企业平台化、员工创客化的大背景下，必将产生一大批小微公司。海尔大学作为海尔大共享平台的一员，这批创客小微无疑就成为海尔大学的核心用户。**如何为创客小微创造价值呢？**紧密围绕创客小微发展过程中的核心需求，力争做到“雪中送炭”，而非仅仅是“锦上添花”。

创客小微最缺乏的是同创业有关的前沿知识与信息，如互联网商业模式、融资、找合伙人、创意与设计产品等。认识到这一点，海尔大学第一个切入点就是公开课。公开课打破了传统线性培训模式，通过搭建社群实现“内容众筹、资源众包、形式共创、活动众扶”，邀请学员参与公开课主题的定制设计、嘉宾邀约和活动设计，同时通过公开课链接学员需要的外部优质资源，促成业务合作，助力产出实际业务价值。公开课的分享者大多来自海尔的合作伙伴，如国际上知名的大公司和一些互联网公司，还有一些是投资基金或成功的创业者。这些分享者给创客小微带去了新的思维与信息、鲜活的创业经验与体悟，更加重要的是商业合作的机会以及积极进取的创业精神。公开课就像革命的播种机，将创业方法引入海尔，极大地感召了刚刚起步的创客小微。每次公开课，教室往往爆满，许多人坐在台阶上听完全场。公开课成功之后，海尔大学陆续开展了创客+训练营、创客联盟、创客活动，所有的学习项目设计主要围绕新产品开发、成本质量改善、创业融资等展开，以帮助创客创造商业价值、为创客加速为重心。

新产品开发。为了帮助创客小微创新产品，海尔大学整合行业内的领先创新资源，设计了“海创营”创新学习解决方案，在6个月内通过“方法学习+创新项目辅导”的方式进行。项目中，海尔热水器创客小微受到用户启发，设计了一个“宝宝洗澡时喝到水也不要紧的热水器”，最终推出了抑垢型热水器。该产品首创业内三重过滤双效抑垢技术，从源头保障洗浴健康。产品上市的3个月后，业务团队累计实现千万元收入。聚焦创客小微“从产品创意到商品上市的转化”需求，海尔大学设计了“创新落地工作坊”，教授并运用战略布局图、买方效用工具、价值主张、细分市场等商业分析工具与方法，帮助创客识别用户需求，建立差异化的产品定位。

成本质量改善。海尔大学还针对成本下降与质量改善，设计了DFA（Design for Assembly）样板学习项目。这个项目是在模块化、开放式创新、智能化的研发设计背景下，帮助海尔设计部门以模块化方式开发产品组合方案，实现成本质量领先。在项目中，海尔大学吸引专家资源，与业务项目关键影响者共创解决方案，共享项目成果。样板项目历时7个月，涉及多个产业项目，项目组成员需要在完成其他常规工作的同时完成本项目的学习目标，每次课程后还要将所学的工具和设计系统运用到改善项目中去。冰箱、冷柜、空调、洗衣机、电厨的5个研发团队分别通过可靠性验证制订出产品设计改善方案，按12个月销售量预估，5个项目组的设计改善方案，执行改善措施后共可节约逾千万元。

创业融资。海尔的变革产生了大量创客小微企业，资金问题显然是他们最大的发展瓶颈。许多创客希望通过新兴的网络众筹方式解决资金问题，但是单一创业项目影响力弱，对众筹平台吸引力差。针对这一难题，海尔大学利用聚合优势，先后邀请两个知名众筹平台开设公开课，并安排专场线下资源对接会，辅导创客小微包装项目。海尔大学要求众筹平台重点推介，提供流量支持。在这样的推广下有20余个项目上线众筹平台，累计实现众筹金额近3000万元。2015年，小帅影院实现90秒股权众筹1500万元；2016年，卫玺智能马桶12小时产品众筹突破100万元。

通过以上一系列项目，海尔大学直接为众多创客小微贡献了巨大的商业价值，得到了大家的认可，也为自身找到了新的定位。

用业务思维做培养人的事

培训学习创造商业价值是否意味着企业大学就不做培养与发展人的事了？显然不是。企业大学的重要职能是发展人，这是不会改变的。但是，发展人的思维必须做出改变。过去是以岗位能力模型为标准发展人，是静态与内部的视角，无法适应快速变化的战略与组织。而现在必须以创造价值的战略业务导向发展人，是动态与外部的视角，只有这样才能直接助力不断变化的业务要求。其本质就是用业务思维做培养人的事。培训学习管理者自身的思维必须扭转。

2013年，海尔开始启动组织变革，组织内大量的层级与岗位被砍掉，组织内的许多干部与员工转型创业，成为海尔第一代创客小微。第一代小微主大多不具备创业经验，缺乏创业经营的能力。2016年，海尔大学针对海尔内部小微主和高潜的小微主后备人才，设计了“小微+训练营”学习项目。小微+训练营从小微主所需要的战略思维、小微运营、团队经营、组织发展等维度出发，以社群为中心，通过线上线下结合的学习方式，综合提升学员的经营思维和实战能力。表面上看，小微训练营还是在培养人，背后却是由公司战略与变革在驱动。

聚焦海尔集团战略发展、组织转型、员工转型三个方面、海尔大学逐步探索形成新的体系与模式，这个全新的体系定位于**战略创客孵化加速、创客文化交互与创客模式输出**三个方面。形成了创客学院、小微学院与资源平台三个体系。创客学院聚焦创客公开课、创客训练营、创客联盟、创客活动、创客模式输出等内容；小微学院有小微训练营、小微解码中心、小微人才迭代、小微培训咨询、双创认证等内容；资源平台主要打造资源共享云、云学习平台、社群学习、讲师交互圈、微课开发迭代等工作。

- 创客公开课
- 创客训练营
- 创客联盟
- 创客活动
- 创客模式输出

- 小微训练营
- 小微解码中心
- 小微人才迭代
- 小微培训咨询
- 双创认证

- 资源共享云
- 云学习平台
- 社群学习
- 讲师交互圈
- 微课开发迭代

图 5.9　海尔大学新的学习体系

构建即需即供的平台

组织学习创造商业价值看起来很美，但却给培训学习部门带来很大的挑战。主要体现在学习规划的动态性、学习内容与形式的定制化，以及学习组织实施的开放化。企业大学就需要面对动态学习规划、问题导向的学习，以及打造即需即供的开放平台。

动态学习规划

传统的培训学习是基于岗位的体系化学习，尽管是静态的，但是学习的组织是有章可循的，是有逻辑的和成体系的。然而，这样的表面逻辑完美却无法掩饰创造价值的不足。培训学习部门负责人应当培养自己的企业家精神，拥有面对不确定性的勇气与信心。面对不确定性的商业环境以及不断动荡的战略与组织，培训学习不可能像过去一样按图索骥，而必须根据现实不断动态调整，寻找助力战略变革与业务改善的学习机会。海尔大学称之为开放的非线性的学习，与过去封闭的职能式培训相区分。企业大学在进行学习的动态规划时，可以先结合企业人才发展的需求与战略业务发展的需要，建立整体的学习计划框架，再根据当年的具体情况变化做及时调整。

问题导向的学习

传统学习以人才发展为重心，所有学习项目的设计均是面向人的能力提升与领导力发展的。而创造商业价值的学习却是另一种学习范式，那就是面向企业战略业务问题的学习，目标是解决业务绩效问题而非仅是人才的发展。在这种学习模式中，要根据需要解决的问题挑选学员，设计与组织学习过程。这就需要学习设计者具有咨询与顾问能力，能够帮助业务部门定制解决方案。在这个过程中，需要提炼问题、设计学习方案、整合资源、实现共创与落地。问题导向的学习要求企业大学与业务部门紧密相融，真正深入业务当中去，将工作与学习紧密融合无缝对接，做业务推进的加速器。问题导向的学习是新物种，在未来必将成为与人才发展培训学习并重的培训学习新模式。

即需即供的平台

想要大规模地定制化解决企业业务部门对学习的需求，最大的瓶颈就是企业大学自身的能力。海尔大学在精简之后只剩下 20 多人，力量显然是不足的。海尔大学的解决方案是建立即需即供的培训学习平台。这个平台连接两个资源：一个是企业外部资源，如政府、高校、培训公司、培训协会等；另一个是内部资源，如课程体系、讲师体系等。在这个开放的平台上，可以建立内外部用户及各个资源提供方的链接，创造出更多的培训学习的场景与可能性。

十、培训学习部门由软变硬的六个新角色

面对全新的培训学习矩阵图，培训学习部门需要承担全新的角色。

新时期，培训学习部门的角色与功能在产生巨大的转型与改变。过去培训学习部门是人力资源部门下的一个职能，是人才发展的主要组织者。现在，则更加强调如何直接服务于企业战略变革与绩效达成。培训学习部门需要从向内到向外，“由外而内”参与创造市场与客户价值。这样，培训学习部门必然由软变硬，从企业的后勤部门走向中心部门。

VUCA 时代，企业需要对环境变化不断适应与调整，变革成为常态。企业需要变革的牵头与推进部门，而原有组织体制下业务部门被各自的 KPI 所制约，于是推进企业变革、帮助业务部门创新模式达成绩效的任务就落到了培训学习部门的肩上。

对于培训学习部门来说，一方面这是一个由软变硬、提升组织地位的机遇，另一方面则是困难与挑战。培训学习部门过去是人力资源下的专业性部门，缺乏对业务的了解，如何能够帮助业务绩效达成，创造市场价值呢？培训学习部门在帮助企业战略变革与绩效达成的过程中需要扮演哪些新的角色呢？

商业未知的探索者

在快速变化的环境中，企业需要对环境的变化保持敏锐的洞察与及时的反应，这本质上是一个培训学习的过程。培训学习部门有责任通过对接外部资源，运用学习技术，提升这个学习过程的效率，让企业不断探索未知、创造新知，找到新的战略方向。培训学习部门可以从以下几个方面有所贡献。

一是对接外部资源，通过组织外部企业游学等学习项目帮助高管群体及业务部门打开固化思维，实现创新突破。例如，在 2014 年万科进行新一轮变革前，万科管理学院组织高管去小米、海尔等企业跨界参访，寻求未来发展

的思路。

二是设计组织面临的前沿议题，通过智慧共创的形式进行未来探索。

2016 年，腾讯提出要做“最受尊敬的互联网科技公司”，并以人工智能为新一轮战略的突破点。公司成立了人工智能实验室，许多事业部也开始发展人工智能相关业务。为配合公司人工智能战略转型，腾讯学院设计了不同层次的学习项目。首先，有人工智能私董会及人工智能精英俱乐部的活动，由各事业部主管人工智能的各层业务经理组成，定期进行交流学习，每次半天左右，选择一个人工智能主题进行交流学习。

2015 年，宝钢人才发展研究院每个季度会组织集团管理金字塔顶层的 120 人的学习活动，在这个学习会上，会设计明确的主题，如在史上最严格的环保法出台之前，他们设计了“新的环保法对宝钢的影响及应对”这个主题，让高管以智慧共创的方式探索应对之法。

万科实施变革前，总裁郁亮要求万科管理学院组织各种各样的务虚会，把四大区域的管理层组织起来，通过各种学习工具讨论万科未来什么样，未来万科可以做什么事情。具体做法是只开题不给答案，用一整天的时间从早上 8 点讨论到晚上 8 点，与会者畅所欲言，讨论万科可以做什么，怎么做这件事情。这个面向未知的大讨论覆盖了 10%的万科人。

组织变革的动员者

企业变革是一个充满风险与冲突的过程。由于变革涉及不确定性与利益格局的调整，员工往往会处于观望与游移不定的心理状态。因此，在变革时期，如何干预员工心理，让公司上下达成共识，动员员工投入变革中来，就成为非常重要的一项工作。在过去，组织动员的通常做法是通过层层会议的形式，自上而下地宣贯。然而，这样的方式在民主化管理的时代已经不合时宜了，容易引发员工的反感与抵触心理。

事实上，最好的动员方式是让员工参与进来，让他们感受到这是他们的使命与事业。因此，通过学习与游戏化的方式，激发员工的主动性与参与感，以自下而上的方式实现组织动员成为一条重要的思路。这正是培训学习部门的机会。在原有部门受制于现有的组织管理权限与 KPI 的情况下，培训学习部门可以学习的形式跨部门组建临时性的虚拟组织，成为推动组织变革的生力军。这一点正是培训学习部门在企业内部的优势所在。

为动员企业向互联网转型，中信银行信用卡中心 2013 年推出了“火星人”计划。“火星人”计划是一个涉及全体信用卡中心的选拔计划，要选拔出一批最具变革精神与能力的“火星人”，承担起组织变革的责任。“火星人”计划向全体员工招募，通过一系列的 PK 挑战赛、生存挑战赛，选出 150 个“火星人”。中信信用卡培训中心支持“火星人”开展一系列的创新项目及活动，如信用卡客户同城会、37 城快闪活动等。他们还创造了一个虚拟的货币，用于奖励员工的创新。“火星人”活动是以游戏化与娱乐化的方式开展的，员工是以娱乐的方式，不知不觉中参与到了变革过程之中，成功地在组织上下达成了变革共识。在这个项目的宣传中，信用卡中心 7000 多名员工都明白信用卡中心要上火星了，上火星意味着要拥抱互联网。活动将组织最基层员工的创造性激发出来，既深入宣传了组织的创新变革文化，又使得员工共同承担起组织创新探索的职责。

知识的萃取传播者

在传统科层制组织内部，企业的知识与智慧是分割沉淀在不同的部门与层级的，甚至是沉淀在关键经理人与员工的头脑中的。这种分割与破碎的状况对组织知识的形成与运用非常不利。经常会出现有经验的骨干员工离职后，相关的知识经验就会丧失的现象；当员工规模扩大后，新员工无法迅速掌握与工作相关的经验与方法，导致组织整体工作效率大幅下降；组织内部不同的部门与员工的工作水平差异很大，容易犯重复性的错误。

解决这一问题的有效做法就是建立知识管理体系，及时将组织知识从工作中萃取出来，并在组织内部进行有效传播。这个过程就涉及组织知识的萃取方法，传播中就会涉及学习与培训的技术。这又是一个培训学习部门为组织做贡献的机会。

复星集团将案例复盘作为知识管理的有效方法。在一个年轻投资人的培养学习项目中，他们挑选了复星历史上投资的 10 个案例进行萃取。由当年投资项目的负责人做组长，每个小组由 8 个年轻学员组成。在开发案例的过程中，学员们需要挖掘大量历史细节，还原当时的投资逻辑，总结投资项目的成功与失败，并在全集团范围内演讲与推广。由于案例真实精彩，这批学员不仅成为集团内的明星，而且在这个过程中成长迅速，有的甚至在短期内就升任集团内投资公司的副总裁。与此同时，复星集团的投资经验与知识也得到萃取与传播，由此形成了每年复盘的学习传统。

万达学院在帮助组织进行知识管理方面也做得很有特色。他们以万达商业地产开发经营的价值链条为核心，分解成具体的工作任务，进而分析完成任务所需要的知识与技能，最终形成一张知识网格化的地图。组织知识的萃取与传播就是围绕这个地图进行的。为了发动干部员工完善这张地图，万达学院要求每年参加培训的 6000 多名干部提前准备两个案例：一个是业务案例，另一个是职业发展的领导力案例。在培训期间会安排专门的 PK 赛，最终选拔出优秀案例进入案例信息库，特别优秀的还拍成视频进行传播。

行动学习也是知识萃取的有效方法。华润大学一直在运行的旗舰项目叫作华润之道，它面向中高层经理人士。除了职能部室管理之道的课程，各个业务条线、业务发展课程以外，一个很重要的元素就是行动学习。到第 6 期为止，已经沉淀出 82 个行动学习的课题、18 个创新的课题。其中，在第 6 期，学员做了一个叫作污泥发电的课题。现在这个项目正式投入运营，而且是政府投资建设，除了给华润带来一些实质性的业务上的贡献以外，也有很大的社会效应。这些行动学习课题与企业业务实践结合紧密，巧妙地利用了经理人头脑中的知识与智慧，实现了组织知识的萃取与传播。

组织的协同者

目前绝大多数的企业组织是以科层制与职能分工为基本设计原则的。然而，分工既意味着效率提升，也意味着利益的割裂与片面视角的产生，各部门与业务单元往往站在本部门的立场行动，部门墙成为普遍的现象。然而，企业的变革目标与业绩达成往往需要各部门的协同才能实现。打破部门墙，帮助协同效应的产生，是培训学习部门新的为组织创造价值的机会。

例如，在一个多元化经营的大型企业内部，如何实现不同战略业务单元之间的协同效应，是组织最高领导者最关心的问题。然而，尽管理想很丰满，现实却很骨感。各业务单元往往屁股指挥脑袋，它们各自为战，很难真正形成企业立场上的利益共同体。这就需要一个牵头部门扮演组织内部协同者的角色，帮助协同效应的产生。

平安集团是一家综合金融集团。根据2014年经营数据，平安集团所有业务中28%的新增业务来自内部其他业务部门的迁移，这种迁移是怎样产生的呢？平安大学在中间扮演了重要的角色。平安大学为促进各业务单元的协作，将各个业务单元的高管混合成班。在分组以及设计作业题的时候，要提前研究每个学员的背景，分析他们之间有没有合作的可能性，他们区域有没有对接的可能性，将适合的学员分在一个组，通过这种方法为学员搭建人脉关系。课堂上的同学在日后就成为交叉销售的战友，产品与客户的难题都可以协同解决。

平安集团内部协同最成功的案例就是平安寿险客户的证券业务转化。平安大学为此设计了专门的课程，课程对象是10多个平安寿险省公司的一把手，课堂上教授新的战略规划的方法，布置的战略规划的作业题就是如何把寿险的客户变成证券的客户。在这个过程中，让平安证券的CEO讲证券业务，让证券公司的团队做作业辅导人，24小时支持寿险学员做作业。课程结束后，学员答辩的时候，公司高管听到的是业务协同最新方案。此外，作为受益的一方，平安证券公司在这个过程中也了解了寿险学员的想法，知道平安寿险公司怎么样才愿意把客户转换出来，什么样的产品、什么样的利益机制是可落地的，这些很快就变成了平安集团的交叉销售方案。这个课程实施两年后，平安证券公司的新增业务，50%以上来自平安寿险。

业务部门的咨询顾问

培训学习部门究竟如何帮助推进公司的绩效达成？这里面有许多误区。有些人很激进，认为培训学习部门应当扮演业务变革推进的主导者的角色。这样的想法是非常危险的。一方面，这会打破现有的公司组织指挥条线与权力格局，违反了公司组织原则，引发与业务部门的冲突；另一方面，培训学习部门不熟悉业务，很难承担起绩效推进主导者的角色。

那么，培训学习部门与业务部门之间究竟是什么关系？培训学习部门应扮演什么角色？培训学习部门在不精通业务的情况下如何创造市场价值？

我认为培训学习部门应当发挥自身的优势，避免自身的短板，扮演业务部门的学习咨询顾问的角色。培训学习部门可以努力学习与理解公司的业务与战略，但是在这方面永远无法达到业务部门的水平。培训学习部门的优势是学习与咨询技术的掌握，此外，还能够以学习项目的形式跨部门组织虚拟组织解决问题。这些都是业务部门在解决具体绩效问题时迫切需要的。因此，培训学习部门应当成为业务部门的服务提供者，以咨询顾问的身份，通过设计面向绩效问题解决的学习项目，帮助业务部门的绩效推进工作。

例如，招银大学在基本的运营能力之上，重点建设自身的研发能力、授课能力以及顾问咨询能力。尤其是打造部门员工的咨询顾问能力，要求每个人都能成为专业条线和各个分支机构的学习发展解决方案的顾问，利用学习方案的设计帮助业务目标达成。截至 2015 年，已经形成了 30 多人的咨询顾问团队。由于招银大学出色的表现已经创造了品牌效应，招商银行的分行行长绩效考核上不去，首先想到招银大学，要招银大学帮助提供解决方案；各专业条线与分支机构所有与能力有关、与绩效有关的工作也都希望得到招银大学的支持与参与。

变革文化的塑造者

易经革卦云："革。己日乃孚。"说明在变革时期，由于要打破人们的习惯与利益，需要较长的时间才能让人们接受与适应。因此，在组织内部塑造变革文化，让组织员工尽快适应变革与拥抱变革，唯有如此才能在员工心中种下变革的种子，使之产生强烈的使命感，从而与企业成长同呼吸、共命运。张瑞敏深刻认识到"物壮则老"的道理，因此提出了"自以为非"作为海尔变革文化的重要价值观。在组织内部推广变革文化，让组织变成变革型组织，这是培训学习部门非常重要的任务。

从另外一个角度看，随着组织变革与进化，组织自身的文化也需要改变，培训学习部门需要帮助组织完成这一改变。历史上联想控股经历过 3 次转型，从 2000 年的 IT 企业到多元化企业，再到 2013 年之后的投资控股公司，每一次变革都经历了文化的阵痛和重塑。联想传统上是以执行力闻名的，其核心理念是"斯巴达"方针，强调纪律、制度和集体主义。而控股投资型公司需

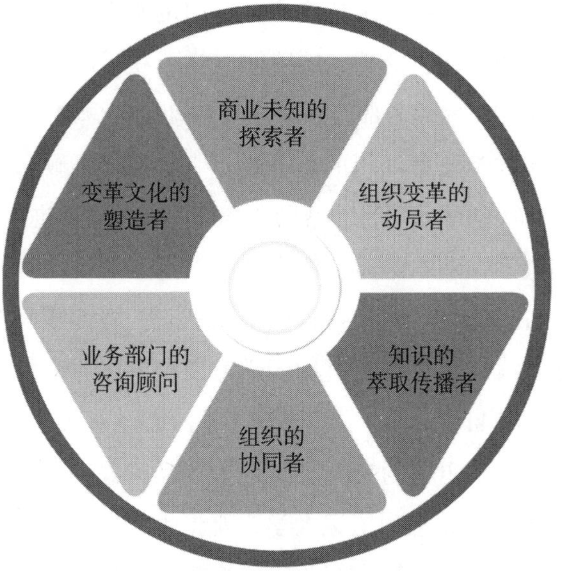

图 5.10　培训学习部门由软变硬的 6 个角色

要的不再是服从、敬业的士兵型员工，而是有独立思考能力、自主抉择的投资经理群体，这些群体更像是“全明星”团队。从强调极致执行力到强调创新，从“斯巴达”方针到“全明星”团队，联想控股转型所需要的领导者特质发生了重大转变。联想控股管理学院为了助力公司转型，总结了新的文化要素和表现形式，并负责新文化的落地，帮助组织与员工完成从理念、态度到行为的转变。

培训学习部门角色功能变化的本质是为了帮助企业适应环境不断变革，与企业变革的过程直接相关。当企业处于谋划变革方向、规划变革路径的阶段，培训学习部门应当扮演面向未知的探索者的角色，帮助企业探索变革路径。当企业开始实施变革，培训学习部门应当扮演组织变革的动员者的角色，使得组织上下达成共识，创造变革整体氛围。当组织受传统绩效体系束缚之时，培训学习部门可以建立虚拟的变革组织，扮演组织协同者的角色，将各部门协同起来推进变革落地。当变革过程需要加速推进的时候，培训学习部门应当扮演知识萃取与传播者的角色，实现组织内的知识经验共享与效率提升。当业务部门遭遇传统方法难以解决的难题时，培训学习部门应当扮演咨询顾问的角色，以学习的专业工具方法帮助业务部门解决问题。当变革开始发生，需要培训学习部门扮演变革文化的塑造者的角色，推动全新的文化价值观深入人心。

致 谢

自2010年起在华东理工大学商学院推动的MBA、EMBA行动学习教学模式变革，是我在管理教育与学习领域研究与探索的起点。感谢华东理工大学副校长吴柏均、商学院院长阎海峰和副院长侯丽敏对这个大胆实验的支持，感谢汪金爱老师、王海英老师、陈万思老师、刘红丽老师、杜伟宇老师、邹怡老师等伙伴们的共同努力。

我作为发起人之一的中国企业大学百人会的共创沙龙，给予我创作的众多灵感，诚挚感谢来自中国著名企业大学的顶级专家们。他们是泰禾集团人力资源副总经理、GE克劳顿维尔领导力发展中心前中国总监冯晓晋，TCL集团副总裁、TCL大学执行校长许芳，宝武管理学院院长秦长灯，海尔大学执行校长孙中元，腾讯学院院长马永武，滴滴学院院长周全，联想管理学院院长高强、学院总监刘建，京东大学执行校长李庆欣，招银大学培训中心副总经理李晓欣，中广核大学常务副校长章国强，隆鑫集团人力资源副总裁梁冰，华夏幸福大学执行校长韩青，京东大学前执行校长马成功，中国银联支付学院院长付伟，中国平安财产保险股份公司培训总经理杨宁，东方航空培训中心总经理刘成，惠普大学原副校长郃慧，绿叶制药组织发展总监高育鹏，复地学院前院长梅杰。

“敏捷共创”的提出来自于不断的企业实践与探索。许多项目的策划与实施得到了企业方专家的智慧贡献。这些朋友有赛默飞世尔市场总监丁晓萍，上海国际时尚教育中心校长吕雯俊，报喜鸟商学院原院长黄艳丽、培训主管徐雯老师，天合光能学习发展总监罗凡，宝钢人才发展研究院陶云武主任，东方航空培训中心高峰老师、吴颂华老师，东方航空武汉公司人力资源总经理邹鹏，上海糖酒集团人力资源总经理王明鹤。感谢朋友们！

这本书中的思想与方法论的成熟，是我与许多挚友不断讨论共创的结果，在他们身上我收获良多。《商业评论》出版人曹阳老师，中国人民大学商学院冯云霞老师，第七工作室联合创始人王欣老师、高敏老师，益才人才发展创始人李曙光老师，运营专家李越老师，资深行动学习引导专家陈晖老师，智慧云创始人陈雪频老师，莫斯利安品牌创建人周峰老师，行动学习专家韩冬老师，以上诸位都是我的良师益友。

2017 年 3 月 15 日，在彼得·德鲁克管理学院，我与东方出版社管理部崔雁行主任一见如故，雁行主任睿智又博学，他为本书的修改与成书贡献巨大。申浩老师在编辑本书中体现出的专业能力与认真态度令人印象深刻。两位是本书的助产士，感谢你们！

感谢我的父亲与母亲，你们的健康长寿让我至今还是被庇护的孩子。

感谢妻子庄晖与爱子高健炜，你们的陪伴与关爱给我提供了人生幸福的港湾。

高松

2017 年 12 月

赞　誉

当我们在质疑培训是否有效时，往往意味着这个行业要重新定义了！高松教授提出的“敏捷共创”直击要害，令人耳目一新，值得所有培训人员仔细阅读学习内化。

——京东大学前执行校长　马成功

高松教授通过系统分析企业培训工作在VUCA时代面临的挑战，提出了敏捷共创培训学习方法论，为中国企业培训学习持续创新与重生提供了全新的思路。

——海南航空人资行政部副总经理　王若雷

穷途末路就是重新定义的时候。培训早该重新定义了。高松老师在书中详细探讨了让培训与绩效挂钩的新范式和最佳实践，读之受益匪浅。

——用友大学创始人 & 原校长、用友集团副总裁　田俊国

高松老师的这本书是对VUCA时代全新学习模式的宝贵探索。“敏捷共创”以实际业务场景和挑战为出发点，集合利益相关者，通过共创的方式来“共同看见”与“共同发现”。在企业工作方式越来越面向未知探索的今天，“敏捷共创”一定会大放异彩！

——泰禾集团人力资源副总经理、GE克劳顿维尔领导力发展中心前中国总监　冯晓晋

高松老师提出并推动的以行动学习为主线的敏捷共创模式是一个值得学习探索的方法论，对于变革转型期的企业来说有很大的帮助。

——中国银联支付学院院长　付伟

高松教授的这本专著关乎学习，关乎能力，更关乎绩效和成果。这本书有源头上的学习理论，还有鲜活的敏捷共创、行动学习方案设计项目，更有在此基础上的迭代和升华。这本书反映出学习的三重层面：看山是山——囿于现象和静态知识；看山不是山——能够透过现象看本质和构建知识；看山还是山——知行合一和融会贯通。

——中国人民大学商学院教授　冯云霞

借事修人，事成人成，对于一个组织，事就是业务，人就是团队。做好业务的同时，还要打造出一支优秀的队伍，这是任何组织健康发展的前提。打破常规，创新学习。高教授通过他主持的大量企业尝试变革的学习案例，给大家呈现了当代企业学习成长的实践经验，让组织学习成为业务成长的引擎。

——阿里巴巴前人才发展总监　朱晓楠

众所周知，处于VUCA环境下的企业，没有什么成功经验可以确保你活到明天。唯有保持敏捷的学习能力，让学习带来行为上的改变和成果上的体现，方能激发个人的潜能，提升组织效能。高松老师综合其“跨界”的经历——企业高管、创业者和专家学者的身份与视角，整合运用学习理论、实践案例与管理咨询方法论，升维传统培训模式，助力解决组织实际问题。

——TCL集团副总裁、TCL大学执行校长　许芳

这本书对管理类培训的分析非常深刻，“敏捷共创”的提出是系统的、适

应时代的，所给出的方案是实践基础上的再次提炼，是作者丰富的职业经验与长期坚持探索的成果。

——上海国际时尚教育中心校长　吕雯俊

VUCA 时代对组织学习提出了挑战，传统学习方式亟待复盘和蜕变。高松老师融合多年实战与理论积淀的“敏捷共创”方法论，是迎接时代挑战、重新定义培训、推动组织学习的积极探索。

——联想管理学院总监　刘建

此书印证了我为企业提供的学习方案为何有效的原因：设计者和实施者对企业问题的敏锐把控，对各种组织学习方法的熟练运用，对解决问题的执着热情，以及对客户需求的由衷负责！

——合得国际合伙人　李家强

这是最好的时代，这是最坏的时代，这是智慧的时代，这是愚蠢的时代……培训行业需求旺盛，繁花似锦；培训行业洗牌汹涌，竞争激烈。够“快”，主动洗牌，敏捷迭代，先机尽揽。敢“创”，挑战传统，颠覆自我，才能掌握“赢”的主动权。高松老师推出新作《敏捷共创：让学习直接创造成果》，有幸获邀先睹为快，从中悦见老师对培训未来的洞察与觉悟。高松老师身处高校研究前沿，常走出书斋与企业需求端深度切磋，所感所想所创凝结为这部佳作。希望能有更多的深度思考在我们这个领域里形成共振，愿培训这份成己达人的智慧产业专业含金量更足！

——招银大学培训中心副总经理　李晓欣

高老师是商学院教授应用培训理论指导实战的先行者。本书提出的“敏捷共创”概念，契合 VUCA 时代对于培训转型的需求，并结合多个实战项目经验，萃取总结为方法论，对培训人的未来实践有借鉴意义。

——雕刻工坊创始人，《培训进化论》作者　张立志

从事企业培训十几年，亲身经历着培训模式不断创新的过程，对高松教授提出的“敏捷共创”非常认同！高教授根据企业需求进行了各类培训项目的有益探索，并对中国企业培训经典案例进行广泛调研分析，形成了高效系统的“敏捷共创”培训方法论，为VUCA时代的企业培训发展指出了方向。现在平安培训正在从传统的人才培养向提升组织绩效、推动组织成长、助力组织变革的方向发展。强力推荐所有企业大学校长和培训负责人认真阅读学习该著作，将对我们真正服务企业变革发展、不断升级培训价值大有裨益！

——中国保险行业千人计划核心人才，中国平安
财产保险股份公司培训总经理　杨宁

“敏捷共创”模式，契合当下学习特点，直面企业真实问题，针对复杂多变环境，快速应对未来挑战。

——资深行动学习引导专家　陈晖

高教授将组织面临的学习难题和学术研究有机结合，提出了敏捷共创的方法论，非常好地解决了学习和成果转化的难题。这既是一本实践凝练的总结，更是推动组织学习方法跨越的力作。

——益海嘉里集团培训总监　陈建军

“敏捷共创”为转型中的组织学习与价值定位探索增添了新的变革、创新实践元素。

——组织能力、人才发展资深顾问　姜宏宽

感谢高松教授的指导和帮助。我们在项目中切身体验到敏捷共创是在学习中创造成果的有效方法。

——天合光能学习发展总监　罗凡

我与高松教授的认识始于2015年年初，宝钢请高教授设计实施了一个“行动学习工作坊”，高教授对于培训学习领域的执着和使命感深深地感染了我。后来受他邀请在宝钢也组织了中国企业大学百人会“共创沙龙”活动，再次领教了他在激情与务实、理论与实践之间游走的完美平衡。企业的培训学习亟须像“敏捷共创”这样的方法论指导，既有理论依据，又能指导教学、领导力发展、绩效改善、组织变革实践，以提升企业培训的价值和培训部门的获得感，期待看到“敏捷共创”在更多的企业生根、成长！

——宝武管理学院院长　秦长灯

高老师横跨企业界、培训界和商学院，敏锐而深刻地洞察到学习培训领域的关键挑战，即在VUCA时代没有可参考借鉴路径答案的情况下，如何帮助企业创造商业价值并构建新的能力，高老师通过自己切身的探索实践，提出了“敏捷共创”的学习新模式，并积累了成功的案例。这为企业培训从业者提供了非常有价值的新方向和新方法，相信会帮助企业创造更大的新的商业价值！

——绿叶制药组织发展总监　高育鹏

在VUCA时代，传统的培训学习模式受到了不小的挑战，高松老师的《敏捷共创：让学习直接创造成果》从方法论上构建了新的培训学习模式，回应了时代提出的问题。“敏捷共创”的方法论已经过了企业成功实践的检验，未来我们也会在组织内推动“敏捷共创”的学习方法，引领组织发展，推动绩效提升。

——隆鑫集团人力资源副总裁　梁冰

模糊、复杂、不确定、易变已成为时代的显著特征。在这样的背景下，一切都在被重新定义，学习与发展亦不例外。敏捷地感知并采取积极正向的行动，让学习创造商业成果，既是趋势，也是学习的本质。

——培训杂志副主编　常亚红

拿到高松老师的书稿，我几乎是一口气看完了全书，感觉相当“解渴”！

面对VUCA变革时代培训学习面临的巨大挑战，高松老师历时八年的潜心研究和积极探索，提出了“敏捷共创”培训新范式，极具开拓性和创新性，非常值得培训人学习研究和进行具体实践！

——中广核大学常务副校长　章国强

“没有一个时点上的知，真知都是我们在时间这个维度慢慢地展卷中（行）呈现的。”这就是我理解的知行合一。高松教授的这本书——《敏捷共创：让学习直接创造成果》——非常完美地诠释了这一点。

——《商业评论》出版人　曹阳

本书在大量创新式探索实践基础上，为克服传统培训学习模式遇到的种种窘境，提出了“敏捷共创”的方法论，升维培训学习，以适应新时代组织从相对静态到高速动态的变化，直接为组织创造价值，并拥抱“组织即平台，人即目的”时代的到来。

——华夏幸福大学执行校长　韩青

2015年第一次参加高松老师的企业大学校长百人会共创沙龙，后来又陆续在不同企业参加过几次高老师主持的共创工作坊，每次时间都只不过几小时，但总是能快速激发与会者深层次观点和意见，大大提升了我对一些问题的认识和见解！希望各位读者也能从此书中寻找到力量！

——姜茶工作室创始人　蒋跃瑛

培训新范式——“敏捷共创”，非常掷地有声的观点。文中的痛点剖析和未来趋势洞察，引起了我的很多共鸣。鲜活的案例和体系化的论述，给了作为企业培训践行者的我很多启发。这是一本很值得认真阅读和思考的好书，谢谢高老师！

——复地学院前院长　梅杰

VUCA 时代，解决复杂问题、迭代开发、速度制胜已经成为组织发展的必然需求。高松老师提出的“敏捷共创”学习新范式，正是以解决组织实际问题为导向，通过智慧共创，达到迅速解决问题创造成果的目标。这无疑直指培训的痛点！书中特别反思了行动学习的应用，结合使用的方法和翔实的案例，详解了如何通过敏捷共创让培训更加落地。

——CSTD 中国人才发展社群首席运营官　熊俊彬